JN254159

あるくみるきく双書

田村善次郎・宮本千晴【監修】

宮本常一とあるいた昭和の日本

10

東海北陸②

農文協

はじめに

——そこはぼくらの「発見」の場であった——

「私にとって旅は発見であった。私自身の発見であり、日本の発見であった。書物の中で得られないものを得た。歩いてみると、その印象は実にひろく深いものであり、体験はまた多くのことを反省させてくれる。」これは『私の日本地図』の第一巻「天竜川にそって」の付録に書かれた宮本常一の「旅に学ぶ」という文章の一節である。これは宮本先生の持論でもあった。近畿日本ツーリスト・日本観光文化研究所に集まる若者の誰もが幾度となく聞かされ、旅ゆくことを奨められた。そして「どうじゃ!、面白かったろうが」というのが旅から帰った者への先生の第一声であった。一生を旅に過ごしたといっても過言ではないほど、旅を続けた宮本先生にとって、旅は面白いものに決まっていた。それは発見があるからであった。発見は人を昂奮させ、魅了する。

この双書に収録された文章の多くは宮本常一に魅せられ、けしかけられて旅に出、旅に学ぶ楽しみと、発見の喜びを知った若者達の旅の記録である。一編一編は限られた村や町の紀行文であるが、こうして地域ごとに集めてみると、期せずして「昭和の風土記日本」と言ってもよいものになっている。

日本観光文化研究所は、宮本常一の私的な大学院みたいなものだといった人がいるが、この大学院は学歴も職歴も年令も一切を問わない、皆平等で来るものを拒まないところであった。それだけに旺盛な好奇心と情熱をもった多様な性向の若者が出入りしていた。「あるく みる きく」は、この研究所の機関誌的な性格を持った月刊誌であり、所員、同人が写真を撮り、原稿を書き、レイアウトも編集もすることを原則としていた。編集者もデザイナーも筆者もカメラマンも、当時は皆まだ若かったし、素人であった。公刊が前提の原稿を書くのは初めてという人も少なくなかった。発見の喜び、感激を素直に表現し、紙面に定着させるのは容易なことではない。何回も写真を選び直し、原稿を書き改め、練り直す。徹夜は日常であった。素人の手作りからの出発であったが、この初心、発見の喜びと感激を素直に表現しようという姿勢、は最後まで貫かれていた。

月刊誌であるから毎月の刊行は義務である。多少のずれは許されても、欠号は許されない。特集の幾つかに宮本先生の古くからのお仲間や友人の執筆があるし、宮本先生も特集の何本かを執筆されているが、これらは欠号を出さず月刊を維持する苦心を物語るものである。

「あるく みる きく」の各号には、いま改めて読み返してみて、瑞々しい情熱と問題意識を感ずるものが多い。それは、私の贔屓目だけではなく、最後まで持ち続けられた初心、の故であるに違いない。

田村善次郎　宮本千晴

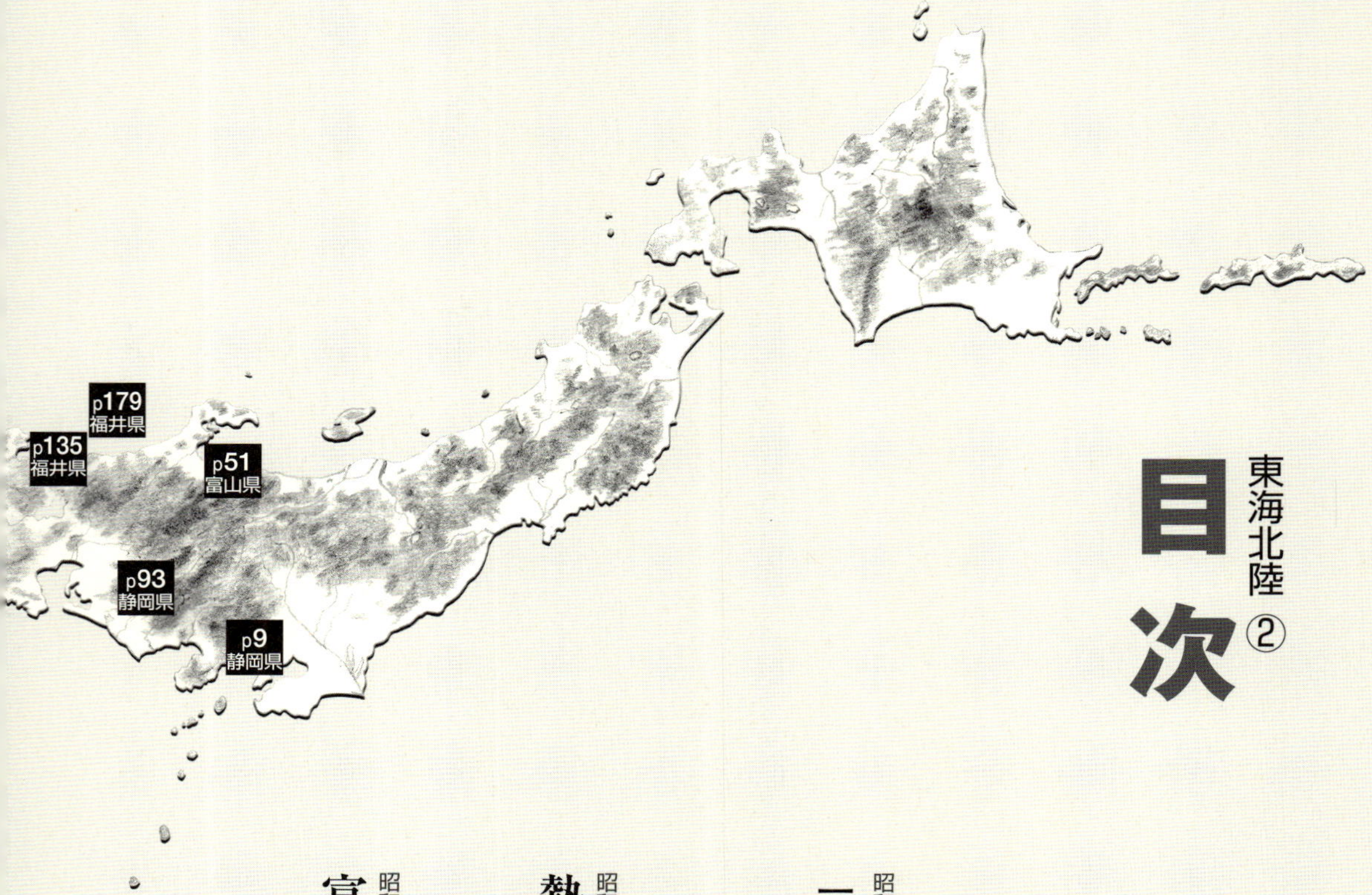
p179
福井県
p135
福井県
p51
富山県
p93
静岡県
p9
静岡県

東海北陸②

目次

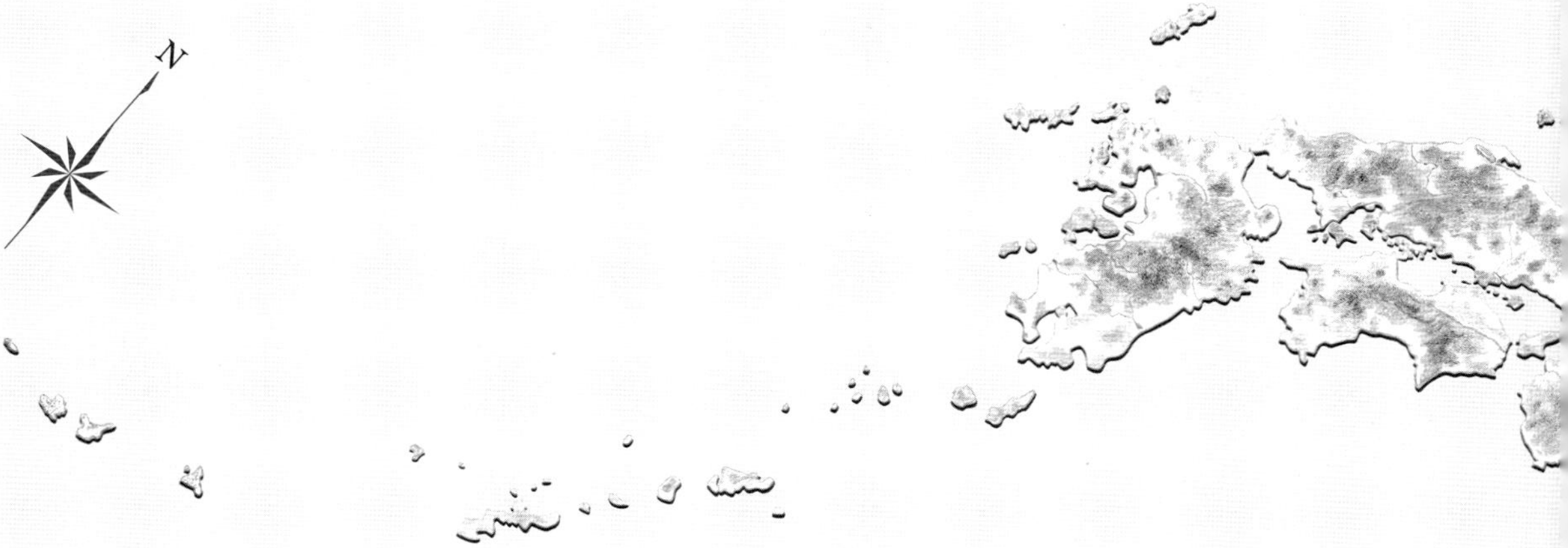
N

凡例

*この双書は『あるくみるきく』全二六三号のうち、日本国内の旅、地方の歴史・文化、祭礼行事などを特集したものを選出し、それを原本として地域および題目ごとに編集し合冊したものである。

*原本の『あるくみるきく』は、近畿日本ツーリストが開設した「日本観光文化研究所」の所長、民俗学者の宮本常一監修のもとに編集し昭和四二年（一九六七）三月創刊、昭和六三年（一九八八）一二月に終刊した月刊誌である。

*原本の『あるくみるきく』は一号ごとに特集の形を取り、表紙にその特集名を記した。合冊の中扉はその特集名を表題にした。

*編集にあたり、それぞれの執筆者に原本の原稿に加筆および訂正を入れてもらった。ただし文体は個性を尊重し、使用漢字、数字、送仮名などの統一はしていない。

*印字の都合により原本の旧字体を新字体におきかえたものもある。

*写真は原本の『あるくみるきく』に掲載のものもあれば、あらたに組み替えたもののもある。又、原本の写真を複写して使用したものもある。

*また撮影者を特定できないまま掲載した写真もある。

*図版、表は原本を複写して使用した。また収録に際し省いたもの、新たに作成したものもある。

*掲載写真の多くは原本の発行時の少し前に撮られているので、撮影年月は特に記載していない。

*市町村名は原本の発行時のままで、合併によって市町村名の変わったものもある。

*収録にあたって原本の小見出しを整理し、削除または改変したものもある。

*この巻は森本孝が編集した。

一枚の写真から

宮本常一

―イカを追うて―

島根県下府畳ヶ浦　昭和45年8月　撮影・山崎禅雄

イカにはいろいろの種類があり、種類によってとれる時期も違う。私がそのイカに興味を持つようになったのは昭和二五年の対馬《つしま》調査からであった。対馬はイカのよくとれるところで、夜になると沖にはイカを釣る船の火が何百というほど光って、夜道を明るくしてくれたものである。そしてその船が明け方近く帰って来る。イカを釣るのは男たちで、持って帰ったイカをひらいて乾すのは女の仕事である。渚の砂の上にマナ板をおいて、イカの腹に庖丁をいれ、腸を出して身をひろげる。大きいものになると、身がよくひろがるように、割箸を刺しておくこともある。

どの浦にもそうした風景が見られたし、農家へ泊ると、かならずといってよいほどイカがおかずに出されたものである。しかもそのイカは西海岸よりも東海岸で多くとれた。東海岸には他県からイカを釣りに来て、そのまま住みついた者が少なくなかったが、その中でも広島県と島根県の者が多かった。広島県と島根県では少し違っていた。広島の人は男だけがやって来てイカを釣る。釣ったものはそのまま商人に売る。すると商人が人をやとって、イカをひらかせて乾かす。島根県の漁師は女房を連れてやって来て、女房にイカをひらかせて自分たちで乾してスルメにしたものを売る。もうけの大きいのは島根の方で島根の人たちはそのまま浦々に定住する者が多かった。広島からはおびただしいイカ釣り漁師の来た時代があったが、いつの間にかだんだん減って来た。しかし生イカをたくさん買ってひらいて乾す仲買人たちは乾し方の効率をあげるためにいろいろ工夫し、後には天日乾燥だけでなく火力乾燥も工夫する。そしてその方が商品としても品質がよくそろっていて値が高く売れた。

　対馬の人ははじめイカを釣らなかったが、これが有利な産業であることがわかって技術を身につけてイカ釣りをはじめたのである。対馬というところは水田が少なく畑が多い。昭和二五年頃にはその畑にはムギとイモを植えて食糧にしていた。そのムギとイモだけでも生活がたちにくくて、村によってはイカのとれるときはイカを常食にしている家もあった。農家の食糧調査をした人たちが「五日間イカばかりたべている家がある」と教えてくれて、そのような食糧構造もあるのかとおどろいたことがある。今はもうそんなことはないであろうが、島ではイカが重要な食糧だった日もあった。夜の海を明るくしている火のかげにそうした生活のあることを思うと、その火を見るたびに、それを釣っている人たちの姿を想像してみたのであった。

対馬《つしま》・壱岐《いき》・五島《ごとう》などのイカ釣りの話を聞いてあるいた後、隠岐《おき》の島へわたった。隠岐島前《どうぜん》の西ノ島に由良比《ゆらひ》女《め》神社という社がある。その前が深い入江になっているのであるが、その入江に夏の頃になるとおびただしいイカの群が押し寄せる。昔は由良比女神社へイカが参拝のためやって来たのだと信じられていたようであるが、実は交尾のためであるという。島の人たちは入江のほとりに小屋をたてて、イカの押し寄せて来るのを待つ。イカが来ると音がたつのですぐわかる。そこで人びとは渚に押し寄せたイカを手づかみでとったという。私のいったときにはまだその小屋が残っていたが、近頃はイカがあまり来なくなったと話していた。

　隠岐はもともとイカの多くとれたところであり、隠岐から西の浜田の沖あたりまでの間もイカのよい漁場で初秋の頃には沖に多くのイカ釣りの火を見ることができる。

　しかし何といってもイカの本場は能登と佐渡であった。佐渡の人たちは両手でイカを釣った。二叉になった先に糸をつけ、その糸の端にスッテというイカ形の釣針をつけて釣るのである。しかも両手で持って釣らなければならぬほどイカは多かったのであるが、昭和三〇年頃から急に減ってしまった。たぶん、対馬海峡や隠岐・能登あたりでとるものがふえたために減ったのであろう。

　能登は姫《ひめ》というところがイカ釣りの中心であった。姫はもとまずしい漁村であった。姫は地先というものをほとんど持たなかった。古くからの漁村なら、地先の漁業権を持ち、そこに台網《だいあみ》とかヒサゴ網とかいったような定置網をいれる。それによる漁獲が大きかったのだが、姫には定置網をいれるような地先がなかった。そこで沖合で漁をしなければならぬ。イカ釣りは沖合の漁である。そこで夏から秋口へかけては姫の沖合の富山湾でイカを釣り、冬になると北岸の輪島《わじま》の沖でイカを釣った。海が荒れる時期の漁で危険が多かったが、そうしなければ生きてゆけなかった。

ところがイカは回遊するもので、能登でとれなくなった後に青森県の津軽海峡付近でよく釣れることがわかったから、能登で釣れなくなれば青森の北岸か北海道へゆけばよい。秋風の吹きはじめる頃に人びとは津軽海峡へ出向くようになった。はじめは櫓船でいった。風がなければ櫓を押し、風があると帆を張って、早ければ三日でいった。秋田の男鹿半島の沖を通るときは海難のないようにと、その年はじめて青森行きに参加した者が真裸になり、チンコの先を藁《わら》しべでくくって踊りをおどったという。

さて、下北半島につくと、海岸に番屋というものがあって、そこを宿にして沖へ出てイカを釣り、釣ったイカは番屋の親方に納めた。ところが昭和二〇年以降は櫓船が次第に動力化し、動力化すると函館を基地にした方がよいので、能登の人たちは函館を基地にして稼ぐことにした。函館は大きな町で遊ぶ場所も多い。男たちはつい赤い灯や青い灯にさそわれてもうけた金をつかってしまうことが多かった。それればかりではない。女ができて郷里へ帰って来ない人もあらわれた。そこでそういうことのないようにするには姫の女たちがいっしょにいくことが重要になる。そして女たちが、男の釣ったイカをひらき、乾燥する役目をひきうけるなら収入も大きくなる。私が能登の調査にいったのは昭和三六年であったが、女同行の問題が具体化するようになったのは昭和二七年であった。姫が漁村として大きく発展しはじめるのはこのときからである。経済的にゆとりが出て来ると漁船は次第に大型化して来た。すると今までのように冬になると能登へ帰って冬ごもりをするのはもったいないなくなる。そこで冬もイカのとれる伊豆の伊東の沖や対馬へ出漁するようになった。初秋の頃になると、下北半島の大畑や、函館の漁港はイカ釣り船でいっぱいになる。そして夜の照明もいちだんと明るく、釣るのも動力化して、夜の沖合は昼のように明るく、人びとは合戦のようにイカを釣りあげる。

古くイカ釣りで栄えた海はいまひっそりとしてしまっているものが多いが、さりとてまったくとれなくなったのではない。そこでイカ釣りを細々とつづけつつ時々みられる豊漁を待っている。

（『あるくみるきく』一四〇号・昭和五三年一〇月）

熱海今昔

文　宮本常一
写真　近山雅人

魚見崎上空から望む熱海市街。背後の山並みの彼方にうっすらと富士山が浮かぶ

電車が西から長いトンネルをぬけると、眼の前が大きくひらけ、眼下に大きな白い建物が渚から山の中腹を埋める風景が展開する。それが熱海である。この風景ははじめて見る者の心をうばい、東京文化圏の中へはいったという感を深くする。そしてそれは日本ばなれした風景でもある。もし熱海を限る南の尾根に熱海城がなく、そこに十字架をもつ尖塔でもそびえておれば、人びとはそのまま地中海のリビエラ海岸を連想するであろう。

私は熱海の港から伊豆大島へわたることが多い。バスで駅まえから坂を下って海岸に出、町の南の隅にある港までゆくと、そこから大島行の船がでる。その船で沖へ出ると熱海の町が一望の中に入る。海岸から山の中腹まで堂々として、しかもすましこんだ建物が、ちょうど紳士たちが階段客席にならん

魚見崎から熱海・伊豆山を望む—テトラポットのならぶ海岸から山手にかけてホテルやマンションが林立し、その背後に緑にかこまれた古い別荘が点々とみえる。そして谷の奥、山の中腹にも新しい別荘や団地のビルが建ってきて、傾斜地は目いっぱいに利用されている。

で、舞台を見ているような姿で海に向って建てられているのである。そしてその上に青い山なみが背景になっている。ここには工場がないから山の稜線がくっきりしている。その風景がしだいに遠ざかってゆく。

熱海の町の建物の多くが海に向っているのは、その建物の中にいる人たちの眼を海に向けるためである。熱海は温泉の町であり、遊楽の町である。そしてそのような背景を背負って何百年というほどここに生きつづけてきたのであった。ここを訪れる人たちは温泉にひたり、また窓をひらいて眼のまえにひろがるはてしない海を見ることをたのしみにした。この町はほとんど平地を持たない。海岸からすぐ坂になっていて、その斜面に湯の宿は重なるように建てられ、どの家からも海が見えたわけである。

熱海のあゆみ

古い絵図を見ると、まだ熱海が村であったころ、一番高いところに湯前《ゆぜん》神社があった。この社から少し下ったところに大湯がある。奇岩が描かれている。この岩の間から一定の時間をおいて、熱湯が吹きあげる間歇《かんけつ》温泉であった。そこから道がやや右にまがって折れ、あとはまっすぐに海まで下っており、その両側にもとは湯の宿がならんでおり、海岸近くは漁師の家であった。大湯を元湯にして湯の宿はそれをひいて営業していたのであろう。それが古い熱海の姿だったのである。

大湯のすぐ上に今井という門構の家がある。この家が代々名主をつとめ、半太夫《はんだゆう》とよばれていた。そして大湯の湯元でもあった。『江漢《こうかん》西遊日記』によると「この湯は昼夜三度ずつ半太夫庭より涌き出て、一村に桶《ひ》を以てかける。塩気ありて、熱湯なり。」とあり、名士は多く今井の家にとまり、司馬江漢《しばこうかん》もこの家にとまっている。このほかに熱海には大名や高級武士のとまる本陣の渡辺があった。

しかし昭和九年に東海道線の丹那トンネルが開通するまでは不便なところで江戸時代にはひっそりとした村であった。貞亨四年（一六八七）の『家数覚』によると熱海村の家数は一四二軒で小さな村であったことがわかる。そのうち湯持は二七軒、百姓七六軒、水呑三九軒であったというから、温泉町というよりも温泉のある農村であった。そして市街地の西南部を占める和田との間は田圃がつづいており、和田は独立して一村をなしていたのである。

熱海へゆくには、多く小田原から歩いたものである。安永四年（一七七五）六月に熱海を訪れた中山高陽の『熱海紀行』は道中の様子をよく伝えている。

「三日朝早く小田原の伊藤亭を出た。城門をすぎ左に折れて小路をすぎる。人家が少々あり、立木が多い。石垣山をすぎて石橋へかかる。山麓の田圃のあるところは源平の古戦場であるという。ここから一里ばかり奥に石垣などの残っている城跡がある。今は小田原藩の番所があるという。これは誰の城であるか、かごかきに聞いたがわからない。それより根府川関をすぎる。ここをすぎて曲りくねった山路をゆく。左は青々とした海、右は山の峰が重なる。右の方に十一面観音堂もある。そこをすぎて土肥《とい》へかかる。人家がある。道ばたの店で休み、大洋をながめた。少しゆくと小さい川があって門川《もんかわ》という。これは土肥次郎実平の城門のあとであり、奥に城跡もあるという。それから間もなく小さい橋をわたった。これが相模《さがみ》と伊豆の境であるという。礼拝《らいはい》坂というのがあってそこからは海がよく見える。向うに大島・初島などが浮んでいる。コブタ島も見える。これはきりたったようになっている。そこでかごかきに、頼朝の流されていた蛭《ひる》ガ小島はどこだと聞いたら、島ではなく地続きの所だと教えてくれた。この伊豆の沖には七つの島があるという。又右の方に伊豆の大崎も見え、近くの海や山も見える。

そこをすぎると右に伊豆権現宮《ごんげんぐう》がある。高い石段があ

軽便鉄道。大正14年～昭和3年、熱海と小田原間を53分で結んだ

人車鉄道。明治29～40年まで小田原と熱海間を走る

昭和初期の熱海駅（河津市稲葉修三郎氏提供）

昭和53年撮影の熱海駅新幹線ホーム

る。これは後にやって来て参拝することにする。漸くにして熱海の湯の谷まで来て、江戸屋吉兵衛の家へとまることにする。吉兵衛は他出していたが、夜に入って帰って来て歓談した。（中略）本陣渡辺彦左衛門座敷を見る。壮麗である。そこから本陣わきの今井半太夫の座敷を見た。しかし両家とも座上から大洋が見えて壮観である」

文章は短いけれども小田原から熱海までの様子をうかがうことができる。そして江戸からは三日もかけなければ熱海へ来ることはできなかったのである。

しかし明治二二年になると東海道線が開通する。その東海道線は神奈川県国府津《こうづ》から山中に入って足柄山の北側を通り、御殿場《ごてんば》、三島を経て沼津に出たのであるが、国府津から小田原へ支線が敷かれたから、東京から小田原まで汽車を利用することが可能になった。その上小田原から熱海へは道も改修されて、人力車などが通るようになった。そして湯治客《とうじきゃく》は次第にふえていったのである。

おなじ二二年一月一日に熱海では東京との間に公衆電話が通じている。この頃から明治政府の高官たちでここに遊ぶものがふえ、東京との連絡を必要とする機会がふえてきたためであった。遠距離の公衆電話が布設されたのは熱海が最初であった。熱海は西と北に高い山を背負い、東南がひらけて冬あたたかであったから避寒に適していた。そして明治になって交通の便がととのってくるにつれて、次第ににぎわってきたのである。

熱海の人たちは鉄道の開通をのぞんでいたが、明治中期の日本の土木技術では山の海にせまる斜面に鉄道をひくには困難であった。そこで熱海の人たちは道路にそうて狭軌のレールを敷き、人をのせた車を押してゆく人車《じんしゃ》鉄道を工夫した。明治二九年のことである。人力車は人をのせて、一人または二人でひく。人車鉄道は人を大勢乗せた車を数人の人で押すのである。何故馬に車をひかせなかったのかと思うが、理由はわからない。とにかく人を乗せた箱形の車を押して小田原と熱海の間を往来した。そして坂道にかかって車が動かないと、乗客にもおりて押してもらったという。但し運賃には上中下などの区別があり、下等の者がおりて押したようである。それでも小田原、熱海間を三時間で走った。人力車なら五時間かかったのである。町の人たちの客をひくための涙ぐましいまでの努力が、この人車鉄道の中にうかがわれる。そうして、人車鉄道を考えついたのは在来の熱海人ではなかった。甲州商人雨宮《あまみや》敬次郎であった。熱海にはその頃から東京・横浜に住む実業家・政治家などで別荘を持つ者が次第にふえつつあり、茂木《もぎ》惣兵衛は初《はつ》川の上流に梅林を作った。この梅林はいまもあり、熱海の名所の一つになっている。京浜の富がそのままここに反映したのであって、箱根とともに富裕な者の来遊保養が多くなっていったのである。そしてそういう別荘は町の外側をとりまいていった。

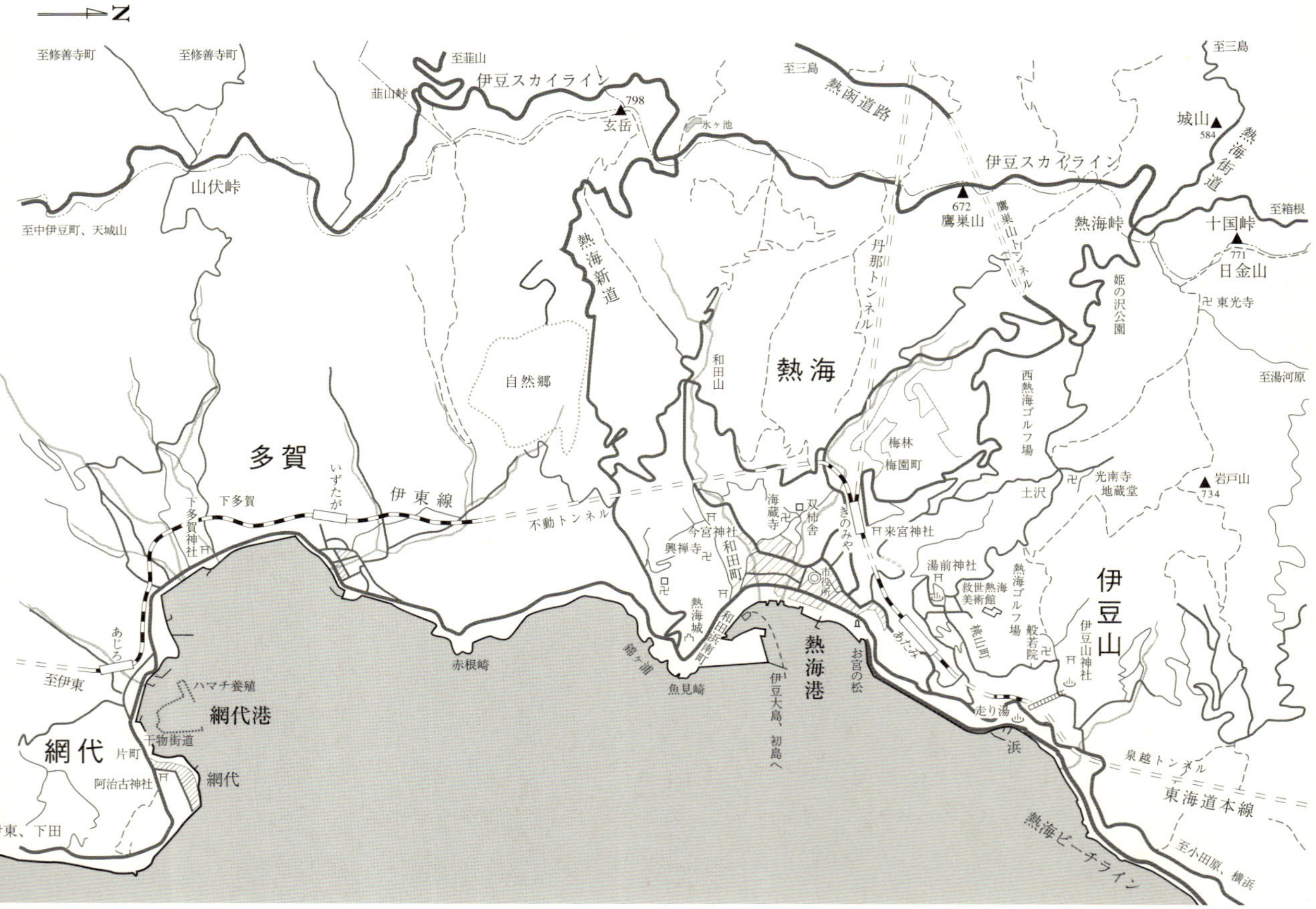

湯煙たつ昭和初期の熱海温泉（河津市稲葉修三郎氏提供）

明治三〇年ごろ、熱海の戸数は七九三戸、人口は四三九〇人にふくれあがっていた。そして二八年には電灯もともった。静岡県で最初に電灯のともったのは熱海であったという。明治二八～二九年頃から熱海は大きくかわりはじめるのである。とくに明治三〇年一月から読売新聞に尾崎紅葉の金色夜叉が連載されはじめてからは、熱海の名が多くの人々の頭に焼きつけられた。そして熱海を訪れる客が急激にふえて来たのである。

それにはまた交通事情の改善が少しずつこころみられた。小田原から汽船が通うようになったことが一つ、大正時代に入ると、人車鉄道が軽便鉄道にかわり小さい機関車が客車をひいて走りはじめたのであった。この機関車はいま熱海駅前に飾られている。

二七の湯戸《ゆこ》から

軽便鉄道の終点は咲見町南明ホテルの近くで、いまそのあとに位置をしめす標柱がたっている。そしてそこから西が昔の熱海の繁華な町になっていたのである。だから大正時代までの熱海は湯前《ゆぜん》神社の前、海にいたるまでの斜面を中心にして家が比較的密集し、旅館もその付近

上　岩瀬京水筆「豆州熱海温泉湧出図」。弘化3（1846）年の熱海の目抜き通り。絵の最上部に湯前神社、そのすぐ左下に湯煙立つ湯元の今井半太夫の湯店が描かれている

下　木村喜繁筆「今井半太夫の一碧楼の図」。木村は幕府役人で天保3（1832）年に熱海を訪れ、湯店を描いた

に多かった。というのは、熱海ははじめ湯戸の株が二七戸に限られていた。そしてそれを容易にふやさなかった。それは熱海だけでなく、他の温泉にも共通してみられた慣習で、それぞれの温泉に湯元があり、その湯を受けて宿を経営するので、湯の涌出量に見合わせて宿の数もきまってくる。その上、昔は配水用のパイプはなかった。あったとしても木管程度で、湯を低いところから高いところへあげることなど考えられなくて、湯の宿はたいてい湯元より下の方にあったものである。ところが熱海の温泉の涌出口は比較的高いところにあったため。湯元から海までの斜面に多くの宿を持つことができた。

この温泉街の西を限っていたのは糸川であったといってもいい。糸川の西にも湯の宿があり、温泉寺その他の寺もあったし、徳川氏の御殿もあった。これは明治になって御用邸になる。その西側は水田や畑であった。糸川をさかのぼっていくと谷になる。その谷の入口のところに来宮《きのみや》神社がある。今は来宮と書いているが古くは木宮と書いてある。熱海の氏神である。もとはそれから奥は原始林におおわれていたものではないかと思う。来宮の境内には大きな樟《くす》があって天然記念物になっているが、あるいはこの樟が神体であり、そのことから木宮といったとも考えられる。そしてこの来宮から下、糸川のほとり、特にその左岸に大湯を中心に発達したのが熱海の母胎ということになる。

ところが、さきにもいったように昭和九年に丹那トンネルが開通し、東海道線は三島から熱海を経て小田原にいたるものを本線とするようになった。そして来宮に来宮駅、町の東のはずれの斜面に熱海駅が設けられた。

今一つボーリングによって温泉の新しい涌出口が開発され、さらにまた送湯に鉄管が用いられ湯は低いところから高いところへも送られるようになり、湯戸株の制度はくずれて、温泉宿の数がふえはじめる。

とにかく東海道の開通が熱海を大きくかえていったといっていい。入湯客がふえたばかりでなく、いろいろの客が訪れることによって大衆化していったのである。しかもここへ来る客は海を見たい人が多かった。窓を開けば海が見えるということがこの温泉の大きな特色であった。敷地内にわざわざ造園を必要としなかった。海を見せるためには崖の上にできるだけ背の高いホテルを建てることであった。

それにしても古くからの温泉街では古くからの慣習があって宿の規模は容易に大きくならなかった。一つには家がたてこんでいて家を大きくすることもできなかったのである。しかし熱海の中にもそういうことにこだわらなくてよい地区があった。それは和田であった。和田は和田川の西にあって、全くの農業部落で、温泉宿など一軒もなかった。ところが露天掘りで泉源を掘りあてて、この地にも旅館ができることになった。そこは土地も広い。そのため大野屋のような大きな規模の宿が出現した。これにならって皆宿を大きくし、次第に鉄筋コンクリートのホテル風の建物にきりかえていった。一つは昭和二五年の大火がきっかけになったが、大きなホテルを建てた人たちの多くは外来者であり、もとの位置でホテルを営んでいるのは古屋ほか二、三にすぎず、他は多く転業

右　宝冠阿弥陀如来像。鎌倉時代初期の作品。伊豆山の上常行堂本尊だったが、今は伊豆山神社下の逢初地蔵堂に祀られている

上　深い森に囲まれた伊豆山神社。江戸時代に伊豆山権現と称し境内に僧坊、修験道場を擁した神仏習合の社であったが、明治維新の廃仏毀釈で仏堂は全て廃された

するか熱海を出ていったという。宿がホテルにかわってゆく中で、在来の熱海の旅館業者のほとんどが敗退していったという。そして所せましと、ギッシリと大きな建物が建ち、熱海から山一つこえた伊豆山もまた大きなホテルが立ち並んでいった。

伊豆山権現《いずさんごんげん》と常行堂《じょうぎょうどう》

伊豆山は伊豆の地名の起った出湯の里で、その湯は走り湯とよばれた。いまもその湧出口から湯の湧出は見られる。海岸近くにあり、昔は湯の宿もその付近に多かった。そこは浜とよばれ湯の宿ばかりでなく漁民も多く住んでいた。走り湯の少し上のところから八〇〇段をこえる長い急な石段をのぼっていくとそこに伊豆山権現がまつられている。伊豆山権現は古い社である。今は神社のすぐ下を横にバス道路が通って、この社へ容易に参ることができるようになっているが、もとは高い石段をのぼらなければならなかった。もともとこの権現は走り湯の神秘をあがめてまつられたものであろうが、修験の道場となるにおよんで、現在の地に社殿が建てられたものと思う。

そして伊豆山の信仰の道場は山上と山下の二つにわかれることになった。そのことを物語るものに、この地には上と下に常行堂があった。常行堂というのは念仏三昧《ねんぶつざんまい》をおこなう道場のことで、念仏三昧法を日本にもたらしたのは円仁慈覚《えんにんじかく》大師で、承和一四年（八四七）唐から日本に帰朝した円仁は比叡《ひえい》山に常行堂を造って念仏三昧をおこなった。このことから念仏が次第に全国にひろまってゆくのであるが、その常行堂が伊豆山にも建てられた。安和二年（九六九）のことである。比叡山に建てられたものより一〇〇年あまりおくれているが、比叡山以外に建てられたものの中ではもっとも古いものの一つであった。そしてその常行堂は上と下といずれが早かったか明らかでないが、両堂ともそれほどの年代のひらきのない頃に建てられたものであろう。

　常行堂には阿弥陀如来を本尊としてまつる。その阿弥陀如来が伊豆山の場合は二体とも残っているのである。常行堂の方は今は残っていないが、あった場所はほぼわかる。下常行堂は伊豆山の長い石段の下、東海道線伊豆山トンネルの入口の上である。そこに「ジョウゴドウ」という地名が残っている。上の方は伊豆山神社の右脇（向って左側）に建てられていたという。

　上下常行堂のあったのは天正一八年（一五九〇）までで、この年の豊臣秀吉の小田原攻めで、伊豆山の堂塔はことごとく焼けてしまった。下常行堂の仏像は幸にして取り出して火災をまぬがれたが、堂はその後再建されず、仏像は上常行堂に安置され、上の堂には二体の阿弥陀如来が安置された期間が長かった。それを明治維新の際の廃仏毀釈《はいぶつきしゃく》の難にあって、伊豆山権現の境内にあった仏堂はすべてこわされ、仏像は四散した。上常行堂の阿弥陀如来は逢初《あいぞめ》地蔵堂に移されて所在は明らかであったが、下常行堂の阿弥陀如来は杳として行方がわからなかった。ところがこの仏像は瀬戸内海の中程の海にうかぶ生《い》口《くち》島瀬戸田《せとだ》の耕三寺《こうさんじ》に納まっていることがわかった。この寺は耕三寺耕三師によって創建されたものであるが、多くの美術品を収蔵している。その中にこの仏像があった。その膝裏に「伊豆御山常行堂御仏也建仁元年（一二〇一）十月」の文字があるのでそれとわかったのである。これらのことは奈良国立博物館の光森正士氏の研究によって明らかにされたのであって、この一文もそれによったものである。

　さて上常行堂の方は治承七年（一一八三）に源頼朝が相模国長墓《ながはか》郷を寺領として寄進した文書があり、それに北条政子の副状がついており、「頼朝の仰せによって申し伝えるところである。もとよりここは走湯山の寺領であるが、祈祷のために相模の西の隅にある長墓という郷を上常行堂に寄進する」という意味のことが書いてある。治承七年は壽永二年である。その年の五月に木曽義仲は越中砺波《となみ》山に平家の軍を破り、破竹の勢で北陸路を京都へ進撃していた。そして七月には平家はあわてふためいて、天皇と神器を奉じて京都を脱出し、西海に漂った。義仲と源行家《ゆきいえ》はそのあとの京都に入った。頼朝にしてみれば先手を打たれたという感を深くしているときである。さらに八月には、後白河法皇の詔によって後鳥羽天皇の即位があり、頼朝は法皇に源氏の本所領返還を奉請し、一〇月には法皇から東海・東山両道の国領・荘園の本所還付について不服の者があれば処分してよいという宣旨《せんじ》を頼朝はうけている。それによって所領恢復、平家追討の行動をおこすのである。

　そうすると上常行堂への寺領寄進は頼朝にとっては平

伊豆山中腹に建つ高層マンション群

家追討をおこすまえの重大な決意を示したものであったといっていい。と同時に一般民衆には理解のむずかしかった仏教が、念仏三昧によって誰でも極楽へゆけるというわかりやすいものになっていって、頼朝・政子のような在俗の者もその信仰を持つようになっていったことがわかる。そして頼朝・政子の最初の出会いもこの常行堂での参籠《さんろう》通夜ではなかったかと考える。

　このように伊豆山は走り湯を中心にした信仰に修験が結びつき、さらに念仏信仰がともなったことで民衆の信仰を得られるようになっていったものであろう。しかも伊豆山の信仰領域は広かった。北は東北地方から、西は信濃あたりにまでおよんだようである。不便なところではあったが、ここに参拝する者は次第にその数を増していったものと思われる。いわば紀州熊野を小さくしたような信仰地であったかと考える。

伊豆山の中腹をぬう狭い道

紀州熊野は幾山河をこえなければ、そこにゆくことができない。しかしここには温泉があり、温泉の霊験と信仰がかたく結びついていた。伊豆山もまた同様であった。

しかし、伊豆山は土地が狭く、地形も急峻で、そのはじめは人の多く住めるところではなかったが、戦後ブルドーザーの発達から、急傾斜面を削り土地をならし、次々に大きなホテルを建てていった。さらにまたその傾斜面を利用した造園もみられ、すぐれた造園を持ったホテルも少なくない。

熱海と伊豆山の間は海岸は急斜面をなしているが、海抜一五〇メートルから二〇〇メートルほどの間はややゆるやかになっている。そこを一本の車道が通じ、その両側には民家が多く建てられ、伊豆山神社までつづいている。そして伊豆山と熱海は一つづきになってしまったのである。この道からの眺めは実にいい。上から見おろす海は青く、家々をめぐって木立があり、伊豆山神社の森は老木が茂りあって文明の上に古い自然がのっている。

ただそうした傾斜のもっとも見晴のよいところにホテルよりは一まわりも二まわりも大きな建物が無遠慮に建っている。近頃流行のマンションである。熱海・伊豆山にこのようなマンションが四〇以上もできているという。近頃熱海を通りすぎるたびに一種の息苦しさをおぼえるのはこのマンションのためらしい。香港の写真を見ていて思う「こんなに狭いところへ、どうしてこのようにまでひしめきあって住まねばならないのだろうか」という疑問は熱海に対しても感ずるようになりはじめている。

多賀《たが》と網代《あじろ》

熱海には昭和三〇年代の町村合併によって拡大した南部地区がある。多賀、網代地区がそれである。多賀は農村、網代は漁村で、昭和二〇年以前はひなびた平和な村であった。多賀は上多賀、下多賀、中野、和田木《わだぎ》から成っていて背後の緩傾斜面を水田に、急斜面を畑に、山地は薪山として利用して生計をたてていた。網代は古くからの漁村で、とれた魚を押送《おしおく》り船によって江戸まで送り、はやくから栄えていたのである。それが、ボーリングによって湯脈を掘りあて、次第に温泉ホテルがふえ、観光地として登場するにいたった。まだ熱海ほど家は建てこんでいない。緑が多いということで人びとの心をやわらげてくれるが、網代はやや事情がちがう。漁村というのは小さい家がびっしりと建てこんでいるものが多い。網代もまたその一つである。せまい道の両側に家がならび、いまは店をいとなんでいるものが少なくない。宝暦七年（一七五七）の『網代村人別一紙目録』によると、

ハマチの養殖イカダが浮かぶ網代湾

定置網用の木造の網船（網代港）

名主　二軒
組頭　三軒
百姓代　一軒
本百姓　二八軒
無田店借二六二軒
定使
計　二九六軒
男　七八七人
女　五五四人
計　一三四一人

とあって、熱海よりは家も人口も多かったことになる。本百姓も無田店借も漁業をいとなみ、本百姓には網漁の親方をしていた者もある。それがさらに明治以降には人口の激増を見るのであるから、せまいところに家がひしめきあうことになる。それも熱海のように宿を営むものはほとんどないのだから、分家がふえるほど家は小さくなっていったのである。しかし、この町の人たちはつつましく清潔に生きている。町の人びとはいずれも草花を愛し、家の前には鉢植の草花がならんでいる。それはどんなに小さい路地奥にも見かける風景である。

　近頃はその狭い町の中に民宿が何軒もできて、しかもその民宿が大変な繁昌である。熱海の大きなホテルにとまる人たちに対して、これは対照的といっていいのであるが、そのような宿にとまって漁村の空気にひたろうとする旅行者もまたふえてきたのであろう。この町をあるいていて、旅行者の階層と種類は決して単純ではなく、旅行の目的もずいぶん多岐にわたるようになってきているのであろうと思った。網代の町には不思議な活気がある。海に生きる人びとのかもし出すもののようで、港にはいっている船を見ると、網代ばかりでなく四国あたりのものも見かけるのである。沖でとった魚を陸上げするためであった。

江戸通いの押送《おしおく》り船

網代が江戸時代にどうして漁村として熱海をしのぐほどに発展していたのかといえば、それは江戸の発展と大きな関係をもっていた。江戸は中期にはすでに人口一〇〇万をかぞえ、世界一の大都会になっていた。しかもそれが完全な消費都市であった。将軍がおり、旗本がおり、全国の諸大名と家来がおり、その数だけでも五〇万をこえたと見られる。この人びとは生産的な活動は何もしなかった。その人たちの生活をたてさせるためにあとの五〇万が働き、また商売をしていたといってもいい。その市民に蛋白資源を供給したのが関東沿岸の漁民であったが、相模湾、江戸湾沿岸から生魚を多く江戸に送った。その生魚を江戸まで腐らさぬように送るためには船に乗っている者が蒸気機関のように働いて、船の速力をあげなければならなかった。

生魚を運んだ船を押送り船といった。宝暦七年の『一紙目録』には

廻船　六艘
小廻船　二艘
押送　一四艘
小押送　二艘
大天当《てんと》　一五艘
小天当　二〇艘
丸木船　三艘

とある。大天当、小天当が漁船である。押送は大小あわせて一六艘あり、これが江戸通いをしていたことになる。押送り船は舳先を細くし、肩幅は一丈ほど（三メートル弱）、これに七挺から一〇挺の櫓をつけて漕ぐのである。順風があれば帆を張ったが、風がなかったり、向う風のときは櫓を押して相模湾を横切るのである。この押送り

漁師町網代の路地

上　干物にする魚を開く（網代）
下　カジキマグロをさばく（網代魚市場）

船に乗る人たちをジョウゲノリといった。みな力自慢でよい体格をしており、荒くれ男ばかりであった。

押送り船には大小二種があり、大をナマ船、小をイケモノ船といった。ナマ船は主としてマグロを積み、イケモノ船は塩干魚、エビ、貝などを積んだが、この方は小形で船方も少なかった。そして網代から江戸までをほとんど一昼夜で乗りきったのである。押送り船が一六艘あるということは、交代で船をこがなければならぬから一〇挺櫓なら一五人は乗らねばならぬだろう。するとその船方だけでも二〇〇人から二四〇人くらいは必要だったはずで、この人たちは漁師のほかだったはずである。明治二三年頃から鮮魚の氷詰がはじまり、つづいて生魚の汽船輸送がはじまり、東京湾汽船は、東京を起点として伊豆半島の熱海以南各港に寄港し、駿河湾の沼津までを航海した。この汽船の出現によって押送り船は姿を消すことになるが、伊豆半島の漁村が江戸時代以来、異常なまでの活気を持ったのは生魚の江戸輸送をおこなったためであった。そしてその伝統はいまも消えてはいない。依然として漁港としての活気を持ちつづけているのである。そしてこれは熱海市の持つもう一つの顔であるということができる。

自賄《じまかない》の湯治客《とうじきゃく》

熱海も東海道線がここを通過する以前は古風な湯治宿も少なくなかったのである。それは入湯の習俗の中に見られる。温泉入湯には自賄《じまかない》、伺《うかがい》、宿賄《やどまかない》という三つの方法があった。自賄というのは部屋を借りて自分たちで自炊しながら入湯するもので、これは長期滞在して湯治する者の間に多く見られた。百姓たちが農閑期に骨休めのために一〇日とか二〇日とかのんびり湯につかっていくもので、座敷料、夜具料、入湯料を払うだけだからそれほど金もかからぬ。東北地方の温泉には今もこれを多く見かける。伺いというのは座敷を借り、食事は献立表を見て注文するもので、食事代を節約することもできる。宿賄というのは宿で出したものをたべる今日の宿屋のあり方とかわらないものである。熱海では東京の客をはじめ遠方からの客がふえてくるにつれて自賄や伺いはほとんど見られなくなってきた。そして湯治という感じは今日では消えてしまっている。いわゆる遊興の地であり、文人墨客が早くから多く訪れた。さきにもふれた土佐の文人画家中山高陽の『熱海紀行』はそのことをよく物語っている。高陽は江戸屋吉兵衛方へ泊っている。そして館主の甥の善九郎という者がいろいろ世話をしてくれている。町を連れてあるいてくれたり、浜へ網ひきを見にいったり、伊豆権現へまいったり、時には画席を設けて絵を描き、風流の人びとと話している。滞在が長びくと知人もでき、そういう人たちとの交流もおこなわれて退屈する暇もない。時に日金《ひがね》山にのぼり、また初島にあそぶ六月一五日には来宮の祭を見ている。このようにして一ヵ月あまりをすごし、七月五日熱海をたって富士山へのぼっているのである。高陽の日記によると、熱海は箱根との間に入湯客の往来がしばしば見られたようである。

土産物屋が続くアーケード。熱海駅から海岸に下りる坂道にある

このような長期滞在も画をよくし、これを描くことで宿泊費を生み出すことが多かったようすがわかる。それは司馬江漢の『西遊日記』などにもうかがうことができる。

　つまり熱海のような温泉地には早くから文人や画家の訪れることが多く、宿の主人もまたそういう人を迎え、もてなす術を心得ていた。もとはそういうゆとりもあったのであろう。ことに主人が風流を心得ているとすれば、そういう宿にとまれば客もまたくつろぐことができる。古い熱海はそういうところであった。

お客は変わる

　しかし熱海の宿の持つ古い気風が失われていったのは在来の熱海の住民が変質したためではなく、古くからの湯の宿が次第に敗退し、新しい旅館、ホテルがこれにとって変わったためであろう。その人たちは古い熱海の気風は問題ではなかった。新しい設備と新しい接客法をとることによって経営をなりたたせていく道を考えた。客の質もまたかわっていった。まず自賄の湯治客が減っていった。そして一泊から二泊の客がふえていった。町をあるき名所旧蹟を訪うというようなこともなくなっていった。名所も旧蹟も大きな建物の中に埋没していったばかりでなく、新しいホテルと新しい客は名所も旧蹟も必要としなくなったのである。

　昭和二〇年以前の熱海での乗降客についてはそれほど注意したことはないが、昭和二〇年以降にはかなり気を

上　熱海城。中は美術館になっている
下　初島航路の定期船

つけて見るようにした。敗戦を境にしてここで乗降する客がかわってきたからである。労働団体の人びとがここで降り、また乗って来ることが多くなった。そういうことは戦前にはなかったことである。ここで集会を持ち宿泊していくのであろう。集会のできる広間を持ち、大勢の人をとめる部屋を持つ。大きな団体の集会にはもっとも適していたと思われる。この人たちには名所も旧蹟も必要なかった。宿のサービスの良否などについて聞くこともなかった。

しかし間もなく会社の社員風の人たちがここで多く乗降するようになり、同時に若い男女がここで乗降するようになった。その頃から大きく美しいホテルが相ついで建てられていった。つまり乗降客の顔ぶれが少しずつかわり、それがホテルの建て方にも反映しているように感じられる。

新幹線が開通する前ごろのことである。熱海を通過するとき、そこから列車に乗る団体とよく一緒になることがあった。熱海から東へゆく客は一般に物静かであったが、西へ向う客の話をきいていると、夜のあそびのことに限られているといってよかった。団体でとまるのだから設備も何もととのっていたと思われる。そういう宿で飲み且つ食い、歌い、そのあと、女とあそぶことができたようで、それあるが故に熱海はたのしいところであったようである。そういう温泉は熱海だけではなかったようであり、温泉旅行のたのしみをそういうところに求める人びとが、昭和三〇年代には多かったのである。

新幹線が開通してからはそういう客といっしょになることはほとんどなくなった。新幹線の客ははじめの一〇年ほどはいたって行儀がよかった。皆前向きにすわっていて、隣席の人とほとんど話すことがないし、塵やごみを座席の下にすてることもほとんどなかった。熱海から乗る客も例外ではなかった。したがって客の質もかわって来たのではないかと思った。同時に大きな団体も少なくなってきたようである。そうした質の変化が旅館やホテルへどのような影響を与えているのであろうか。

私は熱海から伊豆大島へわたる時、駅から港までバスを利用することが多いが、時折町をあるいて見ることがある。昼間であると町をあるいている人はそんなに多くない。そうすると夕方来てとまって翌朝は出発する客が多くなったのではないかと考える。

これほどりっぱなホテルが立ちならんでいるのだか

ら、もっと多くの人が町をあるいていてよさそうに思うのだが、他の町にくらべて歩いている人の数の少ないのは昼間は泊り客も少ないためであろうが、今一つは外をあるきまわる客も少なくなったのであろう。売店も娯楽設備も館内に設けてあると外へ出る機会も少なくなる。そればかりではない。道という道は車の通りがはげしくて落着いて歩けなくなってしまった。そういうことも大きな原因であろう。いつの間にか熱海がとまるだけの町になってしまっていたのである。

八月五日に花火大会があるというので見にいった。少し早くいったので町の中を歩きまわってみた。町の中を歩いている人はきわめて少なかった。みな自動車を利用している。自動車の通りの少ない坂道に少し人が歩いているが、いわゆるそぞろ歩きではない。海岸の通りまで出て防潮堤にそうて歩いてみた。そこにはかなりの人がいた。しかし、いわゆる散歩している人はいなかった。みなだまって歩いている。ぶらぶらと楽しそうに歩いている人はいないのである。防潮堤の波返しは高く、その外側にはテトラポットが無気味に重なりあっている。それは波を防ぐためのものである。陸地を海へせり出してゆくにはそうするよりほかにないのだが、そこでは自然はわれわれのものではなくなっている。そして人は歩くために歩いている。

わずかに二組の若い男女がたのしそうに海の彼方を見ながら歩いていった。海は青かった。ふりかえってホテルの窓を見た。ホテルの窓の中に人かげはほとんど見られなかった。客はまだ到着していないのであろう。もう宿についているのなら、部屋の中にいてもいいはずだし、町を歩いている人がもっと多くてもいいはずである。

夕方近くになると海岸通りを通りすぎる車の数はぐんぐんふえていった。皆北へ向って走っていく。奥伊豆から帰っていく人びとであろう。道路がよくなって熱海よ

上　日金山東光寺の宝篋印塔。日金山をひらいた3人の仙人の墓という

中　源平合戦時代の武将斎藤別当実盛の墓とされる五輪塔

下　伊豆山般若院前の六地蔵

り奥へ出かける人がずっとふえてきたのである。熱海の南には伊東《いとう》・川奈《かわな》・熱川《あたがわ》・稲取《いなとり》・河津《かわづ》・下田などの温泉地がつづく。閑静をたのしむのなら、そこにはまだ砂浜がそのまま残り、松原もある。そういうところへ出かける人も多いのであろう。そして熱海は奥伊豆への通過地点になりつつあるのではないかと思った。

ここには気ままに泊ることのできる世界が次第に失われて来はじめているのではなかろうか。つまりゆとりがなさすぎるのである。そこにはねころんで青い空、青い海を見ることのできる空間すらなくなっている。それほど自然の中に人間の施設が割りこんでしまっているのである。

熱海をあるく

五月三日であった。市役所の日吉和男さんの車で熱海を一わたり走ってみた。晴れたよい日であった。朝駅前の宿を出て、伊豆山神社へまいった。いまは本殿の傍まで自動車でのぼられる。境内に二〇〇年をこえる木が生い茂っていてひっそりとしている。社前には大きなナギの木もある。神社が再建されたのは大正時代のことというが、ここにはまだ古い時代の俤《おもかげ》が残っている。何人かの老人が石段をのぼって参詣に来た。このあたりの人であろう。そしてこの人たちはまだ信仰を捨てていない。伊豆山から等高線の道を般若院《はんにゃいん》の方へいった。途中畑の隅に五輪塔をつみあげたものや、斎藤別当実盛《さいとうべっとうさねもり》の墓というのを見た。いずれも鎌倉時代のものと思われた。もとこのあたりには伊豆山の僧坊がいくつもあったのではないかと思われるが、いまは般若院一つが残っている。

般若院からさらに等高線の道を桃山へ出る。桃山には救世教の本部がある。救世教の建物は白く華奢な柱が印象的で、そこには若い人たちがたくさんやって来ていた。信者であろう。建物をめぐる斜面は手入がよくゆきとどいて、まばらな松林を通して、熱海の町を見下すことができる。救世教本部の地下には美術館があってそれを見た。場所はそれほど広くない。陳列されているものは仏像と絵画であったが、見るものの少ない熱海では、ここを訪れる者は少なくないようである。いま境内の拡張工事がおこなわれている。完成すると箱根にある陶器の美術館がここに移されることになるという。そうすればもっと見ごたえのあるものになるだろう。

上下　十国峠に上る途中の草原のあちこちに野仏が祀られている

熱海には今一つの美術館がある。魚見崎《うおみざき》の山の上にあるもので、天守閣が建てられており、その中に主として武家関係の美術品がならべられている。見ごたえのあるものは少ない。手あたり次第集めたものをならべたからだと思う。誰かの長年かけて集めたコレクションを陳列したものなら、何かを教えられるのであるが、これほどの設備をもっていて、陳列されたものに見ごたえのないのはおしいことだと思った。さらにまた、別館には秘戯画を拡大してスライドにしたものがならべてある。大事な部分は黒くぬってあるのだが、こういうものを見に来る客が多いのであろうか。こうしたことがむしろ熱海に来る客の質をおとすことに役立っているのではないかとすら思った。そして熱海には是非よい美術館がほしいものだとの感を深くした。

もとこの町にはいろいろの美術品があったはずである。多くの画家や文人が来て、興にまかせて筆をふるったものがいくつもあるはずである。司馬江漢や中山高陽だけではない。谷文晁《たにぶんちょう》もここに来ている。そして多くの絵を残している。ことに司馬江漢は天明八年（一七八八）四月熱海を訪れてからこの地が気に入り、その後四、五度も訪れている。そしてその間に熱海も次第にかわっていったことがわずかな表現の中にうかがわれる。たとえば「七日（天明八年五月）日金《ひがね》山の頂に円山があり、これへのぼる。五〇丁のぼると峠に地蔵堂があり、坊舎三軒。肉食妻帯である。地蔵は丈六の坐像で銅像である。まことにきたなきところ」とあるが、後に書き加えた頭註《とうちゅう》によると「二八年以前とちがい、坊舎一軒は縁側を折りまわして大変よい。花ござをしき茶などを出す。箱根から越える立場《たてば》〔駕篭《かご》等の休息所〕になる。日金越といって駕篭が往来している」というほどかわってきており、江漢もそうした変化に好感を持っている。天明八年に来たときも多くのスケッチを描いているのだから、その後の来遊にはさらに多くの絵を残したと思われる。そのほか多くの来遊者の書き残したものが展示されるような機会がのぞましい。それはそのままこの土地の人びとと来遊者の交流の深さを物語るものであり、それはまたこの温泉の特色の一つともなるものではないかと思う。

私たちは桃山台を下り、梅林の横の道を通って熱海峠へのぼった。町のすぐ上に山がのしかかるようにそびえているが、ところどころに深く切り込んだ谷がある。梅林のある谷もその一つであるが、いまはこの梅林は熱海にとっては重要な憩いの場になっている。

熱海峠は西へ下れば三島、尾根の西側を北へゆけば箱根、南へゆけば大仁《おおひと》の方へ高原の道をゆくことになる。この山の高原は一面の草原で見晴しがよい。ただこの日のようによくはれていてもスモッグのために富士は見えない。富士の見える日は北風か西風の吹く日である。熱海峠から日金山の上までくると、そこからは十国が見えるので十国峠《じゅっこくとうげ》ともいったというが、今は伊豆・駿河・相模が見えればよい方で安房《あわ》も上総《かずさ》も武蔵も甲斐《かい》も遠江《とおとうみ》も見えない。遠くはすべてスモッグの中である。

円山の上もまた草原になっていて、若者たちがキャッチボールをやっていた。この台上の東の海の見えるところに源実朝の歌碑がある。

十国峠の草原と山上から見る熱海市街。かつてはここから安房、上総、武蔵など十国が見えたが、今はスモッグのために見通しがきかなくなった

箱根路をわが越え来れば伊豆の海や
　沖の小島に波の寄る見ゆ

万葉調の壮大な歌で、多分はこの歌碑の建っているあたりで詠んだものであろうか。

　よく晴れており、休日でもあるので、この草原には多くの人が来て腰をおろしたり寝ころんだりしていた。中にはまた家族づれで弁当をひらいているものもあった。この人たちは紙屑もごみもおとしてはゆかない。山の上はきわめて清潔であった。ハイキングや登山をたのしむ人たちはいかにもさわやかである。その人たちは心から自然をたのしんでいるようであった。

　私たちはそこから東側の斜面を下っていった。少し下ると木立になる。細い急な道である。そこを下るとやや平らな道になり立木が急に大きくなる。そこに地蔵堂があった。そして中に銅の地蔵の坐像が安置してある。堂前の茶店で休んでいると人びとが何人ものぼって来る。来宮の谷の奥、土沢《とさわ》からの道を尾根づたいに登って来たのであろう。この道のことは大岡昇平の『来宮心中』という小説の中に出てくる。どこにもある平凡な男と女、しかし男が事業に失敗し、女も何となく生きることにつかれて、この坂をのぼっていって再び姿を見せなかったという。そうした男女を包みこんだであろう樹海が地蔵堂のまわりの急斜面にひろがっている。

　堂前の茶店は堂守夫婦が経営している。昔三つあった坊は今一つになっていて、堂守はそこに住む。茶店の名物はコンニャクのおでんで、それをたべて、堂の裏の藪の中へはいっていく。そこに古い宝篋印塔《ほうきょういんとう》が三基ある。日金山をひらいた三人の仙人の墓だといわれているが、その一つに建武三、九月五日沙弥《しゃみ》丁阿弥陀仏の文字がある。建武三年は西紀一三三六年で、後醍醐天皇の建武中興のやぶれた年である。その年の五月に楠正成が湊川《みなとがわ》で戦死し、天皇は比叡山にあった。そんなときこの石塔は建てられたのである。何のために誰のために建てられたものか、他の二基もおなじころに建てられたものであろう。

　この石塔のほかに今一基あたらしい四角な墓がある。その正面には広遍正邦居士・秋山宗義居士、左側に上総国望陀郡請西、林肥後守藩、広部正邦・秋山壮蔵、右

坪内逍遙の別荘、双柿舎。庭に樹齢200年以上の二本の柿の木がある。下は坪内逍遥ゆかりの写真を展示した双柿舎内部

側に慶応四戊辰年五月二十七日戦死とある。その年の四月に討幕軍は江戸に入り、徳川慶喜は水戸に退いており、五月一五日には討幕軍が上野に立籠《たてこも》る彰義隊《しょうぎたい》を討っている。そんなとき、この山の上で戦死した人もあったのである。この山の上からはその頃は房総半島がよく見えたはずである。海をこえた彼方に故里をのぞみながらこの二人は無念の死をとげたのであろう。請西《じょうさい》（現木更津市）というのは一万石ほどの小さな藩で藩主林忠旭《ただあきら》が、貝淵《かいぶち》から請西に居城を移し、慶応四年には江戸開城にともなって除封になっている。封地をうばわれた者の抵抗であったのだろうか。歴史は時に無情に人びとの上を通りすぎていくものである。

　そこから林の中の道を南へとって、草原の丘へ出て来ると、そこに姫の沢公園の頂点がある。そしてそこからアスレティックがはじまる。子供たちの冒険あそびの設備で山頂から姫の沢公園の下の広場まで続いており、一つ一つの設備をわたりあるいて下ってゆくと、二時間もかかるという。子供たちはこうした若干の冒険をともなった遊びを喜ぶ。それは自分の持っている勇気と技能をためして見ることができるからである。次々に親子連れがやって来て、木で造った塔や井楼などをのぼったりおりたりしながら、次の設備へとすすみ、すすむことで下っていくのである。

　私たちはアスレティックのコースは下らないで、自動車で姫の沢公園の下の正面へ出た。石段を昇ると石だたみの広場があり、広場をとりまいた広い斜面が花壇になっている。広場には大ぜいの人があつまり、一段高いところにオーケストラバンドが陣取って、ノド自慢大会をやり、広場の人びとはそれを聞いているのである。ここでは人が笑いころげている。最後に若い人たちの熱海太鼓というのが披露されるとのことであったが、私はそれを見なかった。ここは市民の格好の遊び場である。人の多く出る日には市役所の職員が出て事故防止のために警戒にあたっているとのことであるが、そうした目に見えぬ奉仕によって民衆の娯楽が支えられていることに考えさせられるものがあった。そういえば伴奏の楽団の人たちも大きなホテルの楽団の人たちであるという。大きなホテルには楽団がある。宿泊客のためにサービスしているのである。そういう人たちが、さらにあらゆる機会に合同して演奏を競うようなことがあれば、熱海の町をもっと生き生きさせてくるのではなかろうか。ところが熱海では八月一日からはじまるマリンウイークにそれを実

今宮神社界隈（和田地区）

施し、ブラスバンドを中心にしたパレードが海岸の渚公園まで毎年おこなわれているとのことであった。

私たちはそこから木立の中の道を土沢に下った。ここにも地蔵堂があり、日金山よりはずっと小さい銅の地蔵様が安置されている。日金山のものより時代的に古いようである。そしてここではいまも信者によって地蔵講がおこなわれているという。そこから下って来る途中信者らしい中年の女たちの群に出逢った。今でも徒歩で坂をのぼって地蔵まいりをしている人がある。

ほぼまっすぐな坂道を下って谷川のほとりに出るとそのあたりから民家がある。両側の山に立っている木は大きい。二〇〇年三〇〇年の樹齢を持つものが少なくない。その木の下に静かに住んでいる人たちがいる。新しい民家もあるが、家のまわりに木を植え、ややこもった感じのする家があり、それがずっと下の市街地まで点々と見られる。こうした家々の多くが別荘であるという。多くは大正時代に建てられたものである。都市の騒々しさを避け、閑静な自然を求めて来た人たちの心をそのままあらわしたような住居である。熱海のもう一つの顔がそこにあった。

来宮へまいり、古い別荘の町をぬけると、日吉さんは水口《みなぐち》のあたりがもっと別荘地としての俤を残しているからその方へいって見ようという。水口には坪内逍遙《つぼうちしょうよう》の住んだ双柿舎《そうししゃ》があり、海蔵寺《かいぞうじ》にはその墓がある。私たちはまず墓へまいった。墓は境内の斜面の木立の下にある。背後と両側をブロック塀で囲い墓は青い自然石。参拝する者が絶えないと見えて花生けの花がいきいきとしてい

魚の干物屋が人目を引く網代片山地区の通称干物街道

る。

そこから少し北へいったところに双柿舎はある。そのあたりも別荘風の屋敷が多い。双柿舎は一風かわった中国風の書庫の屋根が若葉の上に出ているのでよく目立つ。その屋敷の入口は道より低くなっている。草葺の門をくぐって玄関で声をかけたが返事がないので家の後の庭の方へまわってみた。やはり誰もいないようである。若葉におおわれているが気取らない庭で、逍遙先生の人柄をしのばせるものがある。一般に観覧をゆるすことになれば、小さいながら熱海の名所になろう。

そこを出て和田の氏神の今宮《いまみや》へまいった。今宮の祭神は恵美須《えびす》様である。大阪の今宮戎《えびす》と関係があるのだろう。その神殿は熱海でもっとも古い建物だとのことであるが、何回かにわたって改築されたようで、創建当時のものと思われる材木は少なくなっている。

今宮まで来ると夕方であった。熱海市街地をとりまく周囲には旧蹟も憩の場所もある。ゴルフ場は二ヶ所にある。しかし市街地へはいると息づまるように家が建ちならんでいる。だが、入湯者で伊豆山神社や姫の沢を訪れる人がどれほどあるだろうか。今はみな気ぜわしなく一晩とまれば翌朝は出発するような客が大半ではなかろうかと思った。

古い温泉の特色は長期滞在客の多いことであった。いわゆる湯治客でなくても、みなゆったりとそこでくつろぎ、遊ぶことで世間一般のわずらわしさからはなれることであった。熱海ではそういう人たちは次第に別荘住いになり、自賄の客は姿を消し、宿賄の客がふえてきた。それは交通の便にめぐまれたということと、この風光にあったと思う。

素朴な土産物

私はまず古い姿の熱海を見たいと思った。なぜなら都市資本の力によって大きなホテルが熱海の町を埋めつくしたとしても、本当に熱海に生き、熱海を愛し、熱海を愛してきたふるさと人としての熱海人がいるはずであると思った。その人たちは熱海の町でどのように生きつづけてきているのだろうかと思った。そんなことを考えて見るようになったのは、熱海駅で下車して、駅前右手のアーケードになっている商店街を歩いたときからである。

店先にならべられている土産物に魚の干物が圧倒的に多いのである。これほどはなやかな温泉地にこれは素朴な土産物である。また蒸まんじゅうを売っている。このような店屋は駅ができてからここに住むようになったのであろうが、その初はほとんどこの土地の者であろうと思った。昭和二一年だったと思うが、私は福浦・吉浜・湯河原などに遊んだことがあった。福浦は古い漁村であり、当時は食料不足で魚は飛ぶように売れていたが、それでいて魚の干物を作っている家があった。熱海へ持っていくとのことであった。その後福浦を訪れたときには海岸の空地のいたるところに開いた魚が干されていた。いくら作っても需要が多く、ここでとる魚だけでは間にあわぬので、九州の方からも取り寄せているのだと話していた。熱海・湯河原という温泉地があるので漁民もまたうるおってくるのだと思った。

熱海の土産物屋を見ていて、その初、ここに店を持った者の中には漁民もいたのではないかと思った。店で売るものが素朴であるということが何となない親しみをおぼえさせるのである。

五月一日、私は間瀬《ませ》さんに案内していただいて上多賀、下多賀、網代をあるいたが、そのとき、網代の片町にずらりとならんだ魚の干物を売る店に目をうばわれ

熱海の代表的な土産物の魚の干物をつくる（網代）

た。片町というのは後はすぐ山でその山すそに家が一軒ずつならび、前は奥伊豆へ通ずる道、その道の向う側は浜で、もとは漁師の村であった。浜は漁船をひきあげておく場所であり、また魚など干す場所でもあった。平和な漁村だったのである。ところが浜を埋めたてて大きな魚市場ができ、前の道路は国道に昇格し、おびただしい自動車が通るようになって海と絶縁状態になった。そこで通行する車客を相手にしてはじめたのが魚の干物店であったという。店の数はおよそ四〇軒。これほど続いていると足の速い車客も車をとめてどの家かで干物を買っていくものだそうである。そしてその収益でみな住心地のよい家を作った。私は漁民たちの生きるたくましさをそこに見た。そういうエネルギーが熱海の町の底にながれているのではないかと思った。

　しかしそれにしても魚の干物以外に熱海には特色ある土産物らしいものが少ないのである。そうした中で伊豆の踊子という菓子は大変人気があるという。その製造元は網代の町の中にある。本舗はどこにも見られるような平凡な店である。そのさり気ない構え、この土地に長く住みつづけてきた気質とか意地のようなものがあるのではないかと思った。

古風な来宮《きのみや》の祭

　網代《あじろ》には時勢を見る眼を持ち、時流に乗る術も知っているが、時流に押し流されてしまわないような何かがありはしないかと思った。それは古い伝統に根ざすものであろうと考えた。そしてそういうものは熱海の町にも底流として見られるのではないだろうかと思った。私はその姿を来宮と網代の祭に見ることができた。来宮は七月一五日、網代は七月二〇日が祭である。私はその両方の祭を見た。来宮の祭は中山高陽の日記にもくわしい。そこで高陽の日記をまず引用して見よう。

「十五日宿の主人は造花を造っている。明日が来宮の祭だから提灯を出すという。この日は江戸の山王《さんのう》様の祭でもあり、町が雑沓するだろうと思い、それがわずらわしくもあって熱海へ来たのだが、ここにも祭がある。午后四時頃若者が幣と扇を持ち、小さい太鼓と鉦鼓《しょうこ》をもって社前に集り鹿島踊《かしまおどり》をした。素朴であるが江戸の祭よりはすぐれて見える。家々では提灯をさげて幟《のぼり》をたてている。この夜はお宮へまいる老若の人びとで雑沓した。話によるとこの夜は来遊の客が海岸で漁人を雇い網を入れて、獲物が多かったという。この地に遊ぶ者は網をひかせたり、釣を喜ぶ。また賭博をする者が多いが、それよりはすぐれている。十六日は朝祭の渡り物が通るとて門外が騒々しいので出てみると、鹿島踊が通る。また屋台が通る。三人の子供を女のように装わせて、三味線・鼓《つづみ》・太鼓などをはやし、所々で花笠踊などをする。次に神輿《みこし》がゆく。前後に小旗や鉾《ほこ》がつきしたがい、巫女《みこ》・鳥兜《とりかぶと》・緞子《どんす》・直垂《ひたたれ》・天狗面などの仕度をした者もゆく。海浜へいって祭があり、炒《いり》米を砂へまきちらすという。」

　これを今の祭にくらべてみると、二〇〇年余り前の祭と今日の祭が大差ないのである。今は一五日に神輿の渡

神輿の渡御では、天狗が麦こがしを撒きながらゆく

来宮神社の夏祭りは200年来の古風を今に伝える
上　浦安舞。下　鹿島踊

子供たちが引く山車

御がある。朝一〇時に式典がおこなわれ、そのあと社前で鹿島踊があり、行列を組んで、湯前神社、熱海駅前、お宮の松を経て渚公園のお旅所へゆく。行列はまず先供《さきとも》がゆき、次に獅子が二匹、そのあとに神女《みこ》の乗る屋台がつづき、神輿がゆき、天狗が麦こがしの粉をまきながらゆく。また麦こがしを袋に入れたものを沿道の人びとにくばるための小型トラックがついていく。湯前神社では鹿島踊があり、駅前では昼食と休憩、湯前神社から駅へゆく道は渡御の行列の通る間、自動車は通行止めになる。この祭に参加する者は古くから熱海に住んでいる人が主になる。そしてその人たちは古い祭をそのままうけついできているのである。いま熱海市はこれを観光祭といっているけれども、観光祭ではない。大きなビルの中を古風な祭がゆく、これを見物している人に観光客はほとんどいない。沿道の人びとが商売の手を休めてすぎゆく行列を見ている。

昔と今と大きくかわっていることは、昔は祭の日だというので御馳走を作って一家団欒し、お宮へもまいったのであろうが、今はそういうことをする家はほとんどなくなっているであろう。しかし熱海の町の中にはこうした古風な祭をする人びとが生きているのである。道ばたにならぶ商店、そのほかいろいろの職業にたずさわっている人たちの多くは従来からこの町に住みつづけているのであろう。しかもそれが熱海を一つの地域共同体として支えているのではないかと思った。

神輿はお旅所で一夜をすごし、市内をまわって神社へかえるとのことで、お旅所での浦安舞《うらやすまい》や鹿島踊がすむと人びとは四散して渚公園はひっそりとしてきた。そこでお宮の松の方へあるいていくと、夜店の屋台がならびはじめていた。夜はお宮の松を中心にして海岸通り一ぱいに各町からの山車《だし》が出て来るのである。私たちは日の暮れるのを待った。

来宮の氏子は古くからの温泉町の人びとであったが、この夜海岸通りに引き出される山車は三六にものぼって

夜の熱海銀座商店街をゆく山車

夏祭の夜の海岸通りは各町内から引き出された36の山車でにぎわう

いる由で、それには新しく住みついてできた町の人も全部参加しているとのことであった。そして日が暮れて暗くなりかけたころから山車は各町内から海岸通りへ集まって来て通りは人と山車で埋まってしまった。笛・太鼓・鉦のはやしはそれぞれの山車で多少のちがいがあり、山車は古くからのものもあれば、新しく工夫されているものもある。小型トラックにとりつけて作ったものもあれば、トラックにのせたものもある。それを大ぜいの人がひいていく。子供が多い。山車に乗っているのは若者だが、中には娘たちだけで太鼓を叩いているのもある。調子がそろい力もこもる。その雑沓は一〇時頃までつづく。山車の競演を通して熱海の町が一つになっているのを知った。しかしその雑沓の中に宿屋の浴衣を着た人たちの姿はきわめて少なかった。市民たちの祭であり、市民のための祭であるという感を深くした。それは熱海の古い姿であり、その古いものが新しい熱海を支え、新しく来住したものをまきこみつつ熱海という町を形成しているように思う。

海の若者の夏祭

網代の祭は二〇日だった。朝一〇時に網代の駅へ降りたとき、今日この町に祭がおこなわれるのだろうかと思うほどひっそりしていた。実は網代駅のあるところは和田木といって、旧多賀村のうちであった。その町を通りぬけて、片町まで来ると、家の前に提灯が下げられ、造花がかざってあった。氏神の阿治古《あじこ》神社までゆくとちょうど祭典のおこなわれているところであった。神社の境内はせまい。人々は石段や社務所の広場に群がり、石段の下には船神輿がひき出されていた。船型の山車の舳《へさき》のところに神輿がつくりつけになっている。この神輿に神霊を移して町内をひいてまわる。おそらくは神輿を船に乗せて網代の海を海上渡御したものではないかと思われる。天保の頃（一八三〇―一八四四）に書いたと思われる聞間《もんま》家の『諸用留』に「正月二日の浦廻《うらまわり》祝儀として四町若者、中舟四艘にて舟歌」とあり、「六月、七月両社御祭礼式」には

太鼓　宮町若者
神鉾　町場若者
四神　宮町若者
獅子　宮崎若者
鹿島踊　町場若者
榊大麻　商人若者
御神船　片町若者
屋台四　商人若者
跡供　村役人・惣百姓

となっている。正月には浦廻がおこなわれ、神船渡御は夏祭におこなわれていたが、ここにいう御神船は船神輿であったと思われ、すでに山車になっていたのであろう。

その町は渡御が一昨年までやんでいた。町家が建て込んで町角のところが容易に曲れなくなったこと、町を通りぬける自動車がふえたこと、祭に参加する若者がいなくなったことが理由になっていた。もともとこの祭は若

上右　網代の阿治古神社の夏祭で船神輿を引く役の網代の若者たち
上左　巫女が舞う浦安舞

網代の町をゆく船神輿

下右　神輿の渡御をみる網代の住民
下左　家が建て込んで狭い網代の路地を曲がる船神輿

者の祭であった。ところが、その若者たちが奮起して昨年から船神輿の渡御が復活したのである。

　式典がすむと、ここでも社務所の前で鹿島踊がおこなわれた。日吉さんも今日は町の若者として踊を踊っており、菓子舗伊豆の踊子の主人間瀬さんは町内の役員として渡御の行列に加わっていた。

　まず神殿から神霊を大麻《たいま》に移し、それを白い幕でかこって、船の神輿まで持っていって移すと、船神輿は引き出されるのである。しかしただひいていくのではなく、町角まで来ると、長い時間をかけて木やりをうたう。声のよい老人が音頭をとる。そして歌が次々にうたわれる。「ホーランエー」という掛声ではじまるもので、船歌に多い。船をひく人たちは瓢箪《ひょうたん》くずしというか、波形の縦紋線のある紺地の着物を着、鉢巻をしている。

　一ひきひいてはこの歌があるので船は容易にすすまない。それで行列に加わっている幼児装束の子供たちは途中で解散になる。そして昼頃に魚市場の前の広場につき、式典があってしばらく休む。午后はまた町を一まわりして夕方お宮へ帰って来る。道のせまい町角をまわろうとして船神輿が電柱にふれ、怪我人が出た。その処置のつくまで長い間そこにとまっている間に日が暮れたのであった。

　船神輿がお宮まで帰ると、お宮の前の東西に通っている道の両側に夜店が出はじめた。そのもう一つ北の通りで山車の通行がはじまった。どの山車も美しい提灯をたくさん吊るし、山車に乗った若者たちが太鼓を叩き鉦をならし笛を吹いている。町の人たちもみなこの通りに出て道を埋めた。この夜は自動車も通らない。一年に一度だけ自分たちの世界になるのである。

　今まで道は自動車に奪われてしまっていた。そのことによって町の自主性もまた奪われてしまっていた。今はバイパスもでき、町中の道は車の通行をとめようとすればとめられぬこともない。祭が地域社会の自主制を恢復《かいふく》するのに大きな役割をはたしているのがよくわかる。祭は誰のものでもない。自分たちのものであることが、一日中その行列について歩いているとよくわかるのである。山車を見物した人たちはさらに夜店のある通りの方へあふれていた。

　その夜家へかえってからも太鼓の音が耳底に残っていて容易に眠れなかった。子供の頃こういうことがよくあったが、いつの間にかあの興奮をわすれていた。太鼓の音だけならあるいはその音が耳底に残らなかったであろう。その音を耳底に残させたのは町の人たちの笑顔であった。どの顔もみな笑っていた。どの顔も楽しげであった。みんなが集まって心から笑える日が一年の中にどれほどあるだろうかと思って見た。昔は夏祭のほかにも町中の人たちが楽しみあう機会がたびたびあったはずだが、いつの間にかそういう機会を失っていた。楽しそうな笑顔に太鼓の音が重なりあうと、私の心もはずんでくるのである。

船神輿の渡御を２階から見つめる親子

船型の山車の舳先に神輿が作りつけられた船神輿。一時途絶えていた船神輿の渡御だが、昭和五一年に網代の若者たちの手により復活した

温泉文化都市への提言

熱海、この大きな温泉都市、風景に、資源に、気候に、交通にめぐまれ、日本では最高の条件をそなえ、その故に急速に豪華に発展していった町、その町を支えてきて今日にいたらしめたものはそこに古くから住んできた人たちの根づよいエネルギーであることを知った。

長期滞在の多かった湯治宿時代から東海道線開通にともなう短期宿泊の温泉ホテル時代へと大きな展開を見せてきた町ではあるが、それでは、長期の客は来なくなったのであろうかというと、そうではなかった。すでに明治時代から来宮付近や水口のあたりには多くの別荘が造られている。そしてここに別荘をいとなむ人は跡を断たなかった。よい道ができ、水道の設備が整ってくると、民家は町の背後の急斜面のところどころにあるやや傾斜のゆるやかな場所にひろがっていった。そのほか会社の寮、公共の保養施設などもそこに造られ、さらに夥しいマンションが造られ、そこに長く定住するか、または時々来てやや長く滞在するようになった。つまり湯治宿時代の熱海から今の熱海は短時日宿泊と自前の家を持つ滞在者または住民の二つの面を持つようになり、その底に温泉客や滞在者の生活を支えるために働いている在来の住民がいるということになるのではなかろうか。

昭和二〇年以前までは熱海と伊豆山の間は海岸が屹立《きつりつ》しているようになっているために人家はなかった。今はその斜面をすらブルドーザーでひらいてホテルやマンションがたち並び伊豆山まで続いてしまっている。温泉が出るということがこれほど大きな変化をもたらしめたものであろうが、そこにまた新しい時の流れを感ずる。新しい町ではあるが生産中心の町でもなければ政治都市でもない。この町には大きな工場の煙突は一本もない。日本の大きな町にはほとんどといってよいほど煙突がある。しかしここにはその煙突がないのである。先日テレビでパリの町を見た。そのパリには工場の煙突らしいも

のはなかった。パリは政治都市ではあるが、工場都市ではない。工場はなくても大きな町はできる。この町を大きからしめたのはこの町が内蔵する文化の力だろうと思った。熱海もまた文化都市として成長してゆくべきではないだろうか。

五月二〇日であった。熱海ロータリークラブの主催で熱海の観光と文化についてのシンポジウムがあった。私はコメンテーターとしていくつかの提言をしてみた。熱海の町に姫の沢公園を除いて市民が集まって楽しむような広場のないことが遊楽の都市としては重要な要素を欠落しているのではなかろうか。これだけ宿泊の施設があるのだから、これを利用できるような対策があってよいのではなかろうか。たとえば国際会議場のようなものがここに造られたらどうであろう。今日ではすでに多くの国際的な会議がもたれるようになっており、京都の国際会館が盛に利用されているが、東京にはそのような設備がない。設備とともにホテルが必要になってくる。熱海にはホテルがある。国際会議ばかりでなく、国内の会議もひらかれてよいはずである。

あるいはまた、これほどたくさんのホテルがあるのだから、ワンフロアを利用して美術品展示のギャラリーを作ったり、音楽の小さなホールを作ることも必要ではなかろうか。東京では大きなビルディングのワンフロアを利用した美術館なども生れつつある。よい音楽の演奏があり、よい美術品の展示があれば、人は千里の道を遠しとせずにやって来るものである。

また熱海の文化を紹介するような出版物の刊行なども重要なことではなかろうか。京都大学の米山俊直助教授によると、京都の祇園《ぎおん》祭が今日まで続いたのは、祭を毎年おなじように繰返したのではなく、毎年いろいろの工夫が試みられたばかりでなく、時には山車や鉾の図集を出版し、時には祭に際しておこなわれる芸能・風流を絵にしたもの、あるいは古くからの祇園祭の記録なども本にしてきた。それもりっぱなものを作って来たという。そのように祭のために凝集した結果が次々にまとめられて本になっているという。熱海についても同様なことが言えるのではなかろうか。熱海を訪れた文人・画家は多い。その人たちの文章や絵などもまとめてりっぱな書物を作ることを考えてよいのではなかろうか。あるいはまた、この地の新聞などにあらわれた世相を物語るものを年代順にならべて見るだけでも世の中の変遷を物語る有力な資料になるのではなかろうか。

ただ遊興のみを主にするだけでなく、そこに高い知性が加味されることも大切ではなかろうか。たとえば国際会議の開催にあたっては同時通訳のできる人の養成もこの地でなされてよいのではなかろうか。東京からそういう人を連れて来てもよい。しかし、そういう人を養成するための外国語大学のようなものが作られても、その効果は大きいのではないかと考える。

高校は一校、大学はないということは、一方では読書人口が限られることになる。熱海の町には本屋の数が実に少ない。入湯遊楽の客はそういうものには関心を持たないから、という声もあったが、遊楽客が本をよまなくても、市民が読書人になることが、文化都市としての重要な条件になるのではなかろうか。

　まず何よりも地元の人の目ざめが大切なのである。入湯客の質も次第にかわってきつつある。この町にはもと芸者の数がきわめて多かった。そしてそうした芸者の置屋の数も少なくなかったのであるが、最近はいちじるしくその数が減ってきたという。人びとの興味の対象が次第にかわってきつつある。

　そうした観光の在り方について、五月二〇日から二二日にかけて日本観光学会が、熱海の国際観光専門学校でひらかれることになっていた。そしてシンポジウムのテーマは「国際観光温泉文化都市熱海市の未来像」というのであったが、最終日における視察コースを見ると、「熱海駅前第一ビル裏—姫の沢公園—蛭ヶ小島—反射炉—江川邸—亀石峠—シャトーテル赤根崎（昼食）—熱海城—ホテルニューアカオ—中山晋平記念館—熱海美術館—伊豆山神社—熱海駅（解散）」となっていた。ただこれだけ見ると、熱海には熱海としてほこり得るような文化施設がどこにあるのだろうかと思った。伊豆山神社にはすぐれた美術品もある。しかし、その宝物殿のようなものもまだできていないのである。

右　司馬江漢の「日金山坊舎の図」
左　同「熱海の図」

　しかしその気になればすぐれた美術品を保護展示するような対策をとれないことはないはずである。熱海からは彫刻家沢田政広が出ている。熱海出身の人としては異色である。その記念館は熱海の地に造られてよいのではないかと思う。すでに八四歳の老齢であるが作品も多く、弟子も多い。沢田氏を中心にした美術館の建設は観光客のためばかりでなく地元の人にとっても重要な文化的財産になるであろう。

　熱海には熱海の将来について考え、また他所から来た人の声を聞こうとする意欲のつよい人が実に多かった。

『日本九峰修行日記』によると野田泉光院《せんこういん》は文化一四年（一八一七）五月一八日に箱根から熱海へ来ているのだが、興味のある記事を書いている。筆者の野田泉光院という山伏は今の宮崎県佐土原《さとはら》の安宮《あんぐう》寺という山伏寺の住持であった。頑健、健脚で、大和大峯山へ三七度も登ったという。六〇歳をすぎて全国行脚の旅に出て、南は九州の南端、北は秋田・岩手までの間を六年二ヵ月かけて行脚した。街道すじはほとんど歩かず、傍道を歩いている。供には平四郎という男を連れているが。年上の泉光院は旅行中一度も病気をしなかったのに、平四郎の方はたびたび病気をしている。泉光院の相模での足どりを見ると、鎌倉、江ノ島、藤沢清浄光寺、一ノ宮、金目《かなめ》、石田、国分寺、厚木、日向《ひなた》薬師、大山不動、尾尻、最乗寺、塚原、道了《どうりょう》権現、小田原、箱根、関所、日金山、土沢《とさわ》光南寺、熱海、上多賀、網代、宇佐美《うさみ》となっている。

「箱根の関所をすぎて、箱根の宿場をぬけたところにある辻堂のところから左の山中に入り、三里あるいて日金山の地蔵堂についた。この地蔵は霊験があらたかだとい

谷文晁の「網代の図」

うことで参る人が多い。金仏で丈が八尺ある。堂は四間四面で坊中が三ヵ院ある。みな修験寺と見えたが大したこともない山伏と見えたので、直ちに下って半道ほどの所にある寺にとまった。この寺も山伏寺と見えた。ここにも地蔵堂があった。十九日は晴天で坂中の地蔵堂をたって午前八時頃に伊豆権現へまいり納経し、それから峠をこえて熱海へいった。市中に湯のわき出るところがある。まわり十四、五間に垣があり、その内に大石があり、その下から湯が一日に二、三回と、夜二、三回吹き出す。その勢は大滝の落ちるようで、その音は大雷よりも高い。湧き出ないときは小石原になる。この滝の流を六、七軒で分配して入湯人が湯治する。それより峠をこえて上多賀村の藤右衛門という家にとめてもらった。夜に入ると近所の者がたくさん集まって来、その中には盲僧や盲女もいる。そして何か話してくれというので世間話は平四郎にさせることにした。ところが私にも是非するようにすすめるので眠むさは眠むし、よんどころなく話した。そして人間の初まり、天の一理からはじめて、五倫五常《ごりんごじょう》、大学三綱領、三才《さんざ》にもれることのない心性などについて、皆々話してきかせたところ恐れをなしていた」とある。このあたりの人たちの求知心のようなものがよく出ているのを面白いと思った。おそらく野田泉光院に対してだけでなく、これは知識のあるゆたかな人だと見ると押しかけていって話を聞く風習があったのであろう。そしてこれはたまたま通りあわせた山伏から世間話を聞こうとしたのであろうが、長滞在の人があれば押しかけていって何日も話をきくようなこともあったのであろう。そしてそういうことをもっとも多くくりかえしたのが宿屋の主人であったと思われる。この町に明治の初年以来つづいている古屋という宿の主人の話ではそこにとまった人が実にいろいろのものを書きのこしていっているという。

　おなじような話は網代の間瀬さんからも聞いた。間瀬家は宿屋ではない。しかし菓子屋であるから、網代の近くに滞在していた画家などとの交際がひろかった。そして親切にしてあげたお礼として多くの絵をもらいうけている。いずれも小品ではあるが、すぐれたものが多い。

　それらは大正・昭和の作品であるが、旅館桃李境主人の浜田さんは熱海を訪れた画家たちの古い絵も集めており、この絵はがき集の第一集を出している。これから第二、第三と出していくのだろうと思うが、その実物の

ホテルが主流の熱海だが、昔ながらの和風の旅館が残っている

岩瀬京水の「熱海七湯の佐治郎の湯」（左）と「熱海大湯の図」（右）

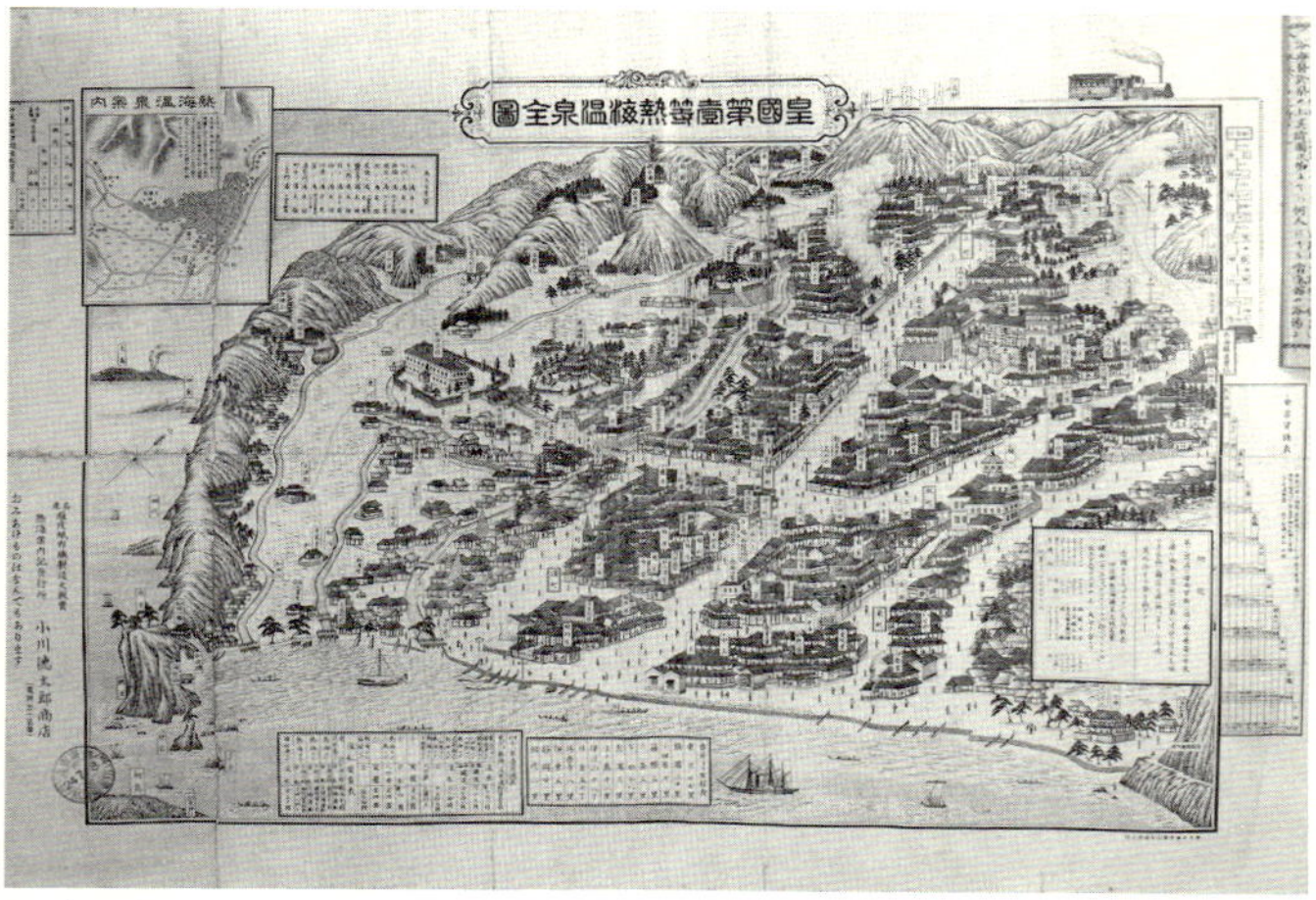

明治41年発行の熱海温泉市街の絵図

展示されるような機会と場所もほしいのである。浜田さんは最近まで熱海市立の図書館長もつとめていた。そして熱海の古い絵図もたくさん集めている。その古いものは天和元年（一六八一）頃までさかのぼられるようである。しかし市街図らしいものになってくるのは幕末頃からのようで、明治になると毎年のように版をあらためて印刷したものではないかと思う。図がかなり精確なものであるから、それを年順にならべてみると熱海がどんなに変化していったかが実によくわかるのである。

その一部を毎年のように熱海図書館で印刷して有縁の人ごとに配っている。熱海を見ていく上に実に貴重な資料なのだが、これは是非一括して出版したいものだと思った。そしてこうしたものを中心にして温泉博物館のようなものはつくられないだろうか。それは熱海に限らなくてもよい。むしろ全国にわたるもので、民俗資料も必要だが、科学的資料もあつめたいし、温泉地の風景写真なども全国的に集めてみると、それだけでも温泉を知る上に貴重な施設ということになるだろう。またそれほどの施設が日本のどこかにあってよいはずである。また土産物などにしても、それを作ることによって土地の産業になるようなものはないのであろうか。この町にもそうした町を支えるための産業をおこそうとしたことがある。町に多くの流れのあるのを利用し、また山に野生する雁皮《がんぴ》の皮をとって雁皮紙をはじめたことがある。名主の今井がはじめ、本陣だった渡辺が問屋をつとめたことがあった。そして明治から大正にかけては熱海の名物でもあった。しかしいつの間にか和紙の使用がなくなってこの産業はなりたたなくなっていったのである。

東北の温泉地には古くからコケシを土産にしているものが多い。土湯《つちゆ》、飯坂、鎌先、青根、遠刈田《とおがった》、鳴子《なるこ》、作並《さくなみ》、肘折《ひじおり》など、それぞれ特色のあるコケシが今も見られる。箱根は木工、別府は竹細工、山口県湯本は萩焼、石川県山中は漆器、そのほかにも温泉で伝統工芸をもっているものは

岩瀬京水の「浴室の図」

多い。箱根竹や伊豆竹を利用した細工物はできないものであろうか。

もとより熱海は観光客を受け入れるためにいろいろの対策をたててきた。来宮や網代などの古くからの祭のほかに冬の梅祭や、八月初旬のマリンウイークのような新しい祭もはじめた。その祭のために熱海を訪れる人も少なくない。ことに梅祭のときには自動車の駐車場が狭くて問題をおこしている。それは祭だけでなく、自動車を利用する観光客のふえた今日、熱海のような駐車設備の少ない町は、それだけでも宿泊者にとっては喜ばれなくなる。

かつて二七軒の湯宿が、古い制度にしばられていたためにその枠の外に発達した旅館やホテルに敗北していったように、せまい敷地に駐車場を持たぬホテルのふえたことが、ホテルの発展を大きく阻碍《そがい》しはじめていることを見のがすわけにはいかない。

このように見てくると、熱海自身のかかえている問題は実に大きいのである。そして人目をひくような新しい施設をするだけで、今日以上の観光客を迎え入れることはむずかしくなりつつある。

熱海はこれまで私にとっては縁のうすい町であった。高い宿泊費を払ってとまる気もおこらなくなったし、芸者を呼んで酒を飲む風流も心得てはいない。ただ外から見て通りすぎるだけの町であった。外から見れば美しい町であり、りっぱな町である。そして町の人口とおなじほどの客を毎日迎え入れたという。

その町の中へ一歩立ち入って見る機会をもった。そして実に多くの問題を持っていることを知った。多くの問題といったところで、それはほんの一部にすぎないであろう。何回もかよっていくうちにいろいろのことを知るとともに、実はもっともっと町の多くの人と友だちにならねばならないと思った。ということは町を歩いていて、町の人たちが他から来たわれわれのようなものを、今はみな他所者として迎えている。気軽に話しかけてくれる顔はほとんどない。

熱海のもつ風格

熱海の町にはわれわれのような通りがかりの者にはうかがうことのできないような遊楽地としての生態もあるのであろう。しかしそのことにはふれないでおく。私にとって重要なのはこの町の持つ風格である。そこを訪れた人にとっていつまでも心にのこるのは町のさわやかな風格である。青い空、青い海、青い山、白い家、それがかもし出す熱海の高貴な顔は印象に残るものである。夕方になると白いビルディングが斜光線の中にくっきりとうかびあがってくる。それはいかにも端正な風景である。その風景にふさわしいような充実した風格を期待するのはおそらく私一人ではないと思われる。

しかも夕暮のあざやかな風景はそのまま闇の中へ消えていくのではない。空も山も暗くなってゆく頃、ビルディングの窓には光がともる。どの窓も明るく、それが海岸から山の中腹まで重なりあう。灯のともる窓の中にはかならず人がおり団欒があり、明るい顔がある。そう考えたいのである。八月五日夜の花火を見にいったのも、花火を見あげる人びとの顔が見たかった。日がくれてうすぐらくなってゆく防潮堤の内側の道を南から北へ歩いていったのだが、コンクリートの波除けは昼の太陽の熱でまだほてっていた。海には水上スキーをひくモーターボートがはしり、スキーをたのしむ人たちがいた。港の中にいた船はみな灯をともして沖へ出ていった。沖で花火を楽しもうとする人たちを乗せて。

その船の灯が明るさをおびてくる頃にはホテルの窓にも灯がともった。海岸にならんだホテルの窓にうかぶ人かげは家族連れと思われる者が多く、子供たちの姿がどの窓にも見えた。花火を見ようとする人たちなのであろう。町の人たちはござやビニールを持ってやって来て、波除けの上にそれを敷き海に向ってならんで坐った。私もまた坐った。私の周囲の人たちはどうしたことかあまりしゃべらなかった。そして海を見、空を見あげていた。何かを期待しているのである。

空に星がひかりはじめた。昼の光は山の上のあたりにかすかに残っているだけになった。すると突然一発の花火が打ちあげられた。波の上でドンと音がして、やがて頭の上で炸裂《さくれつ》する音がすると、美しい花火が傘のようにひろがって夜空にきえた。港を限る防波堤の上に花火の打上筒がならべられており、そこから打ちあげる。防波堤は南北に長い。その南の方で打ちあげると、次には北の方で打ちあげる。しばらくは交互に続けざまに打ちあげられていたが、やがて中央で尺玉といわれる大きなものがうちあげられた。その音は腸にしみるようにとどろ

来宮神社の天然記念物の大樟

き、空でまた大きな音をたて、赤青緑の火が大きく四方に散って円をなした。それと同時に南北の花火がうちあげられ、空を色どった。その光の下に海も防潮堤も海岸のビルディングも一瞬うかびあがった。花火は次々に打ちあげられた。一つ一つの色と形が違っているのである。そして時々あがる尺玉の音が腹にしみる。子供たちは瞬時耳をおさえる。大人は空を見あげて叫び声をあげる。

そのようにして一時間半も花火は打ちあげられたのであった。熱海の海は半円を描いて湾入しており、山は海に向ってすり鉢のようにせまっている。だから花火の音はこの斜面にこだまして海に落ちてくる。

いったい花火とは何であろうかと思ってみた。火薬をこれほど美しいものにした工夫は大したものであると感じつつ空を仰ぎつづけた。元来火薬というのは戦の折に相手を痛めつけるために発明されたものである。そして実に多くの人たちがこれによって殺されていった。そのおなじ火薬を利用して、人びとの心をたのしましめるものを作りあげていった。しかもそれが熱海の場合は海の上で打ちあげ海に向って周囲から見あげることができるのである。これほど演出効果のあがるところは少ないであろうし、見る人びとも、半円を描いてほぼ等距離に見ることができる。

最後の花火が高く上って大きな光の傘をひろげたあと、暗い夜空にたちかえったとき、これは全くすばらしい演出であると思った。海岸の人びとばかりでなく、山の斜面のすべての人びとが窓をあけてこの花火を見ていたであろうと思ったとき、私は熱海でこれに類するようなすばらしい行事を花火のほかにも計画できるのではないかと思った。

熱海の家の窓の大半は海に向ってひらいている。これほどすばらしい半円劇場はない。問題は舞台で何を演出するかである。舞台となるべき海は青く広い。マリンウイークの催しが、もっと壮大に企画されてもよいのではないかと思いつつ坂をのぼって暗い海をふりかえった。

（熱海の調査にあたっては志ほみや旅館榛葉喜量、桃李境浜田義一、ロータリークラブ岡田善一、伊豆の踊子本舗間瀬悦基、国際観光専門学校田中卓郎、熱海市役所日吉和男、熱海図書館長八島ための諸氏に一方ならぬお世話になった。あつく御礼を申しあげます）

海上で打ちあげられる花火

城端町の大工と漆工が技術の粋を尽くした数寄屋造りの庵屋台。五月の曳山祭りで山車と共に引かれる（撮影・須藤功）

富山紀行

文・写真　柳沢正弘
写真　須藤功・谷沢明・相沢韶男

富山への憶《おも》い

私は二十歳近くまで信州松本で過ごした。松本は周囲全てが山で、特に西に聳《そび》える飛騨《ひだ》山脈は見る者を圧倒するように高く、しかも何重にも折り重なっている。その向こうは岐阜県高山地方であり、富山県である。春祭りに出る山車《だし》を作ったのが高山の大工であり、富山湾で獲れたブリをボッカが背にかついで野麦峠を越えて運んできたという話は、知識としては知っていたが、具体的なイメージを結ぶことはなかった。

飛騨山脈を越えて、岐阜県や富山県へ通じる鉄道は一つもない。高山地方へは、飛騨山脈と木曽山脈の間の木曽谷を迂回しなければならないし、富山県には飛騨山脈の東麓を走る大糸線から海ぞいに走る北陸線に乗り換えなければ、たどり着くことができないのである。しかも、私の子どもの頃はまだ大糸線が全通しておらず、富山県に行くには篠ノ井線で長野まで行き、長野から直江津までは信越線、直江津からは北陸線を使わなければならなかった。

だが、鉄道が敷かれるまでは、細々とではあったが、野麦峠を利用して高山地方とも富山県とも交流は続いていたのである。皮肉なことに、鉄道が敷かれたことで、松本地方と高山、富山方面との関係は疎遠になってしまったといえよう。そのために、飛騨山脈の向こうは高山地方であり富山県であることは分っていたが、そこは心理的にはかなり遠い地方だった。

しかし、多くの同年代の子どもにとって、はるかに遠い富山県が、私には何となく近しい土地だった。叔父の一人が、私の子どもの頃、ちょうど富山にいたのである。年に一度顔を合わせるかどうかぐらいしか会いはしなかったが、叔父やその家族から富山の話を聞かされたために、いつしか見たこともない富山が、気持の上で馴染んだ土地になっていったのである。子どもには、そんな他愛のないことが、他の地方への愛着になっていくものらしい。

親類のいる土地を除けば、富山県は私が最も多く足を踏み入れた土地の一つである。それは、子どもの頃の愛着のためばかりとはいえないが、それも理由の一つになっているにちがいない。そして、富山県を旅するにつれ、子どもの時に植えつけられたイメージはしだいに薄らいでいき、特有の風土とそれに結びついた生活や祭礼が、私の興味を引くようになっていった。

五箇山《ごかやま》

中世の素朴で哀切なコキリコの調べが、
平家谷の夜空に響き渡っていた

富山県、昔の国名でいう越中は、地形的にまとまりのいい土地である。東は飛騨山脈の北の部分をなす立山連峰が、県東部のかなり広い地域を占め、新潟県や長野県との自然の境界を作っているし、西にはそれよりはるかに低いものの、宝達《ほうたつ》丘陵がほぼ南北に連なり、石川県との境となっている。そして、南には飛騨山地がどこまでも続き、やはり岐阜県との自然の境を作っている。

そのため、富山県に陸上から入る場合、東からだと、飛騨山脈が日本海に急激に落ちこんでいる親不知《おやしらず》の難所を通らなければならないし、西から入るには宝達《ほうたつ》丘陵の峠道を利用するしかない。そして、南からは飛騨高山を経て、神通《じんつう》川にそって入るのが普通である。昔から越中に入るために利用されたこれらのルートには、現在、北陸線と高山線が敷かれ、富山県と他県を結ぶ動脈となっている。

今から五年前〔昭和五一年・一九七六年〕の夏、私が富山県に入った時に使ったルートは、そのいずれでもなかった。南の岐阜県から富山県に入ったのだが、高山線は使わず、今でも、あるいはこれからも鉄道が敷かれそうにない、庄《しょう》川にそった道を使ったのである。そこは、白川郷や五箇山《ごかやま》という、昔から秘境とよばれてきた集落が点在するルートだった。

その旅行で、私は東京から名古屋へ出、名古屋から越美南線など

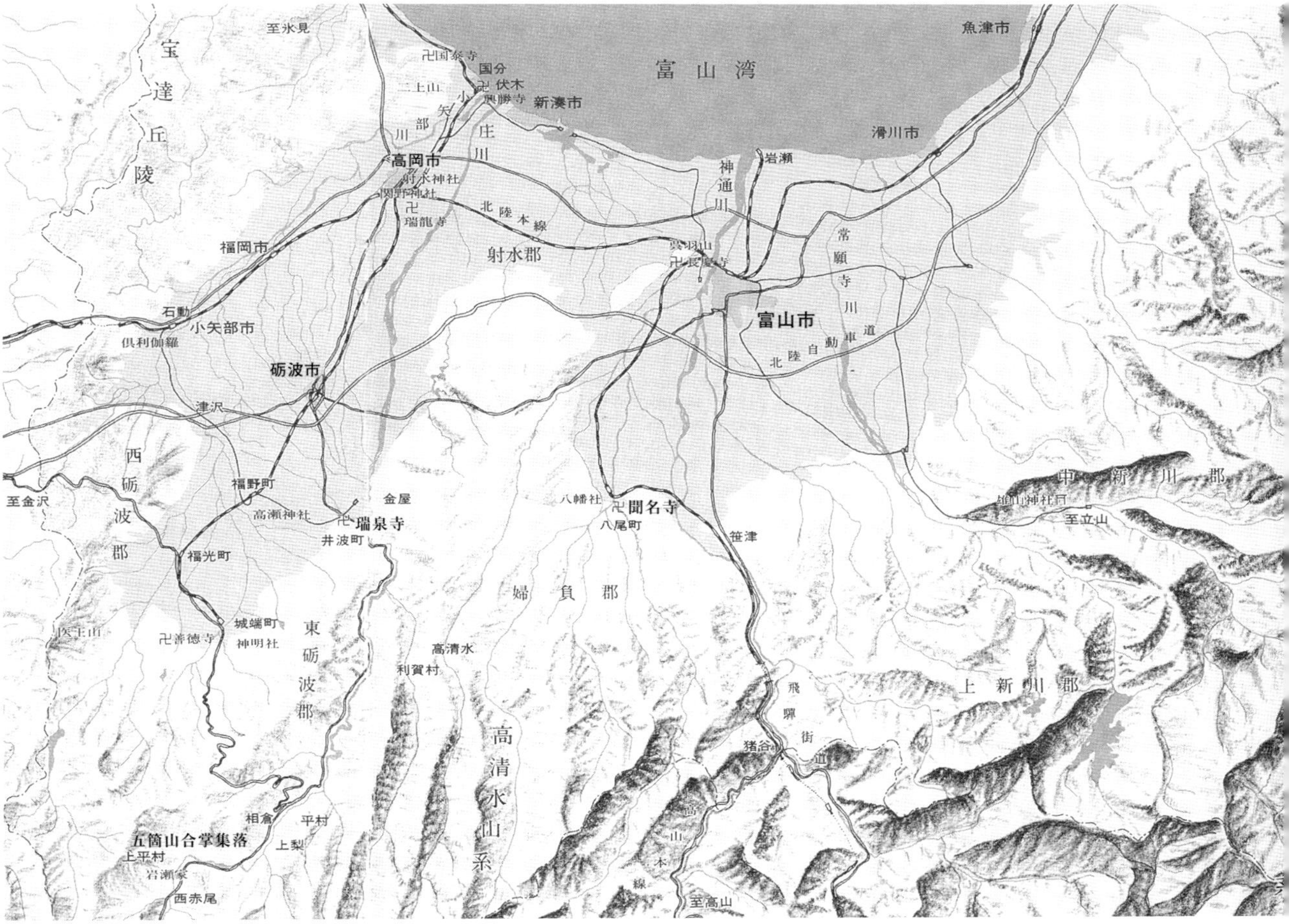

合掌造りの民家を改装した食堂。険しい山襞をぬってバスが五箇山にたどり着く。昭和45年頃の菅沼集落（写真提供・南砺市）

を使って、郡上八幡《ぐじょうはちまん》へ入った。郡上八幡は伊勢湾に注ぐ長良川《ながらがわ》の上流にある町なので、名古屋からはちょうど長良川をさかのぼった感じになる。そして翌日、美濃《みの》と飛騨の国境いの山を越えたのだが、そこは太平洋に注ぐ長良川と日本海に注ぐ庄川との分水嶺でもあった。

バスは庄川の作った狭い谷を真直ぐ北上していった。左右に見える山は、深い感じであったが、それほど険しい感じはなかったし、庄川も浅い流れにすぎなかった。ただ、谷が狭すぎるために、耕すことのできる土地はほとんどなかったし、そのために集落もほとんど見当らなかった。

このルートが、富山県と太平洋側を結ぶ道の中では距離的に最も短い。しかし、本州の脊梁山脈を越える道としては、最も長いほうではないだろうか。その上、その道筋の大半が山の中を走っているし、集落や人影をほとんど見かけないのである。単調で険しさをさほど感じさせないものの、歩くしか手段のなかった昔の人が、そんな道をどれほど利用したか疑問だった。

バスはそんな単調で長い道のりを走り続け、御母衣《みほろ》ダムの人造湖や、まるで民家集落博物館のように見える白川郷の合掌作り集落を通って、岐阜と富山の県境にさしかかった。そこで、私は初めて白川郷や五箇山が他から隔絶した秘境であった理由を理解した。庄川は、にわかに深い峡谷を作り始めたのである。それにつれて、道は険しさを増していった。曲がりくねった道に山が迫り、道の脇は切り立った崖となっており、かなり下に庄川の急流が見えた。私はその肝の冷えるような思いをもう一度、その翌日、五箇山から城端《じょうはな》に向かう谷で味わうことになった。

庄川は上流・中流が山の中を流れ、下流だけが富山平野の一部をなす、砺波《となみ》平野・射水《いずみ》平野といった平地を流れているのである。しかし、県境に近づくまで、庄川の川底は浅く、険しさはなかった。しかし、今、庄川は谷底を深くえぐり、急流となって砺波平野へと駈けおりていた。今でこそ、白川郷から五箇山へ、砺波平野から五箇山へと、庄川にそった道が作られているが、昔はあまりにも険しすぎて、川にそった道は作ることができなか

小原集落の合掌造り民家の屋根の葺き替え。昭和40年代後半（写真提供・南砺市）

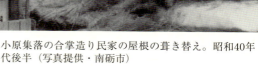

永年の風雪にたえてきた菅沼の合掌造り集落。田圃や軒下に刈り取った稲が干されている。昭和40年代後半（写真提供・南砺市）

ったのである。

それは、五箇山に点在する谷と谷、そして五箇山と他の地域との交通の場合も同じだった。谷と谷、そして五箇山と他の地域との交通は、川にそっての道によらず、峠道を利用していたのである。江戸時代に描かれた、五箇山の籠《かご》の渡しという絵図がある。庄川に綱を渡し、それに籠を吊るして人を渡している絵である。普通、川はそれにそって道を作らせるものだが、五箇山に関する限り、庄川は交通の障害となっていたのである。そんな環境を表わすように、五箇山には今でも籠の渡しという地名が残っている。

そんな険しい五箇山を通って、どれほどの人が、この庄川と長良川を結ぶ道を利用したのだろう。その道を歩き通すことはおろか、五箇山に入った人も稀ではなかったろうか。江戸時代に五箇山を支配した加賀藩は、火薬の原料となる煙硝《えんしょう》を土地の人々に作らせ、この土地を流刑地にしたという。それは、五箇山が他から隔絶した、陸の孤島だったからだろう。そして、舗装された道路が整備された今でも、冬の雪崩のために谷と谷を結ぶ交通路が使えなくなることが、よくあるという。確かに、白川郷から五箇山に入るために通ったその道は、左に切り立った山が迫り、右は深い峡谷となっており、雪崩が起きたら一たまりもないと思わせるに十分だった。

その険しい道を通り、赤尾谷にバスが入った時には、さすがにほっとした。谷は狭かったが、庄川峡谷のすぐ横を通らないだけでも気分は落ち着いた。そんな安心感と夕暮近い時刻のためだろう、私は近くに迫る山々や狭い平地に作られた水田の緑の瑞々しさにしっとりとした

右　相倉集落の実りの季節。昭和40年代前半

左上　田植えも結いでの共同作業。五箇山菅沼集落。昭和30年代（写真提供・南砺市）

左下　手動式稲刈り機での稲刈り。五箇山菅沼集落。昭和40年代前半頃（写真提供・南砺市）

風情を感じ、その中に点在する合掌作りの民家に人間の生活の息づかいを感じて、ほっとした気分になったものだった。

五箇山は五ヵ谷間にちなむという説がある。庄川の上流から、赤尾谷・上梨《かみなし》谷・下梨《しもなし》谷・小谷、そして庄川支流の利賀《とが》谷である。そして、現在は行政区分の上で、上平村・平村・利賀村に分かれているが、この狭い谷に七十前後の集落が点在している。

私が宿をとったのは、平村の下梨谷にある相倉《あいのくら》という集落で、二十数戸の家のほとんどが大きな合掌作りだった。民宿を営んでいるその家も、立派な合掌作りで、民宿といっても改造されているのは、風呂と便所ぐらいだった。炉の切ってある広座敷や私が使わせてもらった奥座敷などは、飴色の光沢がかかった板戸で仕切られているだけだった。

奥座敷に通されて、まず眼についたのが、欄間《らんま》にかかっている写真だった。それは昔よく見かけた天皇御一家の写真と感じが似ていたが、よく見ると東本願寺の法主夫妻の写真だった。そして、その下にかかっている大きな布をめくってみると、そこに大きな仏壇があった。さすがに富山県だ、と私は思った。今日通ってきた白川郷なども真宗が広まっているが、富山県こそ真宗王国とよばれるにふさわしい土地なのである。私は改めて、富山県に来たという実感を味わったものだった。

屋内といい、集落の様子といい、心の落ち着く懐かしい雰囲気が漂っていた。夕靄のかかり始めた山や、ひんやりした空気の中に感じる草木の匂いは、幼い頃過ごした農村の夏の夕暮れを、私に思い出させた。

　私は道に立って、周囲の民家を見回した。合掌作りの家々は、いかにも大きかった。一階の平面も他の地方の農家に比べれば確かに広いが、それを大きいと感じさせるのは、高さであり屋根の巨大さだった。普通の農家も、それが藁屋根だった場合、屋根はかなり大きい。だが、これほど高く、巨大ではない。

　雪の深さが、この大きな建物を作ったのだ、と私は思った。冬の五箇山では、一日に雪が二メートル以上積もることが稀ではないという。それを自然に落すために、屋根を急勾配にせざるをえなかったのだろう。道に立って見回した民家の屋根の勾配は、どれも同じに思えた。それより勾配が緩やかになれば雪は落ちなくなるだろうし、急になれば屋根はもっと大きく、重くなりすぎるにちがいない。そして、民家の出入口は、屋根から落ちる雪に塞がれないように、妻入りだった。

　急勾配であるために、屋根は大きく、高くならざるをえなかった。そして、そのために四階建てという巨大な家になったのであろう。二階には、独立できないオジ・オバが住んだ場合もあるというが、ほとんどの場合、二階以上は養蚕《ようさん》に利用されたという。戦前まで、五箇山の住人は、縄・莚《むしろ》・藁靴《わらぐつ》などの藁製品を、麓の城端《じょうはな》や井波《いなみ》に頼っていたそうである。藁製品を買ってくるほどだから、米の自給自足は不可能だったにちがいない。そんな山村での産業といえば、養蚕であり和紙の生産だった。特に、広い場所を必要とする養蚕に、合掌作りの大きな民家は最適だったにちがいない。

　深い雪が大きな合掌作り民家を作り、更にそれが養蚕をさかんにした。その意味では、合掌作りは五箇山の厳しい自然環境を象徴しているとも言えよう。しかし、その大きさは自然の厳しさや貧しさを実感させないところがある。

　それからしばらくして、その民宿に泊まった客は、広い座敷で一緒に食事をした。

「このお米は、ここでとれたものなんですよ」

　その家の主婦が給仕をしながら言った。客たちは驚いたような声をあげた。かつての五箇山で米が自給自足できなかったことを、客のほとんどは知っていたらしい。だが、戦後ブルドーザーが入って耕地の水田化が進み、今ではわずかな量だが、五箇山から米を出荷するまでになったのだという。貧しさは昔語りになった感じだった。

初冬の菅沼集落。合掌造りの大屋根に雪降り積む（撮影・相沢韶男）

コキリコの哀切なメロディーが部屋に満ちて（撮影・相沢韶男）

しかし、その民宿の主人は、よその地方に出稼ぎにでているということだった。

夕食が終ってから、私は集落のすぐ後の山の麓にある社の杜《もり》に向った。家々からぼんやりと灯りが漏れていたが、集落も、すぐ近くに迫る山も、闇の中に沈んでいる感じだった。ただ、社の境内だけが強い照明に照らし出され、そこに何軒もの民宿から集まってきた宿泊客が、半円形に立ち並んでいた。毎晩ここで、コキリコ節の唄と踊りを見せるのである。

狩装束《かりしょうぞく》のようないでたちをした男二人が、ササラという楽器をもって、光の中に立った。横笛が響き、コキリコ・鍬金《くわがね》・太鼓がリズムをとるように鳴り始めた。

マドのサンサはデデレコデン
ハレのサンサもデデレコデン
コキリコの竹は七寸五分じゃ
長いは袖のかなかいじゃ
マドのサンサはデデレコデン
ハレのサンサもデデレコデン

哀切な唄声が、そして笛やコキリコなどのお囃子が、五箇山の闇の中に吸いこまれていった。シャッ、シャッ、と独特の音色を出すコキリコは、唄にもある通り、二本の竹を擦り合わせて音を出す古い楽器である。中世から近世にかけて、コキリコを伴奏とする唄がさかんに歌われたという。その当時の唄の名残を留めているためだろうか、その調べは普通の民謡とはやや異なる感じだったし、限りなく哀切だった。そして、狩装束の男たちは、その唄と伴奏に合わせて、一〇八枚の小さな木片を紐で通したササラという古い楽器をくねらせ、ザザッ、ザザッとそれを鳴らしながら、ゆっくりと踊っていた。

私は胸が熱くなっていた。それは、直截な感動だった。まわりの見物客が、息をつめ眼をこらして、唄を聞き踊りを見ているのが分った。五箇山は雪と険しい地形のために長い間他と隔絶していた。そのために古い芸能が残った。ササラを手に踊るのは田楽《でんがく》踊りだそうである。私がその時、劇場で演劇を見ているような気分になったのは、田楽踊りが能の起源となる芸能であり、田楽の系統を引くコキリコ踊りが多分に演劇的な要素を秘めていたせいかも知れない。

月見て歌う放下のコキリコ
竹の夜声の澄み渡る
マドのサンサはデデレコデン
ハレのサンサもデデレコデン

歌と踊りが終った。見物客から小さな歓声があがり、拍手が湧き起った。踊り手の衣裳が、そしてコキリコを鳴らしていた水干《すいかん》・烏帽子《えぼし》の少女たちの姿が、哀切な唄とともに、平家落人伝説を想い起させたのかも知れない。五箇山は隔絶山村に多い平家《へいけ》谷の一つであり、その信憑性はかなり高いという。あるいは、その歓声と拍手は、厳しい自然の中で生き続けた人々の営為を、感覚的にとらえ共感したためだったかも知れない。

翌朝、私はバスで城端《じょうはな》に向かった。昔から、平村や上平村の谷に住む人々は城端に下り、利賀《とが》村の住人は井波《いなみ》に下りたという。そして、雪で井波への道を閉ざされた利賀谷の一部の住人は、東の八尾《やつお》に下りていったということだった。

バスは、砺波《となみ》平野から望むと人間を拒むかのように見える高清水《たかしょうず》山系の峠を越え、どこまでも続いているように見える谷の狭い道を、何度もハンドルを大きく切りながら、ゆっくりと下りていった。昨日、五箇山に入る時に感じた以上の恐怖が、私を襲った。そんな乗客の反応を楽しむように、運転手はその谷が人喰谷《ひとくいだに》とよばれていることや、転落して山の中腹に引っかかっている乗用車の存在を教えてくれたものだった。そして、かなりの時間をかけて人喰谷をおりたバスは、麓の砺波平野に入っていった。

砺波《となみ》平野

夜高祭《よだかまつ》りは福野《ふくの》の町の草創を記念する祭りである

砺波平野のほぼ真中に福野町がある。福野がいつ作られたかは、実にはっきりと分っている。砺波郡本江村の三右衛門という大百姓が、慶安二年（一六四九）、郡《こおり》奉行に町立《まちだ》てを願い出て、翌年町立てが始まっている。そ

福野町神明社（撮影・柳沢正弘）

カイニョ（屋敷林）に守られた家もお墓も水に浮かぶ島のような五月の砺波平野（撮影・須藤 功）

して、三年後の慶安五年には町のほぼ中央にある神明社《しんめいしゃ》が創建されたのである。

夜高祭りは、その神明社の春祭りである。伝えによれば、町の人々は伊勢神宮から神霊を勧請することに決め、使いを伊勢に立てたという。だが、到着予定の日になっても使いが帰ってこない。そこで、福野の人々は、夜になると、手に手に行燈《あんどん》を持って通りに出、それを高々とかかげて、使いが戻ってくるのを待ちわびたという。そして、町の人々が迎える中を、神霊を奉じた使いが帰ってきた。これが、福野に今でも残る夜高祭りの縁起である。

祭りの歴史がこれほどはっきりしていることも珍しいのではないだろうか。他の地域の祭りでも、それに参加する氏子たちは、その地域やその祭りの伝統を作りあげてきた祖先のことを意識するはずである。しかし、町や祭りの歴史が明確に分っている場合、その意識はもっと強烈になるにちがいない。私が夜高祭りを見たいと思ったのは、一つにはそのことに興味があったためだった。

福野のある砺波平野を通ったのは、それが三度目だった。最初は五箇山から城端におり、砺波平野を北上し、高岡まで行った時だった。写真では見たことがあるものの、やはり散村風景は珍しかった。冬の西の季節風と、春先の高温で乾燥した南のフェーン風を防ぐために、西と南にカイニョとよばれる高い木立をめぐらした屋敷が、青々とした水田の中に数十メートルごとに点々と立っていた。私の郷里の農村では集村という形態が普通で、時たま、集落から孤立して立っている家を一軒家など呼んだものだった。そんな家を見ると、子供心に何となく物寂しい気持になったし、今でも一軒家という言葉には佗しいイメージを思い描いてしまう。

しかし、砺波平野では農家が一戸ごとに孤立しているのが普通である。その理由として、昔から、大火災を引き起すフェーン風によるためだとか、砺波平野を治めていた加賀藩の農政の影響だとか、さまざまな説があげられてきたが、この頃では砺波平野は水利がよく、自分が耕す水田を屋敷のまわりに集めることができたことや、この地方の土壌がザル田とよばれるほど水を吸うために、農民は日に何度も自分の田の水を見て歩かなければならないので、屋敷のまわりに自分の耕す田を集めたせいであろうなどと言われている。しかし、屋敷同士が数十メートルも離れていて寂しくないのだろうか、などと私は思ってしまう。そんな気持は、農民の苦労や心情を知らない、幼児的な発想かも知れないが。

二度目は、四月初めだった。高岡のバス案内所で、「典型的な散村風景の見られる所はない?」と、案内の女性にきくと、彼女はしばらく考えていたが、「井波か城端に行くバスに乗って、運転手にそう言って下さい。毎日通っていますから、よく知っているはずです」と、親切に言ってくれたものだった。

高岡の町並を過ぎると、大きく視野が開け、東にはぽっかりと立山が浮かび、西にはなだらかな宝達丘陵が北から南へと伸び、その南にひときわ目立つ医王山の真白い女性的な姿が見えた。そして、南にはまだらに地肌をのぞかせているために、一層厳しい感じのする高清水山系が連なっていた。そこを越えると五箇山の谷があるのである。

バスが南に進むにつれて、念願の散村風景が広がり始めた。だが、案内所の女性の親切なアドバイスにもかかわらず、私は運転手にたずねることもなく、砺波市を過ぎてまもなくの停留所でバスをおりてしまった。そこも散村が広がっていたし、停留所の五郎丸という名が気に入ってしまったのである。そして、そのしばらく前には、太郎丸という停留所もあった。

太郎丸とか五郎丸とかの地名は、鎌倉時代あたりにその地域を支配した武士の館《やかた》にちなむ地名らしい。砺波市南部に太郎丸・五郎丸が、北部に三郎丸があり、その近くに宮丸・石丸という地名もある。そして、次郎丸は井波と城端の中間の井口村に、もう一つの五郎丸は小矢部《おやべ》市の西部にある。また、開発《かいほつ》とか舘《たち》とかいう地名も、太郎丸などの名をもつ土地と同じ頃に開かれたのではないかと思うが、砺波平野西南の福光町《ふくみつ》には開発・舘・殿《との》という地名が残っている。

これらの平安時代から鎌倉時代にかけて開かれたと思われる土地は、砺波市の太郎丸などを除くと、いずれも砺波平野を囲む山の麓の、比較的川の上流にあるのである。五箇山に深い峡谷を作り、砺波平野に急流となって流れこむ庄川は、昔は平野の出口に当る金屋《かなや》（庄川町）から西北に向かって流れ、しばしば洪水を繰り返しながら川筋を東に変え、現在の流路になったのは、江戸時代

砺波平野のチューリップ畑（撮影・柳沢正弘）

富山では、集落の中央にひときわ大きな屋根があると寺院である場合が多い（撮影・柳沢正弘）

の初めだという。だから、砺波平野を作っている庄川の扇状地は、金屋を要として、西北方向に広がっているような形をしている。比較的早く開けた土地が、山麓近くにかたまっているのは、そのためではないだろうか。もっとも、それは砺波平野だけではなく、他の平野や盆地でも、その中央部が開発されたのは、かなり新しいというのが普通である。

これに対し、砺波市にある五郎丸・太郎丸・三郎丸・宮丸・石丸は、ゆるやかな弓形を描きながら、南から北へと伸びており、平野のほぼ中央部にある。そして、そのすぐ東には、西保新《にしほしん》・柳瀬新《やなぜしん》・五郎丸新・天野新《あまのしん》などの、江戸時代になってから開かれた新田村が並行しているのである。しかも、五郎丸などの南北の列とともに、新田村を東西から囲んでいる柳瀬・祖泉《そいずみ》・太田などの土地が道路にそって街村的な景観を見せているのに対し、両者の中間にある新田村は人家がかなりまばらである。調べてみると南から北に細長く伸びる新田村の列は、庄川が現在の川筋になるまでの流路だった。そして、さらにそれ以前の川筋が、五郎丸から北に伸びる列の西にあったのである。つまり、五郎丸から石丸までの古い地名は、自然堤防の上に残っていたと言える。

また、砺波平野には島とつく地名が多く、バスに乗るとしばしばそんな名の停留所にぶつかる。しかし、地図で見る限り、金屋と福野を結ぶ線から北に集中しており、その南にはほとんどない。研究者によると、島という地名は、微高地を指すのだそうである。私の郷里でも、島とつく地名はいくつかあったが、いずれも平地の中央部に位置する。恐らく、洪水などの時、あたかもそこが島のようになったのだろう。そして、砺波平野において、金屋や福野の北に分布するのは、庄川が最初、金屋から西北に向かい、福野の少し北を流れていた結果ではないだろうか。平野中央部は洪水の度に水で埋まったが、山麓や自然堤防はすでに開発されていたために、人々は平野中央部の微高地に住居を求めたにちがいない。

砺波平野は、その微高地から低地への分家という形で開発が進み、最後は城端の西の台地、庄川東岸の台地や、かつての川筋を開発するという形で、隅々まで開かれたにちがいない。新という地名は、そんな地域に集中しているのである。そして、新という字のつく地名は、ほとんどが移住する前に農民たちがいた村の名をつけている。元の村と新村とは隣りあっている場合もあるし三キロほども離れている場合もあるが、新村は大きな規模の分家だったのである。

砺波地方の農民は、例えば新という地名に住んでいる農民の場合、彼の祖先がかつて住んでいた村はすぐ分るだろうし、最終的には島という微高地の総本家まで家系を辿ることができるのではなかろうか。

福野の夜高祭りを語るのに、砺波平野の開発の説明が多すぎたかも知れない。しかし、私は福野の町立てが行なわれた頃の砺波平野の状況を知ってほしかったのである。庄川が現在の川筋になったのは、福野の町立てが行なわれる二十年ほど前のことだったし、同じ頃福野の近くに七つの新しい村が、それ以降も十以上の村が開かれている。つぎつぎに新しい村が作られるにもかかわらず、平野の中央には市もなく、人々は古くから山麓に発達した町で必要な物を買い、余った作物などを売りにいかなければならなかった。

私は地図を見ていて、福野が北の砺波市、南の福光町、そして東の井波町の市街地とほぼ等距離であることを知った。六キロか七キロが、福野と他の町の距離だった。その半分をそれぞれの町の商圏とすると、半径三キロから三キロ半がその範囲である。直線距離ではないから、片道でほぼ一時間、買い出しや棒売りに出て半日を費やす距離が、当時の人々の適正な距離だったのかも知れない。

そしてまた、神社の多いことは驚くべきものがある。かつての村の範囲だったと思われる地域には、必ず神社があり、ほぼ数百メートルごとに立っているのである。砺波平野は越中でも特に一向《ひたすら》に阿弥陀仏を信仰する真宗が広まった地方なのに、これは何だろうと私は思った。

それは、福野の人々が夜になっても神

水利のよい砺波平野では農家は自分の家の周囲に田を拓くことができた（撮影・柳沢正弘）

霊の到着を待ちわびたという伝えにも共通する疑問だった。何が、新しい村、新しい町の住人に神社の建立を駈り立てるのだろう。間違っているかも知れないが、仏教は家の中の祖先から子孫への縦のつながりを、神社は村落や町の家ごとの横のつながりを受けもっているのではないだろうか。それだけに、神社は土地との関係が強く、神社のない村や町を、昔の人は想像できなかったのかも知れない。夜高祭りが、田遊びの神事を起源としているという説は、それを暗示しているように思える。

夜高祭りの行なわれる五月一日、私は城端線を使って福野に入った。田のあちこちに、色鮮やかなチューリップが咲き誇っていたが、田の多くはすでに水が張られていた。屋敷と屋敷は細い道でつながっているにすぎず、洪水でもないのに一戸ごとの屋敷は、水にまわりを囲まれた島のようだった。そして、水田は墓標の並ぶ墓地のすぐ脇にまで迫っていた。その光景は、生者も死者も水とともにあるような、ある意味で強烈な光景だった。

福野は、古い家並の続く落ち着いた町だった。たかだか半径三キロ以内の農村を商圏に収めているにすぎないということが、かえって落ち着いた雰囲気を町に与えているのだろうが、散村を見てきた私には、かなり大きな町に思えた。そして、比較的新しい町にもかかわらず、起源がはっきりしているだけに、歴史を強く意識させる町でもあった。

通りを行き交う車の数も少なかった。道路の脇にはすでに仕上った大行燈《あんどん》や、その下にもぐりこんだ若者が最後の仕上げに余念のない大行燈が置かれていた。そして、通りに面した商店は、ウィンドーを守るために、店の前面に板囲いをこしらえていた。

それは、行燈というよりも、大きな張子のような感じだった。大きなものは四メートル近くもあり、側面に勇壮な武者絵を描き、頂きには獅子や福助などの張子が作られている。そして、その下に何本もの棒を差し渡し、御輿《みこし》のようにかつぐようになっている。

それは日暮れとともに火が入れられ、血気盛んな若者にかつがれて、整然と縦横に走る街路を進んでいった。縦に差し渡した太い棒に先導の男が乗り、夜の暗がりの中を大行燈は威勢のいい掛声とともに突っ走る。鮮やかに彩色された行燈が上下左右に激しく揺れ、町同士の行燈が激しくぶつかり合う。そして、商店を守るために作られた板囲いが、あちこちできしみ合う。町ごとに作られた三十余基が繰り出しているのである。

神霊を迎えてから三百年、神明社には杉木立が生い茂り、すっかり神さびた雰囲気を帯びている。祭りは神とともにあり、福野の町の歴史とともにあった。今、福野の町民は、福野の歴史とともにあった神のために大行燈をかつぎ、神と人との、そして先祖と自分たちの一体感に浸っているように、私には見えた。

夜高祭りは、福野草創を記念する祭りである。そして、福野は砺波平野に数多くの新しい村が開かれつつあった時期に生まれた町である。夜高祭りの勇壮さは、当時の砺波平野に生きた農民たちのバイタリティを、私に思わせた。町立てされた福野に移り住んだのは、近在の農民たちだったのである。

井波瑞泉寺《いなみずいせんじ》

真宗の信仰は越中にさまざまなものを生んだ
井波大工は今日もノミをふるう

瑞泉寺は明徳元（1390）年に創建された真宗寺院。中世には越中の一向一揆の拠点となった（撮影・谷沢 明）

砺波平野には神社が多い。しかし、その多くが、境内もさほど広くないし、建物も小ぢんまりしている。それに対し、県内各地で目にした寺院の多くは、遠くからでもそれと分る規模をもっている。特に、車窓から見ていると、北陸特有の黒い光沢のある濡れ瓦からひときわ抜きんでる寺の屋根が見え、その大きさや集落の中央に位置していることなどによって、富山県の人々の信仰の厚さに触れた思いがしたものだった。

県内の寺院の全部が集落の中心に位置するというわけではないが、そのような位置にある寺院の多いことも確かである。そして、それは、その集落の有力者がある宗派に帰依《きえ》し、自らの屋敷を道場として提供したことに原因する、とは仏教に詳しい友人の説明である。集落の人々の信仰を互いに温める場であった道場が、いつか寺院へと発展していったにちがいない。

越中の場合、集落の有力者が帰依し、道場を提供したのは真宗（一向宗）だった。本願寺第五世法主の綽如《しゃくにょ》が、明徳元年（一三九〇）、井波に瑞泉寺を建立して以来、八尾《やつお》の聞名《もんみょう》寺、城端《じょうはな》の善徳寺《ぜんとくじ》などを初めとして、真宗寺院が越中各地に建立されるようになり、越中は加賀（石川県南部）と並ぶ真宗王国となり、現在でも県民の七割が真宗信者であるという。では、何故真宗が広まったのかという問い

瑞泉寺で祈る。真宗は越中の人びとの心をとらえた（撮影・谷沢 明）

井波大工が腕を振るった瑞泉寺の山門
（撮影・谷沢 明）

が、富山県を旅している間、しばしば私の頭をかすめた。数多くある宗派の中で、何故真宗が越中の人々の心をとらえたのだろう。

北陸地方で最初に真宗信者になっていったのは、地下人《じげにん》とよばれる村落の土着の武士や、農民の中でも比較的豊かな層の人々であったという。彼らは荘園で生活する荘民であり、武士たちは下司《げし》とよばれる荘園の役人でもあった。そして、その武士の中には、平安時代末から鎌倉時代にかけて、自ら開発した土地を都の貴族や寺社に寄進し、その代りに保護を受けた開発《かいほつ》領主といわれる人々の子孫もいたにちがいない。それは越中だけではなく全国各地で見られた動きだが、砺波平野の各地にも開発という地名が残っており、そんな土地が平安末から鎌倉時代にかけて開かれたことを示している。

自分の祖先が開いた土地にもかかわらず、寄進した以上は貴族や寺社に年貢を納めなければならない。土着の武士たちはそれを不満に思わなかっただろうか。そして、室町時代には、それまで酷使されてきた農民の中から、比較的豊かな農民も成長してきていた。貴族や寺社に年貢を納めず、本来自分の祖先が開き、あるいは今自分が耕している土地を自分のものにできたらと、かれらは考えたにちがいない。応仁の乱直前の十五世紀半ば、井波近くの高瀬荘《たかせのしょう》の地下人・農民は、一揆《いっき》を結び、領主の奈良東大寺に年貢を納めないことを誓ったという。その一揆の中に、五郎丸・太郎丸・三郎丸などの館の主も加わっていたのではなかろうか。東大寺は現在の庄川の川筋のあたりに広大な荘園をもっており、それに隣接する自然堤防上の館の主たちが、開発した土地を東大寺に寄進し、その保護を受ける代りに年貢を納めていた可能性は十分に考えられる。そして、その一揆の拠点になったのが、井波の瑞泉寺だった。

ここに真宗が越中に広まった原因の一つがあったのではないかと、私は考えている。立山や白山・石動山・医《い》王山《おうさん》など、北陸には古くから信仰されてきた霊山が多く、その信仰は修験道などと結びついたためか、北陸には天台・真言などの旧仏教の寺院の荘園が多い。領主である寺院に刃向かうことは、同時に仏への反抗だという意識に駈られたにちがいない。しかし、その頃、旧仏教を敵にまわした真宗が、北陸への布教を始めていたのである。真宗に宗旨変えすれば、仏への反抗という罪の意識をもたずに、領主である旧仏教の寺院に抵抗することができたのではなかろうか。十五世紀終り、砺波地方西南の石黒荘の領主石黒光義は、医王山の惣海寺《そうかいじ》と結んで一向一揆と戦っているが、一向一揆の拠点はやはり瑞泉寺だった。そこには、荘園と旧仏教を守ろうとする側と、荘園を崩し真宗を広めようとする側の対立が、はっきりと表われているのである。

綽如《しゃくにょ》が創建し、彼の墓もある瑞泉寺は、越中の一向一揆の本拠になった寺である。背後に高清水《たかしょうず》山系を控え、民家が軒を並べる坂道をのぼりきったところに瑞泉寺はあり、山門に登れば砺波平野を一望することができるだろう。その位置から考えても戦うのに有利な場所に立っているし、その上、山門の手前には四メートルほどの石垣が、瑞泉寺を守るように横に延びている。寺の前面だけとはいえ、それはまさに城郭の石垣だった。越中の一向一揆の本拠にふさわしい造りと言えるだろう。

　しかし、結局は十六世紀の終りに、全国制覇を推し進める織田勢によって、瑞泉寺は井波の町とともに焼き払われた。その後、瑞泉寺は近在に移転し、本来建っていた現在地に戻ったのは、十八世紀後半になってからである。一方、井波の町は、加賀・能登・越中の三国を支配した加賀藩二代目の前田利長が井波大工十人に田地を与え保護を加えているところから考えて、焼き払われてからさほど経たない頃に復興したのであろう。そして、瑞泉寺が十八世紀後半に現在地に戻ってきた時、その建築にたずさわったのが、井波大工だったのであり、彼らは技術のすべてを瑞泉寺の建造に傾けたのである。

　井波は一見、門前町のように見える。だが、よく見ると門前町に特徴的な、参詣客を相手とする土産物屋や食堂の類は全くないし、瑞泉寺を売り物とする感じがほとんどないのである。私が井波に行った時、観光バスで団体客が瑞泉寺に来ていたのを見ても、そこが富山県を代表する名刹《めいさつ》であることは、ある程度知られているにちがいない。だが、二メートルばかりの道を隔てて、瑞泉寺の石垣に面している商店も、参拝客・観光客目当ての店ではなく、近所の住民を商売相手とする店だった。

　そして、土産物店がない代りに、井波の工芸を紹介する物産館があった。そこに展示されていたのは、欄間《らんま》彫刻であり、様々な木彫の飾りだった。今、井波が全国に知られているのは、瑞泉寺のある町というより欄間彫刻の生産地であるということである。現在、日本中の民家に飾られている欄間彫刻のほとんどは、井波で彫られたものだという。

風格が漂っている井波の町屋（撮影・谷沢 明）

瑞泉寺の門前の近くには、かなりの数の木彫製造の店があり、彫刻刀を売り、あるいは砥《と》ぐ店があった。木彫の店の多くは、通りから欄間を製作している作業場を見ることができるようになっており、観光客がガラス戸越しに主人や職人たちの作業を見ていた。主人が下絵を描き、若い職人たちがその下絵にそってノミをふるっていた。作業場の壁には、すでに仕上った欄間が何枚も重ねて立てかけてあり、その作業場の隣、入口をはいってすぐの土間の壁には、欄間彫刻とはちがう美術彫刻が無造作に飾られていた。それは店の主人の数多い日展入選作の一つだった。

　井波はかつて、大工の町であり、絹織物の町だったという。瑞泉寺の背後に連なる高清水山系を越えた五箇山から、木材と生糸を入手し、大工は木材を建築や彫刻の素材とし、商人はその生糸を近在の農家の女に織らせていたのだろう。絹織物はともかく、井波大工の名は欄間彫刻という形で、今では全国に知られるようになったが、越中の寺社の多くは彼らの手になったものである。城端の善徳寺、八尾の聞名寺も井波大工によって作られ、細工をほどこされたものだという。そして、地元の瑞泉寺の堂宇こそ、彼らが腕をふるった典型的な作品にちがいない。

　大工とは言っても、彼らは堂宇を建造したばかりでなく、軒の下や扉などの精緻な木彫や透彫《すかしぼ》りにも腕をふる

井波の彫刻は瑞泉寺の信仰から始まった。それだけに瑞泉寺を飾る彫刻は一段優れている（撮影・谷沢 明）

城端善徳寺の門の彫刻も井波大工の作という（撮影・谷沢 明）

い、それが現在の欄間彫刻の起源となっているのである。同時に彼らは、真宗信者でもあった。その信仰の証しを地元瑞泉寺の再建に腕をふるうことにかけたことは、想像に難くない。

越中の農民のほとんどは、戦国時代に真宗信者になっていた。だが、彼らのエネルギーが一揆して戦うという形で外に向けられる時代はすでに終っていたにちがいない。新たに、大きなエネルギーをもったのは、江戸時代前期に、砺波平野各地に作られた町の住民、特に職人ではなかったろうか。私は瑞泉寺の山門をくぐり、その境内の広さ、堂宇の威容に少なからず驚いたものである。真昼近くの春先の陽光を受けて、本堂の銅葺きの荘大な屋根はぎらぎらと照り輝き、その左にやはり威容を誇る建物が立っていた。その配置は、京都の東西本願寺の阿弥陀堂と御影堂に似ていた。さすが、越中の真宗の中心にふさわしい威容であり、伽藍《がらん》配置だと思ったものである。だが、本堂の左に立つ堂宇は、開祖親鸞《しんらん》を祀る御影堂ではなく、聖徳太子堂だった。

毎年八月二十二日から一週間、瑞泉寺では太子伝会《でんえ》があり、合掌裸像の太子像が開帳され、職人たちで賑うという。職人たちの中でも、大工、彫刻師は太子を守護神と崇めているといい、特に越中は太子信仰の強い土地柄だそうである。太子信仰はもともと杣《そま》の木地師《きじし》などから始まったと言われ、それが山麓の大工・職人に広まっていったらしい。瑞泉寺ばかりでなく、城端の善徳寺にも、八尾の聞名寺にも太子堂がある。井波・城端・八尾はいずれも飛騨山地の麓に位置し、五箇山と古くから交流のあった町である。

しかし、太子伝会が開かれて、最も賑うのは、瑞泉寺だという。井波が大工、彫刻師の町だからだろう。そして井波大工は、瑞泉寺ばかりでなく、城端の善徳寺・八尾の聞名寺に立派な堂宇を作り、精緻な彫刻を施している。それらの寺が、瑞泉寺と同様、太子を祀る寺だからではないだろうか。

再建された瑞泉寺は、太子信仰を内包する寺となっ

数十本のノミをふるって欄間を彫る。井波は欄間彫刻の町として全国に知られる（撮影・谷沢 明）

た。瑞泉寺に限らず、越中の真宗は太子信仰と結びつき、江戸時代に越中各地に相ついで作られた町の人々の熱い信仰を受けるようになったにちがいない。富山平野を歩いてみて、町がはっきりと町であり、村がはっきりと村であるような気がした。町村合併によって町の範囲も広がったが、私が言いたいのはその景観であり、生業である。私の育った地方では、町であっても農村的性格をもち、町と村の性格がはっきりと分かれていないところがある。しかし、富山県では、半径数キロの農村を商圏とする在郷町でありながら、町は小さくても町である。町民と農民は、住む地域も生業も、そして意識もそれぞれ違ったものを持っているように見えた。そんな違いは、同じ真宗信者でありながら、一方は太子信仰を強く持ち、一方は比較的それが弱いという点にも現われているような気がする。

それはともかく、井波大工の信仰が地元の瑞泉寺を飾ることになり、それが欄間彫刻へと発展した。そして、その伝統工芸を基礎にして、かなりの職人たちの作品が日展に入選するほどの美意識と技術が培われてきたのである。私が仕事場に入れてもらった店の主人は、小柄ながら体格がよく、美術作家というより、長年ノミをふるい続けた職人といった感じの人だった。その井波大工の伝統は、直接的には関係がなくても、周辺地域に無形の影響を与えてきたのではないだろうか。一例をあげれば、井波の西隣の福光では木製バットが製作されており、プロ野球の選手のほとんどが、福光産のバットを使っているというように。

高岡

わが町の誇り御車山《おくるまやま》は、桃山風の絢爛豪華《けんらんごうか》な姿で人の目を奪う

富山県は呉東《ごとう》・呉西《ごせい》の二地域に大きく分けられる。富山湾に面した平野全体を大きく富山平野と呼ぶが、その中央の呉羽《くれは》丘陵という低い山で富山平野は東西に二分されているために、そのように区分されるのである。

高岡金屋町は鋳物の町（撮影・谷沢 明）

地理的には均一な感じにもかかわらず、常にその二つが対比されるのは、歴史の産物ではないかと思う。呉西のほうが早くから開発され、奈良時代以降、国府も高岡市内の伏木にあった。しかし、江戸時代に越中が富山藩と加賀藩の領地に分けられたのが、大きいのではないだろうか。もともと、越中全体は加賀藩の領地だったが、三代藩主前田利常《としつね》が次男の利次《としつぐ》に、越中の婦負《ねい》郡と現在の富山市街に当る部分とを分け与え、富山藩を作らせたのである。富山藩の領地は神通川《じんつうがわ》左岸の細長い地域であり、富山市を除く神通川以東と、いわゆる呉西とは、その後も加賀藩の領地として残った。

富山藩の中心は、当然城下町の富山であり、越中における加賀藩領の中心は高岡だった。その二つの町の対抗

真宗富山の絢爛豪華な仏壇仏具にも高岡の鋳物技術が生かされている（撮影・柳沢正弘）

意識も、富山県を呉東・呉西に二分して考える県民意識を育てた原因にちがいない。

　高岡は城下町として出発した。加賀二代藩主の前田利長《としなが》が、自分の隠居所として城郭を築き、城下町を整備したのである。石垣と濠《ほり》だけではあるが、立派な城跡が残っているし、御馬出《おんまだし》町・寺町などという町名とともに、桐木町・大工町・金谷《かなや》町・大鋸屋《おがや》町などの職人を住まわせたことをうかがわせる町名、塩倉町などのような商人たちの住んでいた町名が、数多く残っている。利長は越中各地から商人や各種の職人を招き、彼らに保護を加えることで、町の発展を図ったのである。

　しかし、利長の死と、それに続く一国一城の令によって、高岡は廃城となった。加賀藩の城下町は金沢だけとなったのである。だが、利長の作った高岡の町は残った。武士は町奉行とその配下のごく少数だけとなり、町の住人のほとんどは商人と職人で占められることになった。そのために、高岡は城下町としての町組みを残しながら、城下町特有のおっとりしたものを余り感じさせない町である。それは、本来だったら城のまわりに武家屋敷があるはずなのに、それが早くから存在しなくなったためだろう。現在、武家屋敷を残していない城下町でも、どこかそれらしい雰囲気を残しているのは、少なくとも明治時代まで市街地のかなり広大な部分を武家屋敷が占めていた名残を感じさせるからである。

　その代り、高岡には商人と職人の活気のようなものが潜んでいるし、城下町の商人や職人が住んでいた古い町並を、ところどころに残している。通りに面して、大きな蔵造りの商家が残っている一方、鋳物の町工場がすすけた光景を展開している通りを一歩横にそれると、江戸時代そのままのような家並が続いていたりする。城下町の町組みを残しながら、高岡は商工業者の町になったのである。規模こそ違うが、高岡は大阪と似ており、城下町・県庁所在地としての富山市に対し、商工業の町として強い対抗意識をもってきたにちがいない。それは、町

高岡の町には古く重厚な蔵造りの民家が残っていた（撮影・谷沢 明）

民が町の繁栄を維持してきたことへの誇りであったろうし、その誇りと繁栄を続けるための工夫・努力とが、高岡市民の積極的な気質を培ってきたのだろう。

高岡の代表的な産業は金物業である。江戸時代、北陸では高岡と並んで銅器生産の盛んだった金沢で、それが明治になって衰えたのは、加賀藩の保護を失ったからだという。だが、高岡は早くから保護を失っていたにもかかわらず、その危機を乗り切り、全国に販路を拡大していったのである。

では、何故それが可能だったのだろう。それは、高岡が越中における加賀藩領の中心であり、特に呉西の人々が生活必需品を手に入れるための町を必要としていたためにちがいない。だから、前田利長から土地を与えられて作業場を作った金屋町の鋳物師《いもじ》たちは、最初は鍋や釜や農具などの日用品を作っていたのである。そして、金屋町の鋳物の技術は、越中や北陸全体の真宗信仰と結びつき、梵鐘《ぼんしょう》や仏具を生産するようになり、ついには全国の寺院の梵鐘のほとんどが高岡で作られるまでに発展するのである。

井波の瑞泉寺の本堂の前の大燈籠や、堂宇の勾欄《こうらん》や柱を飾る擬宝珠《ぎぼし》などの金具が、ことごとく高岡の金物業者の奉納品であるのを見て、私は驚いたものだった。地元の民衆の日用品を生産することで、藩の保護を失った危機を乗り切り、信仰と結びつくことで発展の足がかりをつかむというのが、高岡の産業の発展のパターンである。金物業と、これも利長以来の伝統をもつ漆工の枠を集める形で製作される仏壇も、地元の真宗信仰を抜きにして

雨の日の高岡の街角。木造、漆喰づくりの民家には心なごまされる（撮影・谷沢 明）

は考えられない。他県人を驚嘆させる、大きく豪華絢爛な高岡仏壇は、北陸だけではなく、東北地方や北関東にまで販路を伸ばしているのである。

そして、もう一つ、鋳物・漆工などの伝統工芸の粋を集めたものに、国の重要民俗資料に指定されている御車山《おくるまやま》（曳山《ひきやま》）がある。

五月一日、二日は、高岡の鎮守関野《せきの》神社の春祭りである。メーデーのデモ行進が続く中を、烏帽子水干《えぼしすいかん》姿の若者たちの引く小さな山車が、笛・太鼓の浮き立つような囃子《はやし》を鳴り響かせて、祭りの開始を町から町へと伝えていった。それに導かれるように、私は坂下町の交差点に向かった。そして、交差点の向こうに、木舟《きふね》町など七町から出た七基の曳山が縦一列に並んでいるのを目にした。いずれも、桃山風の絢爛たるものだったが、屋根の上の鉾留《ほこど》めも、神座の人形も、そして曳山の四面に張りめぐらされた幔幕《まんまく》も、それぞれに異なった意匠をこらしていた。

近郊の農家が町で野菜を行商していた。昔ながらの町と近在との触れ合いがここにあった（撮影・谷沢 明）

胡蝶《こちょう》や鶏などの金色の鋲留めが五月の陽光を浴びて強く輝き、前田家の梅鉢の紋様を刺繍した、白ラシャ・緋《ひ》ラシャの幔幕の鮮やかさが眼を射た。神座には紋付・袴の子どもたちが坐って、道路から見上げる見物客を物珍しそうに見おろし、神座の前の唐子《からこ》のからくり人形が、ぎこちなく腕を振りおろしては小太鼓を叩く姿を、口をあけて見つめていた。

圧巻は車輪である。二メートル近い大きな車輪は黒漆が厚く塗られ、その上に精緻で繊細な彫金の施された金具が張られていた。それは漆の黒と、燦然《さんぜん》と輝く陽光を映して、沈んだような金色の輝きを帯びていた。そして、それは華麗さを好む町人の美意識と、その美意識を支えている財力とを思わせた。さらに、鋳物師や漆職人たちが、町民の美意識に応えるだけの、すぐれた技能をもっていたことを示していた。

午前十一時、先頭の曳山がゆっくりと動き出し、人波がそちらに向かって寄せていった。綿入れの厚い袢纏をまとった男たちが、曳山を前から引き、後から押し、ほかの男たちが車輪を回すように押していく。先導の男が錫杖《しゃくじょう》を打ち鳴らし、曳山のまわりを、笠を着け裃《かみしも》を着た男たちが取り巻き、しずしずと進んでいった。

鋳物、漆工の粋をこらした絢爛にして華麗な御車山は高岡の象徴であり、町民の誇りである（撮影・柳沢正弘）

上　しっとりとした情緒漂う城端の通りと民家

左　城端神明社の春の曳山祭りは、貞享年間から300年以上も続く。江戸期の名大工、塗師たちの作という六台の山車は精緻さ、優雅さでも高岡の御車山にもひけをとらない

下　厚く漆が塗られた城端の山車の車輪

（撮影・須藤 功）

電車通りを、七基の曳山がゆっくりと進んでいった。鉾留めの胡蝶や鶏が金色に輝きながらゆらゆらと揺れ、雅楽に似た囃子《はやし》と車のきしむ音が入り混じった。七基の曳山は北陸銀行に面した交差点で、横一列に並んで止まった。市長が、続いて姉妹都市から訪れたアメリカ人が、曳山に向かって演説を続けた。私は、近くに立っている裃姿の中年の男性に話をきこうと思った。

「あの彫刻は、井波で彫られたものなんですか」

その男性は、私が指差した勾欄《こうらん》の下の彫刻に眼をやった。

「いや、井波は漆を塗らないですよ。やっぱり、高岡で彫られたものですね」

言われてみれば、確かに井波の彫刻は漆など施さないし、勾欄の下の彫刻は仏壇のものと同じ感じだった。

「この曳山は太閤秀吉から拝領したとか、金沢で作られたとか言われていますがね、やっぱり高岡で作られたものでしょう」

その男性は、そう付け加えた。保護もなく、町民の力だけで商工業を発展させてきた高岡にとって、その絢爛・華麗な曳山は、その繁栄の象徴であり続けたにちがいない。町の財力と、高岡が誇る伝統工芸の粋が結集されて作られた傑作である。しかも、七基の曳山は、高岡の中心をなす七つの町から出たものであり、その男性はその町の住民のはずだった。生まじめな表情には出ていなかったものの、その口調は郷土高岡と、その一部であった自分の家への誇りを感じさせた。

高岡の御車山《おくるまやま》は、京都の祇園山鉾《ぎおんやまぼこ》を手本にしたものだ

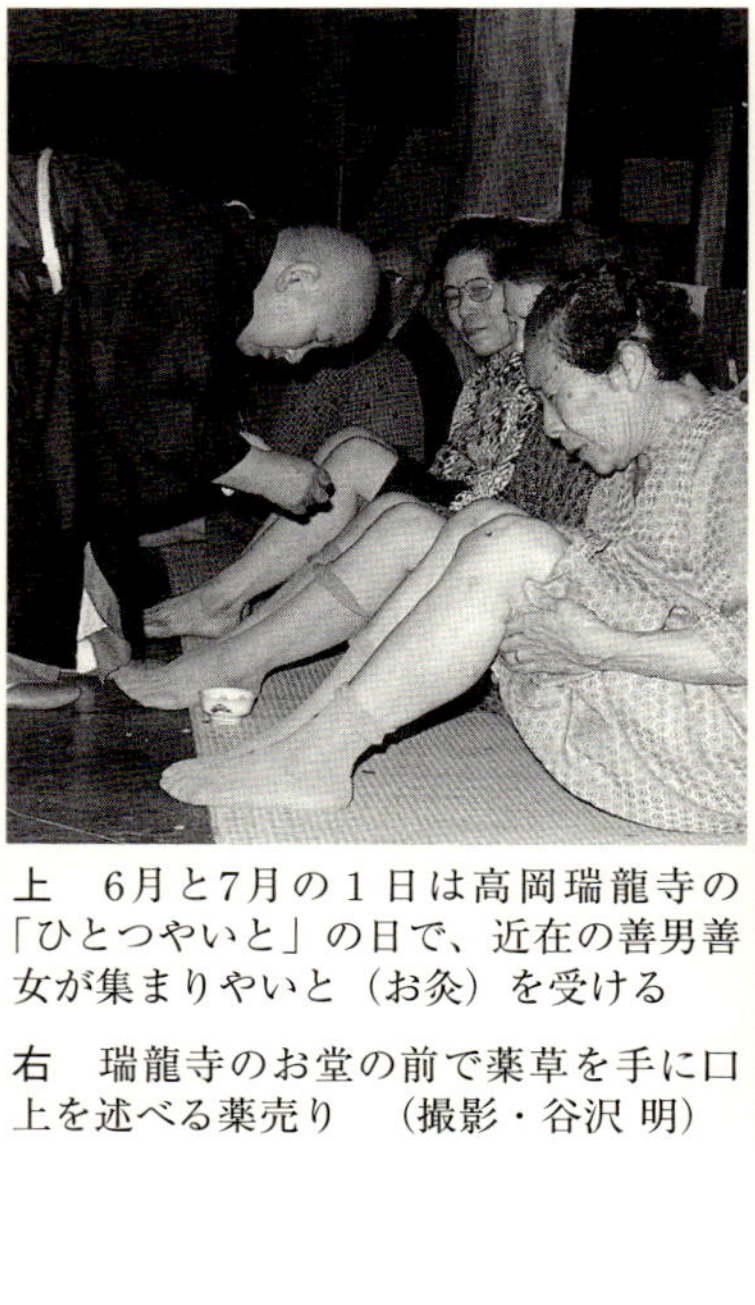

上　6月と7月の１日は高岡瑞龍寺の「ひとつやいと」の日で、近在の善男善女が集まりやいと（お灸）を受ける

右　瑞龍寺のお堂の前で薬草を手に口上を述べる薬売り　（撮影・谷沢 明）

という。京都の町衆の誇りが山鉾だったように、高岡町民にとって御車山は高岡の象徴であり、誇りだったにちがいない。そして、高岡のものとは趣はちがうが、城端《じょうはな》にも八尾《やつお》にも御車山がある。江戸時代において、城端は砺波郡で、八尾は婦負《ねい》郡で最も人口が多く、最も栄えた町である。しかし、城下町富山には御車山はない。祭礼の時、富山の町民がもたないその華麗な御車山を曳くことによって、高岡や城端・八尾の町民は自分たちの誇りを満足させたのではあるまいか。

富山城址公園に復元された天守閣。内部は富山市郷土博物館。石垣や建物、濠など江戸期の城の一部が城址公園内に残っている（撮影・柳沢正弘）

姉妹都市の代表の演説が終り、先頭の曳山が動き始めた。そして、鉾留めと花傘を揺らしながら、七基の曳山は関野神社に向かってゆっくりと進んでいった。囃子の音がのどかに流れ、神座の前の唐子のからくり人形は、正確に、そしてぎこちなく左右の手を振り上げ、振り下ろして太鼓を叩き続けていた。

十万石の城下富山

薬は他国へと売り歩かれ、北前船は他国の文化を運んできた

富山市と高岡市は列車で二十分ばかり、その間に呉羽《くれは》丘陵があるが、交通の障害となるほど高くはないし、ほんの少し迂回すれば平地を行くこともできる。そんな呉羽丘陵が富山県を二分する山とされているのは、前にも書いた通り、江戸時代の越中が富山藩と加賀藩の領地に分けられていた名残であろう。しかし、少し北に偏っているとはいえ、富山市は東西の県境からはほぼ中央にあり、位置からすれば県庁所在地にふさわしい場所にあると言えよう。

富山城は石垣や濠だけでなく、建物の一部も残っているし、市街は太平洋戦争末期に空襲で焼き払われたにもかかわらず、城下町としての落着いた雰囲気を残している。その雰囲気は、城址近くに県庁を初めとする公共建造物がゆったりとした感じに立ち並んでいるせいもあるだろうが、外濠を埋め立てて作られた総曲輪《そうがわ》の商店街も、かなりの賑わいにもかかわらず、高岡の商店街とは異なった感じをもっている。

富山城そのものはすでに戦国時代に築かれていたが、本格的な町作りを始めたのは織田信長の武将佐々成政《さっさなりまさ》である。しかし、彼は豊臣秀吉に反抗したために国替えとなり、越中全域は加賀の前田利家の領地になった。そして、江戸時代初め、三代藩主前田利常《としつね》は次男の利次《としつぐ》に、

婦負郡と現在の富山市街に当る部分を分け与え、富山藩が成立した。その領地は、富山湾から飛騨の国境に至る、神通川の左岸にそった帯状の土地である。その帯のように細長い領地の東西を、本家とはいえ、加賀藩の広大な領地が囲んでいた。

その領地の狭小さにかかわらず、十万石という規模は富山平野の生産力の高さを示しているように私には思えるが、藩の財政は楽ではなかったようである。加賀藩領の砺波平野でさかんに新田開発が進められたように、富山藩領でも用水が開かれ荒地の開発が進められていった。そして、海に面し塩を入手できる条件を生かして、城下の富山に塩座を設置し、山国飛騨への塩の移送を厳しく統制した。飛騨との国境の猪谷《いのたに》関所は、人の移動とともに、塩をひそかに持ち出すのを見張るための関所だった。

神通川にそった富山藩領は、神通川の川舟で、ボッカの背で、海産物と山の産物が運ばれるルートであった。このルートを、塩とともにさかのぼったのが塩ブリである。富山湾に仕かけられた大敷網《おおしきあみ》で獲られ、氷見《ひみ》の港に上げられたブリは、富山を経由してボッカの背にかつがれ、飛騨へ、そして信州へと運ばれていった。私の郷里信州では、正月にブリを入れた雑煮を祝うのが習いで、ブリは最高の御馳走だった。今から三十年ほど前まで、信州では魚の行商人が自転車の荷台に、魚箱を一つか二つくくりつけて売って歩いたほど、魚の需要は少なく、贅沢品だったのである。そんな信州に、ボッカの背にかつがれた塩ブリが飛騨山脈の野麦峠を越えて運びこま

ゆったりとした時が流れる富山の朝市（撮影・谷沢 明）

れ、正月の膳を賑わせたのである。それは、もともと富山湾で獲れたブリであるが、信州ではそれを飛騨ブリと呼び、飛騨では富山ブリと呼んだという。

飛騨や信州に運ばれたブリは、塩ブリだった。海のない飛騨や信州にとって、塩は不可欠な貴重品だった。だからこそ、富山藩は塩座を設置し、猪谷関所で厳しく塩の移送を監視し、塩の利益を藩の独占にしたのである。信州で味噌の製造が盛んになったのも、それによって塩を確保しておこうという気持からにほかならない。

塩や魚貝を内陸地方に販売して、利益を収めたのは、何も富山藩だけではない。しかし、諸藩の興業殖産のための政策の中で、最も特徴あるのは、富山の売薬であろう。井波の欄間彫刻、高岡の鋳物などもさかんに他国に売られたが、越中の商品として全国の人々に親しまれ、有名になったのは売薬である。

伝えによると、富山二代藩主の前田正甫《まさとし》が、ある時、江戸城中で腹痛に苦しむ大名に薬を与え、それがよく効いたのを見て諸藩の大名が自領にも富山の薬を売りにくるよう頼み、それが富山の売薬の起源になったという。富山城址の一角に、正甫の銅像が立っているのはそれを記念してのことだろう。

私の郷里にも、毎年、富山から売薬行商人が訪れた。玄関先で、母が奥からもってきた薬箱を開け、行商人はその一年に我家で使った薬の量を調べ、その代金をもらって、新しい薬と交換していくのである。私の子どもの頃は、現在ほど多くの薬局はなかったし、薬の種類も豊富ではなかった。ちょっとした腹痛や発熱の時は、箪笥の中にしまいこんである薬箱から、薬を取り出し、服用したものだった。そんな病気の時の心細さと、寝るために昼間でも薄暗くした室内の静寂さの記憶が強いためだろう、売薬行商人の姿はいつも物静かで、ひっそりしていたような印象がある。

富山の町で見かけた木造三階建ての食堂（撮影・谷沢 明）

江戸時代に書かれた諸国の評判記のような書物に、越中の人は「陰気なれど、才あり」と書かれているそうである。確かに、昔から良くも悪くも、派手な話題を振りまくような越中人は少ないし、ひょっとしたらその著者は、富山の売薬の世話になっていたのかも知れない。

陰気という点はともかく、才ありについては異論がないだろう。薬は全て売りつけるのではなく、次に行った時に使用した分の代金だけ払ってもらう配置制度は、全部の種類の薬を置いても使わなければそれでいいし、もし何かの病気になった時には使えるという安心感を与えてくれる。そんな、客にとって親切なところが、富山の薬を全国津々浦々まで行き渡らせることになったのだろう。そういう売り方に私は越中の人々の才覚を見る思いがする。

富山の薬の中心は、反魂丹《はんごんたん》という気付け薬である。富山藩は反魂丹役所をおいて、売薬を統制・奨励して利益をあげていた。その指導のもとに、行商人たちは分担区域ごとに組とか最寄りとかいう組織を作り、幕末の頃には北は北海道から南は沖縄まで出かけていったのである。

現在、富山の薬は伝統的な和漢薬に新しい合成医薬も取り入れて、近代的な工場でオートメーションで作られている。そして、今なお富山県の経済に大きな位置を占めているのである。現在でも、ビルに挟まれるようにして、昔ながらの土蔵作りに戦後再建された薬問屋が立っており、かつての富山の売薬の雰囲気を伝えている。

他国から越中にもたらされたものも少なくない。江戸時代、北前船《きたまえぶね》を使っての日本海航路が盛んに利用され、北前船の出航地である大阪から、その寄港地である富山湾の港町に、上方の文化や物資が運ばれてきたのだ。習俗の面で、富山県は東北日本と西南日本との境になるとよく言われるが、正月にブリを食すること、角餅よりも圧倒的に丸餅が多いことなどから、私にはどちらかというと関西の影響が強いように思える。富山県の人は、よく富山県を北日本とか北国とかいう言葉で表現するが、それも大阪や京都から見ての位置づけなのである。

だが、北前船は関西とばかりでなく、その寄港地である佐渡・越後・出羽・津軽や、最終目的地である北海道の松前・江差とも、越中を結んでいたのである。津軽や松前などに薬を売りに行った行商人は、北前船を利用したというし、東北や越後・佐渡からも有形・無形の影響が及んできたのである。

富山市の西、呉羽丘陵の中腹に長慶寺《ちょうけいじ》という曹洞宗の寺院があり、その境内の斜面におびただしい数の五百羅漢《ごひゃくらかん》をみたのは春の雨の日であった。十列ばかりの階段状に作られた斜面に、横数十メートルあまりにわたって、それは並んでいた。一つでは一メートルもない小さな像だが、それだけ並ぶと見る者を圧倒する感じだった。五百人の羅漢（阿羅漢《アルハット》）、彼らは釈迦の弟子たちだという。釈迦入滅のとき、嘆き悲しむ彼らの姿を涅槃《ねはん》図でみたこと

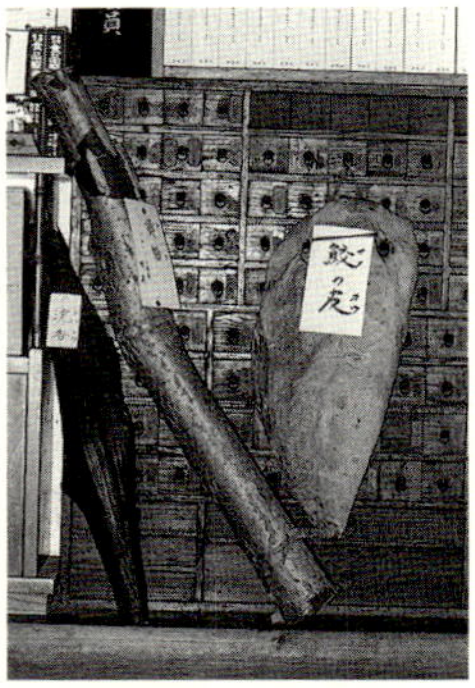

薬箪笥とサメの皮などの薬種（撮影・谷沢 明）

越中富山の売薬を有名にした気付け薬「反魂丹」の看板を掲げた薬問屋（撮影・谷沢 明）

佐渡の石工の作という長慶寺の五百羅漢（撮影・上　谷沢明、下　柳沢正弘）

がある。羅漢たちはまだ修行者で仏のように悟ってはいない。迷いの世界から解きはなたれていない彼らの姿は、ここの石像たちのさまざまな表現にもあった。

泣いているような顔、苦虫を噛みつぶしたような顔、笑っているような顔、そして踊っているような姿、石像は千差万別だった。どこででも見かけそうな像もあったが、多くは石工が近所の老人の顔を写しとったようにリアルであった。それが一種の凄味になっていた。あたりに人影もなく、降りしきる雨音しかしない静寂さが、そんな感じを強くさせたのかも知れない。

この五百羅漢の作者は、地蔵像を多く刻んだ佐渡の石工たちである。現在、佐渡の石仏は名高いが、すでに江戸時代からその名を知られていたにちがいない。一八世紀末から一九世紀にかけて、富山の城下の豪商の一人が、佐渡の石工に注文して作らせたものを、船で運んできたのだという。富山の城下の西の境を作り、五百羅漢の立っているところからも見おろすことのできる神通川を、川舟が呉羽山の麓まで運んできたのだろう。

五百羅漢の脇には、ほぼ一体ずつ、細長い石燈籠が奉納されて立っていた。それは舟大工町のものもあれば、紡績会社のものもあった。特に多かったのは、繊維関係の会社やその経営者が奉納したもので、戦前の富山県が紡績工業で栄えたことを、石燈籠に刻んだ字が教えていた。

そして今は、石燈籠に代って、赤や青、黄などの襷《たすき》が、一体一体の肩に重ねるように奉納され、かけてあった。古いものは変色して石像の足元に折り重なり、鮮やかな色の新しいものは、雨に濡れて五百羅漢の胸や背に張りついていた。そんな、襷をかけてもらった石像は、羅漢というより地蔵のように見えた。羅漢に襷をかける地元の人も、それらの石像を、羅漢と知りながら地蔵と見ているのではないだろうか、と私は思った。

神通川《じんつうがわ》を南へ

霊峰立山は幻想的な姿を空に浮き上がらせ、
台地の町八尾《やつお》は古い家並みを残していた

翌日、私は高山線を使って、八尾に向かった。数日続いた雨はすっかりあがり、空に一片の雲もなかった。春

神通川付近からの立山遠望（撮影・柳沢正弘）

休みのせいか、車内では子どもたちがけたたましい声をあげて、ゲームに興じていた。

富山駅を出てまもなく、列車は神通川を渡った。雪解け水と昨夜までの雨のために、水量は豊かで、水は茶色く濁っていた。越中の中では、流れの穏やかな小矢部《おやべ》川と、この神通川が河川交通に利用され、神通川は八尾のあたりや大沢野町の笹津《ささづ》にまでさかのぼることができたのである。

子どもたちは相変らずゲームに興じていたが、おとなの乗客の多くは左側の窓の外をじっと見ていた。東の空に、純白の雲のような立山連峰の頂が浮かんでいた。私は今まで、これほど神々しい立山を見たことがなかった。それは幻想のように中空に浮かびあがり、まるで夢の中のような光景だった。聳えているのではなく、浮かんでいるのだった。

雪の加減が、そして晴れ渡った四月初めの空が、その姿を一層幻想的なものにしていたのかも知れない。だが、それはまさに神なる山だった。あるいは、奈良時代に越中の国守となった大伴家持《おおとものやかもち》の歌ったように、《皇神《すめらぎ》の主宰《うしは》き坐《いま》す》山と言ったほうがいいかも知れない。

向かい側の農夫らしい老人は、窓枠に片腕を預け、濁った目でその純白の頂を見つめていた。あの時、老いた農夫は、若い頃に登拝した立山の頂を思い出していたのだろうか。現在でも、立山に登ったことのある県民はかなりの数になるにちがいないが、昔の越中の男は立山を登拝することによって、初めて一人前の男と見なされたのだという。だが、それはスポーツとしての登山ではな

く、神仏と交感するものだった。

神仏と書いたが、もともと立山は神なる山だったのであり、仏教と結びついたのは平安時代あたりだった。『今昔物語』には、「かの山に地獄あり」と書かれているし、神である立山権現の本地仏は阿弥陀とされ、立山には三途《さんず》川や地獄原、弥陀が原、浄土山などの地獄・極楽にちなむ地名がつけられ、すべての亡者が集まる山とされるようになった。

段丘上から河畔の街並みに降りる階段は急傾斜（撮影・谷沢 明）

しかし、遠望する限り、立山には死者・亡者のイメージはない。少なくとも、私には浄土とか地獄とかの仏教的観念とは無縁に見えた。太古の越中の人々は、立山を人間が帰っていく場所と考えたのではなかろうか。それは生死とは別の、憧れの気持だった、と私は思う。車窓から見た立山の姿は、人に憧憬の思いを抱かせるものだった。そして、その帰っていくという考えが、仏教が入ってきてから、死者・亡者の集まる浄土・地獄という観念と結合していったのではあるまいか。

だが、立山が亡者の集まる場所という観念が広

井田川河畔と河岸段丘上に建てられた八尾の街並み。段丘上には家々がひしめきあい、間口2間程度の民家も少なくない。河畔から眺めると段丘斜面には丸石が積まれ、その上に家々がそそり立つかのように建っている。その大半は3階建てである。(撮影・谷沢 明)

がったために、真宗王国にもかかわらず、越中で地蔵信仰が強いのかも知れない。地蔵は死者に姿を変え、その代りに地獄に堕ちてくれる存在であるために、その存在は死者の悲しみをある程度やわらげ、慰めてくれるものである。死人を出した家族、特に越中の人々には、毎日仰ぎ見る立山が死者の赴いた地獄なら、地蔵にすがりたい気持にもなったろう。そして、越中の人々の立山に対する根強い信仰を配慮して、真宗信仰を北陸に広めた本願寺八世の蓮如《れんにょ》は、立山の衆徒と敵対することを禁じているほどである。真宗は、仏・菩薩の中でも阿弥陀仏だけをひたすら信仰することを特色

とする宗派なのにである。
その蓮如忌は、毎年四月二十五日に行なわれる。そして、その日、越中の真宗信者は近くの山に登るのである。それは、越中以外にはない習慣であり、真宗信仰が越中に古くからあった山岳信仰と結びついたものと言われている。前に書いた太子信仰、そして立山への憧憬がかった信仰を代表とする山岳信仰、それらのものを越中の真宗は内包し、あるいは黙認することで、この土地の人々に受け入れられたと言えるのではあるまいか。そして、興味深いことに、太子信仰も山地の木地師などにその起源をもつと考えられているのである。しかも、越中の真宗と山地との結びつきを暗示するように、その初期の動きは井波の瑞泉寺、城端の善徳寺、八尾の聞名寺という、山地と平地を結ぶ場所に建立された寺院を中心に展開する。

立山は列車が南へと進み続けても、ほとんどその姿を変えなかった。売薬行商人が、そして飛騨や信州に運ぶ塩やブリを背負ったボッカがこの道筋を通り、立山を左に見ながら郷里を後にしたことだろう。濁った目でいつまでも立山を見ていた農夫は、つれあいと思える女性に促されて、途中の駅でおりていった。そして、立山は列車が八尾の駅に着く少し前に、手前の山に隠された。

八尾は、飛騨山地と富山平野の境目の町である。飛騨山地北麓の東北に延びる台地の上に作られ、その三方を神通川に注ぐ井田川とその支流とによって囲まれている。台地の東北端には聞名寺があり、富山平野を北に見おろしている。聞名寺の起源は美濃にあり、それがやがて飛騨に移り、さらに現在地に移ったのは、戦国時代の十六世紀半ばであった。そのために聞名寺は、飛騨から婦負郡南部の真宗の本拠として、井波の瑞泉寺と連携し、一時はかなりの勢いとなったという。北に富山平野を望み、南に飛騨山地を控え、しかも三方が切り立った崖であるその位置は、天然の要害だったし、瑞泉寺ほどでないにしても本堂の規模は豪壮だった。

だが、聞名寺は富山平野にではなく、細長く狭い台地のほうを向いている。長さほぼ一キロ、幅ほぼ一五〇メートルほどの細長い台地が、八尾に最初に作られた町であり、現在でもその中心となっている部分である。そして、その崖下や聞名寺の脇を通って東北に走る坂道の両脇にも、さらに駅ができてからは、台地に向かう駅前通りにも家並みが出現した。しかし、その形から、いかにも門前町のように見える八尾の町だったが、そこは門前町として発達したわけではなかった。

もともと、八尾村は井田川の渓谷にあった。しかし、洪水がたびたび渓谷を襲い、農民たちが富山藩に台地の上に町立てすることを願い出たのである。それまで、富山藩領南部には町がなかった。周辺の農村の交易の場として、平地と山地の産物を商う場として、八尾は町立てを許された。米屋・油屋などのさまざまな種類の店が作られ、大工・塗師《ぬし》・木地師《きじし》などのさまざまな職人が住みついた。長さ一キロほどの細長い台地の上には、家がびっしりと軒を並べ、それが小さいながら八尾をいかにも町らしい町にしている。隙間なく立ち並んでいる家並にも、時折細い小路があり、そこから八尾の町並みとは対照的な渓谷の田園風景を望むことができることも、そんな印象を強くしているのかも知れない。

町がいかにも町らしいという印象は、砺波平野でも感じたことだったが、八尾で行なわれているさまざまな祭礼は、周辺の農村を合併した今でも、江戸時代以来の旧町内が単位となって行なわれている。昔はさかんに行なわれたという綱引きも旧町内の町が単位だったというし、八幡社の春祭りに出る六基の曳山も上新町などの旧町内のものである。そして、その曳山は城端の漆職人や井波の大工の手で完成したものだという。

山を隔て、江戸時代には富山藩領と加賀藩領に分かれていたとはいえ、八尾と井波・城端には共通点が多い。山地と平地の交易の場であったこと、真宗の中心となる寺院があること、そして山麓に位置するために、春先に

八尾の街のたたずまい。家々の建てこんだ段丘上の通りは狭く、神社も心なしか小さい。狭い道の脇に用水路が流れ、その清らかな水で野菜を洗う婦人の姿もみられた（撮影・谷沢 明）

強烈なフェーン風をもろに受けることなどである。その三つの町の周辺には不吹堂《ふかぬどう》などという名の風の神を祀る祠が分布するが、それはこれら山麓一帯がいかに風に悩まされてきたかということを示している。

そして、屋敷をカイニョ（屋敷林）で囲んだ散村風景が、砺波平野を吹き抜けるフェーン風を思わせるとすれば、おわらを踊る八尾の町民の姿は、越中を吹き荒れる秋の風を連想させる。おわらを町中で踊る風の盆は、町立てから間もない一八世紀初めから八尾で続いてきた、旧町内の行事の一つである。

風の盆

越中富山は風の国である。九月初めの気だるい夜の町を、おわらの踊り唄が流れ続けていた

風の音を聞き、風に揺れる木立や葉のそよぎを見て季節を感じるのは、どうやら日本人の習性らしい。古くは、都の貴人が風に葉を鳴らす竹や松籟《しょうらい》を歌に詠み、江戸や大阪の町人は町を吹き抜けていく野分《のわき》（台風）を俳句に歌っている。だが、その感性の根にあるのは、苗を植え終った後の水田に小波を立てる風であり、青々と成育した稲を渡っていく風だったのではなかろうか。そんな農耕との関わりの中で、日本人は風に季節を感じる習性を身につけていったにちがいない。

稔った稲を渡る風を見るのは、眼に楽しい。しかし、それが台風となれば話は別である。準備期間も入れれば、半年以上も丹精をこめた稲が打ち倒され、籾を吹き飛ばされてしまうのである。二百十日前後の風の強い日、越中の農民たちは竿の先に鎌をつけ、その刃先を風に向けて、ホー、ホー、と声をあげながら風を切ったという。

そんな遠い日の記憶が、農業とは直接関わらなくなった人々の心の奥底に潜み、二百十日から三日間続く八尾の風の盆に、人々を駆り立てるのではないだろうか。それは農民たちの行事ではなく、町民たちの行事である。しかし、八尾の町を作ったのは周辺の農村から移り住んだ人々だったし、台地の上の町だけに八尾は特に風が激しいにちがいない。

私は、風に痛めつけられ、風とともにあった越中の風の祭りを見たいと思った。祭礼が風土に根ざすものなら、それは風の国越中の風土を感じさせてくれるはずだっ

夜のグラウンドはおわら節の歌と踊りのコンクールを見つめる群衆で埋まった（撮影・須藤 功）

た。しかも、風の盆は夏から秋に移る、気だるくどこか物悲しさを漂わせている季節に行われるのである。それは、そんな季節の雰囲気も感じさせてくれるはずだった。

　二百十日は九月一日である。暦の上では秋であっても、残暑が厳しく、長い夏の暑さに痛めつけられた身体には、その頃の暑さは一段と応える。しかも、私が八尾駅に着いたのは、まだ日の高い四時頃だった。駅前から真直ぐ南の方向に走る通りにそって家並みが続き、その軒下の草花も暑さにしおれた感じだった。

町ごとに結成されたグループがおわらの唄と踊りを舞台で競う（撮影・須藤 功）

　私は体中に不快な汗をにじませ、重い足取りでその道を歩いていった。暑さのためか、通りにはほとんど人影がなく、風の盆を見にくる観光客の姿も全くなかった。富山市との間を、未明まで何本もの列車やバスが臨時運転されることなど、まるで嘘のようだった。風鎮めの祭りにもかかわらず、風はなく、空気が熱をはらんでいた。

　その道がT字路となるあたりまできて、私は三味線の音を耳にした。道を曲がると、編笠をかぶり、黒い法被《はっぴ》と股引姿の数人の男たちが、小さな食堂の前に立っているのが見えた。そして、彼らは店の前に立つ、女主人に向かって横に並んだ。

　胡弓《こきゅう》と三味線が鳴り、年嵩の男がおわら節を甲高い声で歌い始めた。そして、横一列に並んだ若い男たちが、爪先で軽く地面を叩き、肩口に上げた手を、腰の横におろした手を拍ち合わせて踊り始めた。

　それは、女性的な踊りと言っていいかも知れない。しかし、編笠の下の若者たちの顔は一様にりりしく、黒い法被・股引につつまれた体は、細くしなやかに見えた。祭りのいでたちが、そしてしなやかで直線的な手足の動きが、若さと、それがもつ美しさを際立たせている感じだった。

　胡弓が高く低く旋律を奏で、三味線と太鼓がリズムをとるように弾かれ、打たれた。胡弓という言葉から受けるイメージとはちがい、それは哀調を帯びた音を嫋々《じょうじょう》と響かせ、老人の甲高くしわがれた唄声に哀感をそえた。

　歌と踊りが終った。男たちは編笠を背にかけるようにして、太陽のかかる井田川に向かって歩いていった。私は彼らが歩き去った後も、しばらくそこに立っていた。民謡の多くが、そして我々の心をとらえるそれの多くが、何故こんな哀調を帯びているのだろう、と私は思った。コキリコ節とは明らかにちがっていた。コキリコが古い韻律を残し、能楽に発展する前の素朴な田楽の形を残しているとしたら、おわら節は歌も伴奏も踊りも、町のものであると感じさせた。それは、中世的なものと近世的なものとの違いといえるかも知れないし、直截に心を打つものと、ゆっくり心に浸みこんでくるものとの違いといえるかも知れない。そして何よりも、それを生み育くんだ、五箇山と八尾のちがいといえるかも知れない。

私は聞名寺の境内で、夜になるのを待った。風の盆と直接関係がないものの、数年前まではこの境内でおわらのコンクールが行なわれていたのだし、そこは八尾の象徴的存在だった。境内には夜店が立ち、それを目当ての子どもたちが走り回っていたし、本堂のあちこちには涼んでいるらしい人がかなりいた。

そして、おわらのコンクールが行われる小学校のグラウンドに行ったのは、すっかり暗くなってからだった。グラウンドにしつらえられた舞台の上では、町ごとのグループが歌と踊りを競い、それを見ようとする見物人が、いつの間に集まったのか、広いグラウンドの半分以上を埋めていた。そして、その人出と、グラウンドの明るい照明、それとは対照的なグラウンドの外の深い闇に興奮した子どもたちが、甲高い声をあげて走りまわっていた。

喉を競っているのは、ほとんどが中年以上の男女だった。それだけ、おわら節は唄うのにむずかしい感じだった。私の近くにいる中年の女性たちが、舞台に立つ男性・女性の唄を批評していた。そして、その唄に合わせて、揃いの法被・浴衣姿の男女が、踊りを競っていた。昔は風の盆に他の民謡や浄瑠璃なども唄われたというが、今はおわら一色である。ただ、節は同じでも詞はいく通りもあり、どれを歌うかは町ごとに選んでいるようだった。

コンクールが終り、町流しが始まった。町ごとのグループが通りに出て、唄い踊るのである。見物客が通りを埋め、その中を盆踊りのように輪を作って唄い踊る一団があり、男女が交互に数列となって流していく一団もあった。男は編笠に法被、女は編笠にあでやかな浴衣だった。

遠く近く、哀調を帯びた胡弓と三味線・太鼓の音が、そして甲高い唄声が流れた。基本的には同じ踊りだが、

夜の八尾の街角に哀調を帯びたおわらの胡弓と三味線、太鼓と唄声がしみこんでいく（撮影・須藤 功）

編笠にあでやかな浴衣姿の女性たちの踊りと唄がほの暗い町筋を流れていた（撮影・須藤 功）

男のそれは力強く、女のそれは優美でやわらかだった。

「春風吹こうが秋風吹こうが
あなたの恋風身についてならない」

という文句で、おわらは始まる。それは、男が女を、女が男をかき口説いているような節回しだった。唄う老人の甲高い声が、艶っぽく響いた。そして、

「唄われよー　わしゃ囃す」

と誘ってから、いよいよ唄の核心に入っていくのである。

見たさ逢いたさ　想いが積る
キタサノサー　ドッコイサノサ
恋の八尾は　おわら雪の中
「唄われよー　わしゃ囃す」
唄の町だよ　八尾の町は
キタサノサー　ドッコイサノサ
唄で糸とる　おわら桑もつむ

男女が掛け合いで思いを述べている、そんな唄だと私は思った。あるいは、それが唄になったような感じだった。

列は違っても、法被姿の男たちが、浴衣姿の女たちが、同じ唄声に合わせて、手を拍ち合わせ、爪先で地面を叩き、手を前に伸ばし上にあげて踊っていた。老若男女が、そして

子どもたちが、揃いの法被・浴衣姿で踊っていた。だが、若い男たち、若い女たちの姿がほの暗い通りの中で際立った。それは、美しくなまめいていた。男はしなやかで、女はあでやかだった。恋の歌には、やはり若い男女がふさわしい。

何組もの踊りが通り過ぎていった。夜になって、風が吹き始めていた。五つの谷筋が集まり、台地の上にあるだけに、八尾は風が激しいにちがいない。風の盆は、風鎮めの行事と、旧盆とが結びついたものだといわれている。だが、今おわらを踊っている男女は、農業にたずさわっているわけではない。彼らは旧町内の住人なのである。風が強くても、彼らが直接的な被害を受けるわけではない。そして、旧盆には盆踊りも行われているという。

唄からもうかがえるが、八尾は生糸の集散地である。そして、この時期は周辺の農家でとられた繭糸が八尾に集められ、仕事が一区切りついた頃である。仕事が一段落ついた喜びが、町をあげて踊り明かす行事を生んだのではなかろうか。それは、月遅れの盆ではない旧盆の時期であり、強風が吹き荒れる二百十日の頃である。

もう夜も更け十二時近くになっていた。この台地の町を暁方近くまで、町流しが続くという。そして、それは明日の夜も、明後日の夜も続くのである。八尾の人々は仕事を休み、夏から秋にうつろう三晩を踊り明かす。坂道をおりていく私の背後で、三味線や胡弓の音が、そしておわらの唄声が、高く低く、遠く近く流れていた。

山河無尽――大井川上流域の暮らし

文・写真　八木洋行

閑蔵駅―尾盛駅の間に架けられた大井川鉄道井川線の関の沢鉄橋

蛇行する大井川の河岸段丘に拓かれた茶畑と本流の最下流部に位置する中部電力の塩郷ダム

大井川を横切って、軽便鉄道が遠州《えんしゅう》と駿河《するが》をつないでいた昭和三十年代末までは、春と夏に町内の浜行きがありました。大井川が河口を開く志太《しだ》平野の町や村では、御前崎《おまえざき》、地頭方《じとうがた》、相良《さがら》、静波《しずなみ》といった浜で、一日浜遊びをする風習が、明治末ごろからの流行で、たいてい藤枝《ふじえだ》駅から軽便鉄道に乗って出かけたものです。

軽便鉄道は正式には藤相《とうそう》鉄道というのですが、藤枝に生まれて育ったわたしなどは、軽便ですませていました。もっとも軽便というのは少し大人じみた呼び方で、子供の間ではマッチ箱と呼んでいたように思います。小さなディーゼルカーが、マッチ箱のような客車を一両か二両牽引するだけの、本当にささやかな軽便鉄道で、ディーゼルカーのか細いうなり声が、急坂ではまったく頼りなげになり、時には乗客が降りて押し上げるといったこともあったそうです。この軽便鉄道が終焉《しゅうえん》をむかえる少し前、カバ色の車両が登場しました。これは自前のディーゼルエンジンをつけて動いていたように記憶していますが、カバ色の車体は、湘南《しょうなん》電車のようで、前よりは何倍もハイカラなものでした。

わたしの記憶の中で、大井川を初めて越えたのは、このカバ色の軽便に乗って相良へ浜行きに行った時です。霜ふりの半ズボンをはいていたのを覚えていますから、確か小学一、二年の夏だったろうと思います。

窓から体をのり出して、しごくのんびりと移動していく風景をながめていたわたしは、大井川を渡る段になって、おもわず首をすっこめたことを、はっきり思い出します。簡単に言えばこわかったのですが、大井川の河原がとほうもなく広く白く、石ばかり広がっていて、少年のわたしには説明しきれない大きなふくみのある風景でした。その風景に、わたしは「飲みこまれる」と、一瞬背中をこわばらせたのです。軽便が河原へ傾いて落っこちていく感じがしたからです。軽便の車幅が橋の幅をこえているため、車窓から身をのり出しているわたしには、すぐ真下に大井川の石ばかりの河原が見えたからです。

車内を見ると、兄も父も祖父も、建具屋《たてぐや》の金六さんも、床屋の悦ちゃんもみんなニコニコしていたので、わたしもニコニコ笑顔の少年ですませたのですが、大井川へ飲みこまれるという一瞬の思いは、長くこびりついていました。

相良の海へ着くと日ざしが真上から直接的で、焼けた砂浜は白く帯になって、今来た大井川の方へずっと弓なりに続いている感じです。この白い砂はたいてい大井川が吐き出したものだと、誰もがすぐ納得できる風景でした。

松林の影をさがしてゴザを敷いて弁当です。町内へいつも、ワカメとアラメとシラス干しを持って回る相良のおばさんが、お茶を運んでくれました。みんな知りあいのおばさんなので、親類が来ているように話しています。「あっちに子亀が死んどるで、見てくるさ」と、おばさんが指さします。

根っこをむき出しにした松の近くに子亀が五匹、ひからびていました。手足が大きくヘラのようで、わたしたちが川でみかける石亀とはだいぶちがうなあ、と言いあいました。今も時々、人は変わったけれど、相良のおば

現川根本町田野口の茶畑。海岸部の町の商店にとっては大井川筋の山の村々は蔵そのものだった

さんがアラメやシラス干しを売りに来るので、このことをそのたびに想い出します。

大井川筋と遠州の浜に蔵をあずけてある

山家出商《やまがであきない》

わたしの住んでいる藤枝の町は、お茶と椎茸の問屋、仲買人の多いところです。今はお茶と椎茸しか扱っていませんが、ほんの少し前までは、相良や地頭方から海産物を集め、大井川にそった山間の村へもって行き、かわりにお茶、椎茸、干し柿、紙、渋柿、炭などを集めていたのです。江戸時代にはこんな商人を山家出商、山家商《やまがあきない》と呼んでいました。

わたしの町内に江戸時代以来の老舗、花沢商店という茶問屋がありますが、花沢商店では「大井川筋と遠州の海岸筋に蔵をあずけてある」といういい方をします。つまり、海産物と山の産物を古くから扱ってきた花沢商店には、大井川流域と遠州の海岸線は蔵そのものでした。

塩魚を山間へ

昔は現金をもたなくても、顔という信用があれば、蔵から物を動かせたと聞きます。まず海岸部から塩魚や干物を借りてきます。すぐ山間の村々へ出かけてその塩魚と干物を置いてくる。かわりに椎茸やお茶をあてにするわけですが、茶摘み娘やお茶師は平野部の農村から多く

「シマネー」と呼ばれた長島しまさん。千頭から軌道に乗って長島と梅地へ毎日行商に来た。背負い籠の塩鯖は欠かせない商品だった。長島と梅地がダムに沈むことが決まった昭和58年からは、シマネーの姿は見られなくなった

出かけましたので、茶どころの村々では、お茶摘みさんを迎えるため、新茶のはじまる前には塩魚はどうしても大量に必要でした。といってすぐ現金払いができるわけでもないのですから、町の仲買人のもってくる塩魚はあてにされたのです。支払いは穫れたお茶や椎茸でよかったからです。

お茶摘みがはじまり、お茶師さんがどんどんお茶をもみあげます。仲買人はこの荒茶《あらちゃ》をおろしてきて、製品加工して出荷するわけですが、藤枝に集荷されたお茶は、関東と北陸へ出しました。もちろん明治二二年以来、鉄道が大阪と東京を結んでいますから荷は鉄道便でした。

四六手《しろくて》の山家勘定《やまがかんじょう》

これで現金が入るとすぐ海岸部へ飛んで支払い、次の荷を確保する。これを何度かうまくやれば、多少の小金がたまるので、今度は米や日用品を仕入れて山間部へ出かけて行きます。これを村の家々に置いておき、お茶、椎茸などがとれる頃に差引勘定します。これを四六手の山家勘定といっていました。年に二度の支払勘定でしたが、たいていは六対四ほどの割合で商人の持ちこむ商品の方が多くなり、「足りない分は今度のお茶で支払ってくれていいのだから」と、貸しを作っておりてくるのが商いのコツでした。

こうして山間部の農家は特定の商人と長いつきあいをはじめることになります。物を上手に動かすのが商人だといわれますが、藤枝の茶商や椎茸商は、遠州の海岸部と大井川流域山間部の村々を結びつけることで、東海道

大井川平野と南アルプスを季節ごとに
移動する鳥、チョウゲンボウ ⬆

という第一級の商業・経済通路へ物資を集めることに成功したのです。

柿渋の想い出

わたしの家は江戸時代に塩を商っていましたが、明治の初めに失敗して、今度は大井川と安倍《あべ》川の山間部へ和紙と柿渋を求め、茶袋を作って商売しておりました。ビニール、ナイロンなどの素材が出てくる前までは、和紙に渋を塗って補強し、畳一畳分ほどの大海《だいかい》という茶袋を作っていました。塩の商いに失敗しても、山間部へ顔があったため、紙と渋は手に入ったのです。海外へ輸出するため、アスファルトびきの紙と渋紙とをうまく取り合せた防湿袋も商売になったそうです。祖父は尋常小学校を出ただけの人でしたが、独学で化学を勉強して、完全防湿の素材を研究したり、糊の研究をしていました。その祖父が、柿渋ほど手軽に使え、しかも理にかなったものは無いと、よく言っていました。地中へすえたカメの中に、黒くよどんだ柿渋がうす暗い室の中でぼんやり光っていたのは、昭和三十年代の末までだったでしょうか。

盆の前になると、川根《かわね》や笹間《ささま》といった村から小柿が集まります。工場の庭に積まれた青い小さな実は、杵と臼で搗いてつぶし、水をまぜあわせて渋をしぼり出します。

一番汁から三番汁までしぼったと思います。和紙は朝比奈《あさひな》と安倍川支流の藁科《わらしな》川流域から集めたと聞きますが、大井川では支流の伊久美《いくみ》川のすじから主に集めたそうです。

お日待ちに魚を持って

藤枝の町の商家のうちで、大井川山間部に関係している家では、秋と春のお日待ちが生きていました。とりわけ秋のお日待ちには取りひきしている山間の村々へ、魚と酒を届けに行くのがつきあいでした。秋のお日待ちは、たいてい村ごとの氏神さんの祭礼日にあたりますから、村によっては神楽をやります。

大井川と安倍川流域には、同じ系統の湯立《ゆだて》神楽が二十数ヶ所も伝承されています。お茶を商っている小林平一郎さん（大正一三年生）は、わたしの祖父からよく茶袋を買ってくれた人ですが、山間のいくつかの村で直接お茶を買い求めて、高級茶だけを商売にしている人です。小林さんのつきあいのある村は神楽をよくやる村ばかりで、神楽を伝承しているような伝統を大切にする村は、不思議に高級茶を出す、と小林さんは言われます。そして今でも魚をもって神楽の会場に現われます。

地の神さんも楽しむ神楽

大井川と安倍川流域の山間部に分布しているこの神楽には、どこでも恵比寿《えびす》の鯛釣りという演目が必ずあって、一番楽しい演目になっています。恵比寿が舞台の四方から鯛を釣りあげ、大黒さんがそれを助けます。所によっては大黒は大助《おおすけ》と呼ぶ翁《おきな》だったりします。キツネが出てきて魚を横取りする所もあります。キツネは地の神さんの使いで、神楽には正式に招待されないのですが、お日待ちには必ず地の神さんへ赤飯と掛魚《かけよ》は供えるものだ、という古老たちは、キツネの飛び入りを見て、「地の神

杖をつき俵を背負った翁は大助とよばれ、年に一度、村を祝福に来る来訪神である

さんが、待ちきれんでキツネを使いによこしたずらよう……」と、言います。

それから、小林さんのように、町から魚を持って祭りにやって来てくれる人は、恵比寿見舞いといわれ、酒の席は上座に決まっています。村によっては来訪神にみたてて、大助と呼ばれたりもします。

大助《おおすけ》のアドリブ

大助は、所によって翁とか爺面《じいめん》とか呼びますが、俵を背負って、太い杖をついて神楽の会場へやって来る白髪をはやした翁をいいます。大助は舞台にあがると、まず舞台の切り飾りをほめ、神楽の音色、ごちそうをほめあげます。それからその年に村へ嫁いできた女性をほめあげますが、それも少し凝ってくると、俵からサトイモを取り出しながら、「今年のサトコイモはよう肥えておるし、子イモもたんとついてなかなかの出来じゃ……」と、やります。村に嫁いできたサト子さんが会場にいることを知ってのアドリブです。もちろん、子どもを授かりそうな嫁っ子をほめ、あわせてサトイモの豊作も喜んでいるのです。

大助役は、その村でも一番ユーモアと頭の切れる人がやる重い役で、俵に何を仕込み、どんな口上で取り出すかが、会場から大きな笑声をさそうカギとなります。

新しいネギを俵から取り出して、「今年の新ネギはみるい（みずみずしい）が、なかなかヒゲが多いのう」と、やります。わたしは初めよくわからなかったのですが、禰宜《ねぎ》さんが今年から若手にかわり、彼はあご髭をたっぷりはやしているのです。若い禰宜さんはおもわず手をあご髭にやります。

大助の変質

こんなユーモアのある来訪神、大助は、海からやって来るとか、山からやって来るとか、村によってその所属性が異なりますが、最近はだんだんそれも不鮮明になってきています。俵から取り出す物も、アイロン、フライパン、電球、ラジオ、グローブなどなど、電気製品が主体となってきています。

「大助どの、それは何でござる」
「これはな、アイロンといって、シワをじょうずにのばすものでござるよ」
「それなら大助どの、一つご自分のその顔のシワをのばしてみて下さらんか……」

と、こんな風にやられます。この電気製品も確かに山村の生活感からすれば、来訪神のみやげものとして充分説得力のある品物です。昭和三十年代から薪にかわるプロパンガスが山村の生活にも取り入れられ、電気製品もどんどん普及しました。村の神楽の演目に、その文化社会現象が表われているわけです。

大助のような来訪神についての問題は、日本民俗学の大きな関心でありますが、大井川の山間部を訪れる大助は、最近はどこか電気店の爺さんといった感があります。みやげ物の受け手である山村の人々が、農協が次々と電化製品を運んでくるその実体を、大助をかりて揶揄《やゆ》しているとすれば大拍手といきたいところです。

大助が取り出す品物を見て、それはもう時代遅れの古い型だと、大助自身とそのみやげ物をけなす演出になっている所もあります。大助はすっかり恥をかいて、笑われて帰ることになるのですが、これは新しい演出です。演出というよりは、その場のアドリブでこうなるのですから、大助役のねらいがはずれたのか、こんな風に道化役に格下げをねらって笑いをさそったのか、よくわかりませんが、多分に演じ手の力量にかかわっています。しかしこれとは別に、来訪神の性格を強く主張する大助と、狂言風に道化役となる大助との表われ方に地域差があります。つまり、町と村とを結ぶ交通網からはずれた村では、今も大助は村の作物の豊饒《ほうじょう》と子孫繁栄を寿《ことほ》いでくれる翁です。道化役に零落《れいらく》しつつある大助は、山村でも交通の便が良い村だといえます。

水脈を束ねる神々の言葉

来訪神大助の言葉の重さをどんな秤《はかり》で計るかは、村ごとに異なります。それが村の個性でもあるし、村の歴史でもあります。しかもその村の個性や歴史性は地形、地勢と深くかかわってきました。ひとくちに大井川流域の村々の暮らしぶりといっても、その個性は一様ではないのです。しかし同系の神楽が流域の村々に広く分布しているのも事実です。それはこの大きな水脈に束ねられた人々の暮らしに、共通する神々の言葉があったことを物語ります。現実的に考えれば、大きな水脈が自然の道と

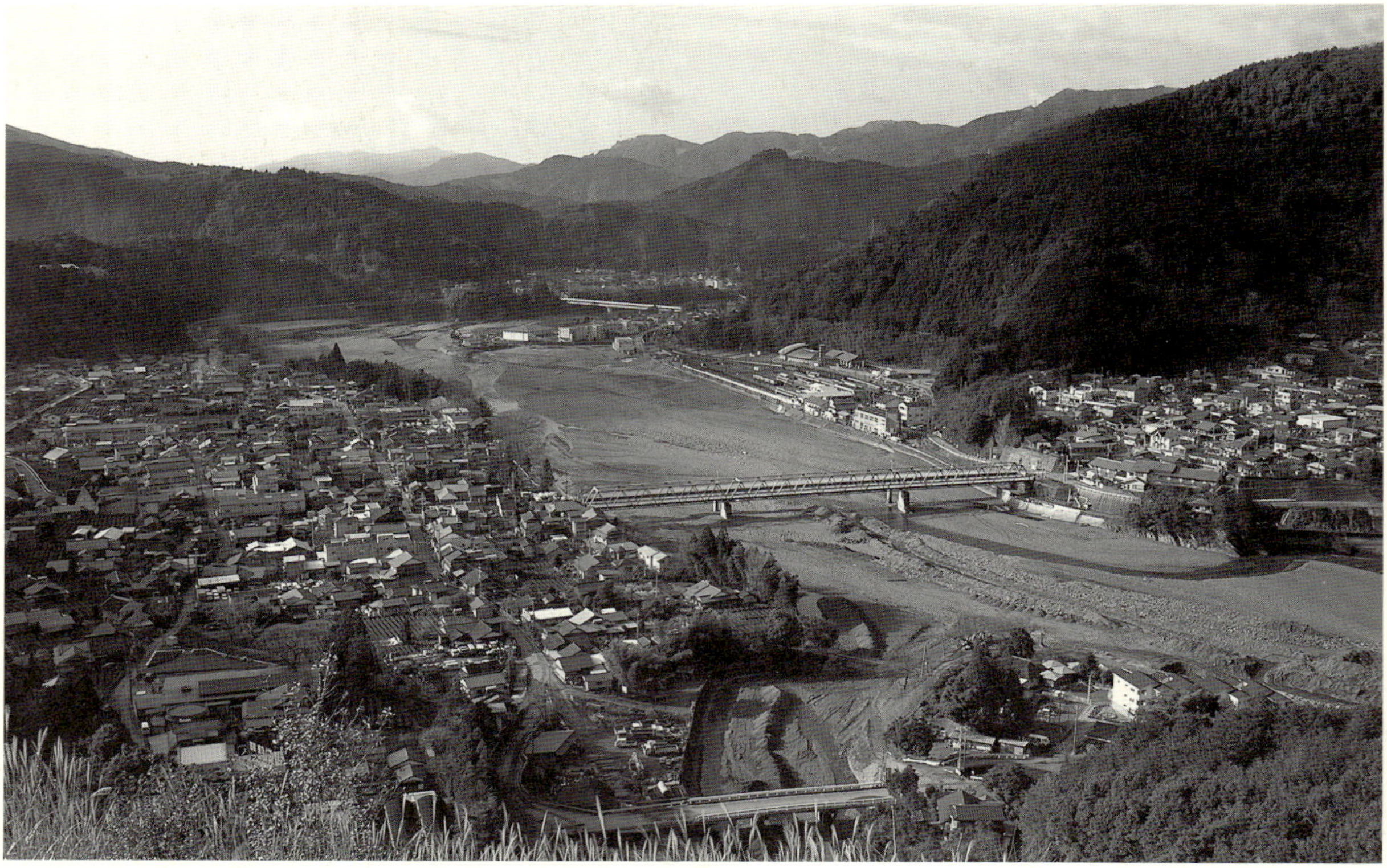
川根本町の藤川・千頭付近を流れる大井川

なって、村と村を結びつけ、人々の交流が盛んだったといえます。来訪神大助や恵比寿の鯛釣りが共通してある演目というのも、町から山地へ魚をもってお日待《ひま》ちに出かけて行くというつき合いがまだ生きていることで、充分イメージされてきます。

山と川を舞台にした狩猟文化の伝統が残る

袋小路の大河

大井川は水源を南アルプスという三〇〇〇メートルを超える山脈に求められます。ということは、最上流部に南アルプスが立ちはだかって、袋小路のようになっているということであり、同じ静岡県を流れている富士川や天竜川のように、山脈の間を縫って流れる、貫通性のある川ではないということです。したがって、大井川の上流域と下流域に暮らす人々の生活文化は、互いにより深い関わりあいをもってきました。

島田の町で

大井川下流、左岸にある島田は、大井川をひかえた東海道の宿場町として、江戸時代以来発展してきましたが、材木業を営む友人の片川優示君は、島田の古い家はたいていツガ材を使って建てている、と教えてくれました。ツガ材はもちろん上流から流送されてきたものです。しかも家の表側は別にして、裏や側面の板は割り材その

長島（川の左の河岸台地）と梅地（川の右の台地）の集落。長島ダムの竣工でいずれの集落ともその大部分が水没した

もので、割り板をヨロイ状に張った家も多かったといいます。割り板は、上流では屋根板としてよく使ったものです。

下流域に暮らしているわたしたちの回りには、上流域を想いおこさせる物がいろいろあります。藤枝の桐ダンスも、島田の桐下駄もそうです。上流域から桐の良材を伐りだしてきて、はじめて成立した手工業だったのです。

軌道井川線

大井川上流部とは、自然地理学的にはどのあたりからいうのかは知りませんが、一〇年ほどこの流域を歩いてみて、生活風土からすると、どうも大井川鉄道の終着駅千頭《せんず》から上を上流部とするのが、実感があります。実際、千頭からすぐにV字谷の様相が顕著になり、千頭と井川ダムを結ぶ軌道井川線は、このV字谷をかぼそくひっかいて線路が敷かれた、トンネルだらけの鉄道です。東海道線からそのまま乗り入れることができる大井川鉄道とちがって、井川線は車幅も狭く、乗客は膝小僧をつきあわせての旅となります。それに、カーブにかかるたびに悲鳴をあげるミニ列車は、V字谷を進む実感をうんと演出してくれます。車窓から時々見える吊り橋が、対岸にある数軒の家にとって重要な掛け橋だと映るのもこのあたりからです。

アユ返しの谷

この谷をつめていくと、接阻峡《せっそきょう》という険しい谷間があります。現在、長島ダムを建設しているあたりからをいうのですが、古老の話ではアユ返しといって、大井川を溯上《そじょう》するアユもここで引き返すのだそうです。下流に鵜網《うあみ》という村がありますが、おそらく鵜を使ってアユを網に追うという川漁をさかんにやっていた村なのでしょう。今も淵が多く、流れもたわんで、鵜でも放ってやらなければ、水底の石についたアユは散らないところです。昨年の秋、この鵜網の下でのヤナ漁に、落ちアユが二〇万尾はとれたそうです。そのアユも、溯上するのは接阻峡までだったのです。

アユを里魚《さとうお》と呼ぶ村

魚道のない大型ダムが本流にいくつもできましたから、今では接阻峡よりずっと下流の塩郷《しおごう》のダムがアユ返しになっています。接阻峡の上流にある井川の村では、アユは里魚といい、アユという魚を見ずに死ぬ人も多かったといいます。つまり、アユを里の魚だとする村が上流部の村だといえるのかもしれません。アユが引き返した接阻峡から上流は、ヤマメとイワナの潜む谷となります。

ヤマメは中流域でも枝沢に入れば釣れますし、下流でもアユ釣りの時に尺ヤマメをあげた、という話は毎年聞かれます。生物学的には、大井川のヤマメはアマゴであって、現に中流域ではアメとかアマゴと呼んでいます。ところが、上流の井川の村では、昔からヤマメと呼んできたといいます。

大井川の最上流部の村、井川（静岡市）は、昭和三二年に完成した井川ダムにその大半を水没させました。井川の本村に岩崎、上坂本、大島、小河内《こごうち》、田代《たしろ》の枝村をあわせて井川村であったのですが、ダム湖の尻手（上流）にある小河内、田代がかろうじて水没をまぬがれ、かつての村のたたずまいを伝えています。現在はこれより上流に集落はありません。

ヤマメの混ぜ飯

大井川の田代へはじめて取材した日、滝浪《たきなみ》忠さん（昭和一六年生）のお宅で、ヤマメ飯をごちそうになりました。混ぜご飯の一種で、醤油で味付けた飯が炊きあがるころ、ヤマメを飯の上にのせてむらし、一五分ほどしてヤマメの身をほぐして混ぜあわせます。ヤマメは少し焼くか味付けして飯の上にのせることもあるし、釣りたてならそのままのせてもかまわないといいます。焼いて保存してあるものだと、味付けの汁で煮もどしてから飯と混ぜるのだそうです。最近民宿をはじめた滝浪さんは、ヤマメ飯と山鳥の混ぜご飯をメニューにあげており、どちらも人気があるようです。

もともとヤマメ飯は、来客の場合や、祭りの日のハレの料理でした。山村の動物性蛋白源として、ヤマメがどの程度のウェイトをしめていたか数字であげることはできませんが、ハレの日のヤマメでしたから、貴重な川魚であったはずです。

テンカラ釣り

滝浪さんは、モグラのしっぽで毛鉤《けばり》を作ります。鉤にモグラのしっぽを通して乾燥すると、しっぽの毛がふさ

接阻峡　典型的なV字谷は溯行するアユも引き返し、かつては川狩衆も泣かされた難所だった

上　蛇行する大井川が造った河岸段丘上に拓かれた旧安部郡井川村小河内（現静岡市葵区）。大井川最上流部の集落

右　スズ竹で編んだ下りヤマメをとるモジリと望月繁福さん（故人）

ふさして毛虫のような具合になります。これだけで、結構ヤマメが釣れるのだそうで、田代には古くからあったといわれます。毛鉤の釣りをテンカラ釣りといいます。テンカラ釣り用の竿は、スズ竹二本のつなぎ竿で、三メートルほどのものを使いますが、手元のグリップを桐で作り、形態は近代的な西洋風のものと変りません。小河内の望月繁福《しげふく》さん（明治三一年生）が、テンカラ用の竿作りの名人でした。昨年の夏、おしくも他界されましたが、生前作っていただいた竿は、見てくれはもう一つですが、腰の具合はなかなか良く、六メートルのラインを充分とばせます。それに穂先が尻手からしまえるようになっていて、谷間を歩くにはこれが持ち運びに便利で、気に入っています。

竿止めの術

ところで井川の村には、魚止め・竿止めという呪術があります。長男にしか伝えないという厳しい掟があって、そう誰でもが知っているような呪術ではないといわれています。何回か望月繁福さんを訪ねて、その呪術の断片を聞きました。

「井川の村にはそれぞれ持ち山領分があって、川にも領分というものがあっただね。小河内の部落なら小河内川と東小河内川、田代は明神谷《みょうじんだに》と信濃俣《しなのまた》川なんかが、その領分だった。だから、よその者がその領分に入っても魚が釣れないように、術をかけてあったものだ。それが魚止め、竿止めの術だ。春の雪溶けの水を待って、谷を開ける術をする。モミジが川を流れるようになると、谷を閉じる術をやるだね。谷を開けてからも、よその者が竿を出しても一匹も釣れないように、もちろん術をかけておくわけだ」

母屋から離れて一人で隠居暮らしをしていた繁福さんは、インスタントラーメンを愛好していて、それ専用の手もち鍋がある。一食分を二度に分けて食べるので、汁だけが鍋に残されていることが多かった。

「わたしも全部を知っているわけではないがよ、竿止めのかかった川では魚はまったく鉤を追わないだ。法印《ほういん》という人たちが主にその術をやった。呪文《じゅもん》と印《いん》と切り紙があった。これは他人に教えてしまうと術でなくなるだで、教えるわけにはいかんがよ……」

それでも、何度か通って聞いたものを整理してみると、村で法印と呼ばれていた人たちが、春先、魚止めの術をほどいて川漁を開始。モミジが色づく頃、魚止めの術をかけ川漁をやめにしたという、共同体としての川漁開始とその期間を確認する儀礼があったらしいのです。しかもこれは川漁だけにとどまらず、狩猟にもおよび、山開け、山じまいの儀礼があったようです。それが明治になってから崩れはじめ、今では三月から九月までの漁期を漁協が管理するようになっており、共同体の儀礼のようなものは残っておりません。しかし、富士修験の川漁の流れをくむ丸山教の行者だった繁福さんは、かつて法印たちの行なっていた呪術の断片を知っていたのでしょう。

竿止めを破る術も

「山暮らしの間には、どうしても他の領分に入らなくてはならないこともあるよ。それで、竿止めの術を破る術もあっただね。この術は一生に一度だけの術だといわれて、自分の命をはってかけるものだった。白と赤と青色の紙を魚型に切り出して、スズ竹にはさんで立てる。これを誰にも見られないようにやって、術をかけてやれば谷は開くだ。ただし、このことを他人にあばかれると命をなくすので、切り紙を誰にも見出せん場所へ隠しておくだ」

呪文と印はとうとう教えてもらえませんでしたが、白と赤と青色の切り紙は幣束《へいそく》状のものだったらしく、形はヤマメの型を切り出すらしい。田代では狩りに出てどうしてもシャチ（獲物）がない場合には、ヤマメ型の幣束を切って、絶対に人に見られないところに祀り、もしあばかれると二度とシャチは得られない、と伝えています。狩りの間、魚のことを言うとシャチが無いといってきらい、川漁の時には四ツ足を見たり、言ったりすると魚が釣れないともいいます。ところが葬式に関係したものを持っていくとシャチがあるといわれ、棺桶を吊った綱を切って持っていったそうです。井川の村では、古い狩猟文化の断片が、まだ少し残っていたのです。

在りし日の望月繁福さん。竿止めの術を語る彼は、背後にいつも呪術を秘めた不思議な人だった。若い頃は砂金掘りで生計をたて、甲州から来たという金山衆、望月一族の血脈を体現する最後の人だった

お諏訪さんの旅

毎年八月二〇日、明神谷で行なわれるヤマメ祭りは、やはり日本の古い狩猟文化の一つをよく伝えているものといわれています。明神谷は大井川の支流で、大無間《だいむげん》山

（二三二九メートル）―田代では三住《みすみ》ヶ岳と呼ぶ―のふところを流れます。明神谷の水は三住ヶ岳山頂にある三住ヶ池から流れ出るものといわれ、しかも、三住ヶ池は長野県の諏訪湖《すわこ》と通ずる池だと信じられてきました。

田代に祀られる諏訪神社は、嘉禎《かてい》四（一二三八）年の創建と伝えられ、信濃の諏訪大社から勧請されたといわれています。そして田代では、お諏訪さんは信濃俣を越えて居平《いだいら》、沼平《ぬまだいら》、下《しも》の島《しま》など、かつては集落があったところに宿をして、最後に田代に鎮座されたもので、信濃俣と下の島には、お諏訪さんのお休み石があると伝えています。この飛び石的にあるお諏訪さんの伝承地は、焼畑を営みながら信濃から南アルプスを越え、次第に井川の谷へ近づいてきた先人たちの足跡を語り伝えているのかもしれません。

この諏訪神社では、四年に一度、ころもがえといって、山型をした、他に例のない特異な形の幣束、八ヶ岳御幣《ごへい》が新しく切られます。御幣は諏訪神社の内宮、外宮に一本ずつ、お諏訪さんが途中で宿を借りた沼平の八幡神社に一本、田代に着いた時に一夜の宿を借りた四柱《よばしら》神社（山の神）へ一本と、計四本が切られます。それにナギガマという祭具は諏訪大社のものと同じで、ここにも信濃文化が色濃く田代の地へ滲透していることがうかがえます。

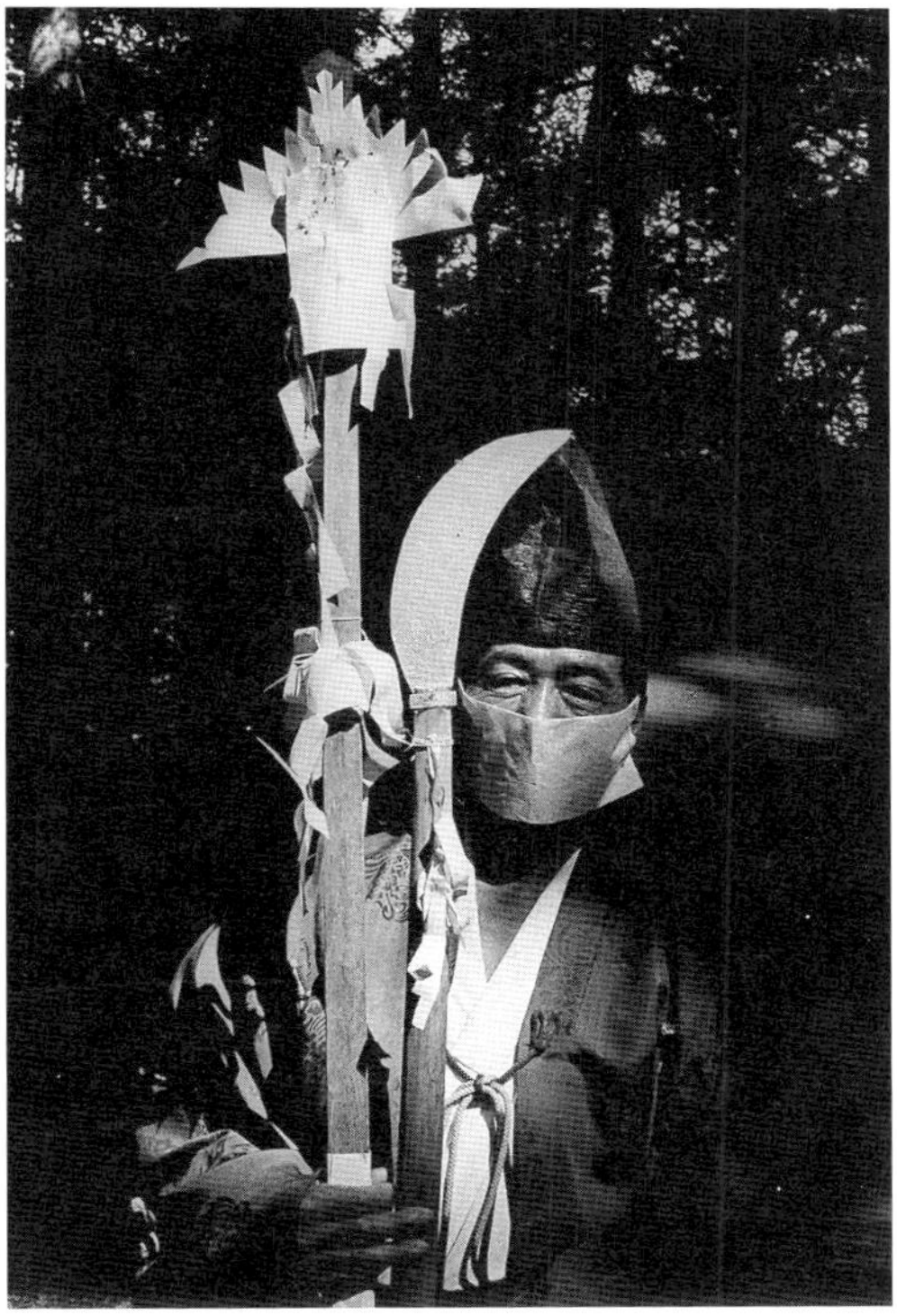

旧井川村田代の諏訪神社で四年に一度切られる八ヶ岳御幣。祭具のナギガマと共に信濃文化の伝播を物語る

神饌《しんせん》となるヤマメを釣りに

さて、諏訪神社の例祭にはヤマメと粟の神饌が供えられますが、それに使われるヤマメは、三住《みすみ》ヶ池を通じて諏訪湖につながるといわれる、明神谷のものと限られているのです。

八月二〇日、夜明けを待ってヤマメ釣りが始められます。お諏訪さんの口に入る魚だから、生餌は禁じられ、テンカラ釣りでやるのが本儀だといわれています。しかし昔のようにはヤマメが釣れなくなったので、餌釣り、投網も近年はやります。釣り人は祭りの年役一二人で、六年に一度、この役が回ってきます。年役は前日の午後から谷の奥深くに分け入り、岩影に宿をして一夜をあかし、夜明けから二人ずつ組になって、枝沢と本流をせめはじめます。

聖域での忌籠《いみごも》り

宿にする岩影は栗坂《くりさか》という場所で、一〇人位が楽に横になれる所だそうです。岩に木を何本か立てかけて、木

枝を乗せて屋根をかけて一夜を過すそうですが、ここはもう不動の滝の音が聞こえる所だから、年役以外の者は近づけないと言われ、取材できませんでした。不動の滝は明神谷の最奥にあって、山伏が滝行をした場所だと聞いています。不動の滝という明神谷の聖域で一夜を明かす年役たちは、祭儀にそなえて、この谷ふところに籠《こも》るという意味があったのかもしれません。

午前一〇時頃、カヤ小屋という、明神谷の入口から歩いて三〇分程の、谷が開けた場所へヤマメを持って集合します。明神谷へダムができてからは谷がうまり、今では明るい河原ですが、昔はカヤの大木がある暗い谷間だったそうです。谷の奥から、二人ずつ下ってきます。胸から下はずぶぬれです。腰の魚籠《びく》をはずして、岩の窪へ魚をあけます。

町から釣人がひっきりなしに来て、この谷のヤマメをあらかた釣ってしまうので、八月の祭り時には、よほど奥までつめても数がそろわなくなった、と年役たちはぼやきます。「竿止めの術を誰かいっぺんやってみるといいだよ」とも言います。数も大きさも神饌に使えるだけのものが、近年はほとんど釣れなくなって、下から養殖ヤマメを持ってきて、明神谷の水につけたあと、明神谷のものと混ぜて使うのが現状です。

カワクラにヤマメを吊し

ヤマメはすぐに腹ワタを出し、エラも取ります。大きなものから順に二五尾を、シナの木の皮に通して環にします。二メートル程の木枝三本を組んで、カワクラという神座を作り、これにヤマメの環を吊します。

カワクラは、山窩《さんか》が野外の煮焚にしつらえた三角錐状のものとよく似ています。また、下流で水防用に土堤に作るウシというものも同じ形状をしています。このウシを作るのは、神を依りまねいて水防を願う目的と、三角錐の形状が実際に水防には最良だったこともあります。ウシと呼ぶのは、水神と牛の関係で考えてみますと、深い意味があるように思われます。カワクラは河の磐座《いわくら》と考えられますが、カヤ小屋の右岸寄りにある岩場の下にしつらえます。ダム建設以前、この岩場は谷底を見下すような形だったそうですが、今はその谷もうまり、岩場も半分うまっています。多分、この岩場は磐座だったのではないでしょうか。

ヤマメ祭り

カワクラにヤマメが吊り下げられると、年役のうちの長老の手で、塩一盛、御酒、洗米、それに腹ワタと味噌をあえた即席のヤマメの塩カラも供えられます。長老の合図でそれぞれの竿をカワクラに立てかけて、柏手をう

明神谷のヤマメ祭り。カワクラという木枝三本でこしらえた祭壇は、縄文以来の祭祀のあり方を想わせる。旧安部郡井川村

ちます。そして長老が簡単な祝詞《のりと》をあげ、一礼してこの祭りは終ります。長老によっては、般若心経《はんにゃしんきょう》をあげる人もいます。

その後、ヤマメの腹によく揉んだイタドリの葉をつめ、塩も多少まぶします。それから、四〇センチ×六〇センチ程に剥いだツガの木の皮にイタドリの葉を何枚も敷いて、ヤマメを包みます。シナの皮で十文字に結わえ、もう一度カワクラに吊します。その後直会《なおらい》があり、ヤマメの塩カラを回し、御酒を一口ずついただきます。ウグイも何尾か釣れたので、串焼きにします。

この明神谷のヤマメ祭りは、魚の捕獲儀礼と考えられていますが、縄文以来の伝統なのかもしれません。三本の木枝によるピラミッド型の神座であるカワクラ、ヤマメをシナの木の皮に通して吊しただけの祭壇は、神と人と自然を強く結合しているデザインだといえます。この儀礼を初めて映像にしたのは岩波映画でした。わたしが取材に入る一〇年も前のことですが、その時にこの儀礼をヤマメ祭りと呼んだらしいのです。

ヤマメの腹に粟をつめる

直会が終るとヤマメの包みを二人で交替に担いで谷を下ります。本流ぞいに車道がつくまでは、こうして交替しながら田代まで担いで行ったのですが、今は明神谷の入口までで、あとは車です。歩けば半日の道のりでしたから、スイバともいって酸味のあるイタドリの葉は、ヤマメの腐りを防ぐ役目をしていたと思われます。塩が貴重な時代の知恵だったのではないでしょうか。

さて、田代へ着くと宮司の滝浪文人さん宅へ運ばれます。宮司は口に榊の葉を一枚くわえてツガの皮の包をほどき、ヤマメを桶に移します。深さ一六センチ、長さ四〇センチほどの玉子型の桶に、イタドリの葉とヤマメを交互に並べていきます。ヤマメに塩をほどこしますが、昔はイタドリの葉だけだったとも聞きます。フタをして石の重しをして、このまま二五日まで置きます。二五日には、朝から粟を搗いて塩入りの粟粥を炊き、冷ましてからヤマメの腹と口へびっしり詰めます。それをまた桶の中へイタドリの葉と交互に重ねて、翌日まで押しておきます。

山の幸、川の幸の豊饒を

二六日午後、諏訪神社の真向いにそびえる三住ヶ岳に日がかかるのを待って、ヤマメと粟の神饌《しんせん》を献じます。三方《さんぼう》の上にイタドリの葉を敷き、その上にヤマメを並べ、スズ竹の箸をそえます。

二七日午後、神楽を一舞あげて、二時頃、神饌を下げて直会をします。わたしも直会の末席でいただいたのですが、まだ塩っぽくて、とてもすぐにはノドを通りません。みんな一口だけ形式的にいただき、笹の葉に包んで家へ持ち帰り、少し焼いてから食べるそうです。この神饌は、ヤマメのなれ鮨《ずし》と考えていいのですが、自然発酵を待つにはどうも時間が足りません。多分昔はもっと充分に発酵させたものだったと思われます。

同行された民俗学の野本寛一氏は、「ヤマメの腹に粟を詰めるという営みは、粟の収穫感謝と来年の農作祈願とを兼ねた呪術であり、ヤマメを主体にみれば、粟は膨大な量の卵となり、これまた豊漁の呪術となる」と、卓見をのべられています。ただこのヤマメのなれ鮨は、流域の人々の日常食のなかには現れてきていません。それは、余りにも強く呪術が意識されたために、お諏訪さんの神饌としてだけに限定されてきたからでしょうか。とすれば、そのことがまた、お諏訪さんへの信仰が厚かった歴史を物語っているように思えてきます。

焼畑の害獣たちも イメージの世界へ移った

米のとれない村

井川の谷あいに点在する村々は、河岸段丘と日のあたる山のゆるやかな斜面を拓いた村でしたので、稲作とはまったく無縁な村でした。ですから耕作は、家のまわりの畑をのぞけば、山作りという焼畑に主力をさいてきました。

本村《ほんむら》から小河内《こごうち》に嫁いだ望月りせさん（明治三一年生）は「畑うない唄」を聞きながら焼畑耕作をした最後の人です。残念なことに、今ではどうしてもりせさんからその唄が出てきませんが、もう見ることのできない、焼畑の耕作が終了した時に行なう共同儀礼である、うないじめの儀礼の話を聞くことはできました。

小河内には、柴切り（草分け）とされる三五軒がもつ株山があったそうです。株山というのは、台帳の上では三五〇町歩の山林だったようですが、実測では三〇〇〇町歩もあったという村の共有地です。この共有地を三五軒でユイを作って、焼畑を行なっていたのは大正一〇年ごろまででした。

焼畑をする場所

焼畑を開いて種を播《ま》き、うないじめをするまでが三五軒の共同作業でした。夏のヤブ切りは一軒二人、夏の草

粟粥をヤマメの腹につめる。ヤマメと粟のなれ鮨は、焼畑文化園のハレの食べ物として、諏訪の神と村人が共食してきた

取りは一軒一人、うない（土耕し）には一軒二人出るのが決めでした。夏、ヤブ切りをして、そのまま一冬越して春先の雨を一雨待ってからヤブ焼きをします。ヤブ焼きも一軒二人出ました。一軒あたり三町歩ぐらいをあてたそうですから、一度に一〇〇町歩ほどをあちこちに焼いたわけです。ヤブ焼きする場所も、長い間には優劣がつけられます。ハネンゾーリ、長ゾーリ、大ゾーリ、草ゾーリ、日なた平、カメクボ、野イモクボ、風花などは焼畑をよくした場所の地名です。焼畑をした場所を上流部ではゾーリといい、中、下流域ではゾレと呼びます。それぞれの家の畑はクジで決めたそうです。

まず上段から点火

ヤブ焼きはまず防火線を切ります。焼く面積によって防火のための道切りは異なったそうですが、たいてい幅二メートルぐらいの防火線を畑の周囲にこしらえます。木枝や落ち葉を取り去り、少し掘りくぼめることもありました。火は、まず火先《ほさき》という上段から点火して、幅五メートル程を焼き下げます。その後、火尻から本火をつけて焼き上げていきます。最初から下につまり火尻へ点火すると、一気に火が上に向かって走り、延焼する危険があります。火先に点火する時、まず秋葉神社のお札を立て、塩と御酒を献じます。

「畑うない唄」にあわせて

ヤブは一度で全部焼いてしまうことはできません。燃え残った木を集めて二度焼きます。これを井川では、やんびろい（焼き残し拾い）といっていました。一雨待ってから種籾《たねもみ》を蒔《ま》きます。焼畑一年目をアラクといって、ヒエとアワを作りました。種籾をまず蒔いてから、土をうなうのがやり方でした。畑の下から、一列にならんで上へ向かってうなっていくのです。

この時に畑うない唄が出ました。声のよく通る長老が、クロモジの木枝を杖のようにして立て、畑の上手に立って歌うのです。音頭取り、唄出しさんと呼ばれる歌い手は二人で、二人が歌っている間が休みです。歌のしまいに、みんなでコレワイ、コレワイ、コレワイと囃してからチャンコ、チャンコとうなったものだ、とりせさんはいいます。

畑うないは一軒で二人が出ましたので、総勢七〇人の農作業です。歌にあわせて、気をあわせながら作業を進めていきます。あまり深くクワを入れてうなうと、種籾に土がかぶりすぎます。カヤの根などが残っていても、チャンコ、チャンコと軽くうなったぐらいの方がよく出来たというわけです。つい自分の畑だと思うと力が入るので、自分のうなった所だけ出来が悪かった、というのもよく聞きます。

うない終ると唄出しさんの持っていたクロモジの木枝を、畑の上段左右の隅に刺し立てます。その後呪文をとなえてみんなで手をあわせて豊作を祈りました。これをうないじめといいます。畑の隅に刺し立てたクロモジの木枝に畑神、作神を依りまねいて豊作を祈ったのでしょう。

二年目以後の畑には

二年目の焼畑はカーシといい、良い場所はアワ、やせ地へはヒエとカブを混ぜて蒔きました。アズキを蒔いたり、サトイモやジャガイモを作る人もありましたが、たいていアワとヒエでした。

三年目をクナと呼びます。クナ作りはアワかアズキか迷ったが、アワの間にアズキを作って、手間はかかったけれど気が晴れた、ということも聞きます。クナ作りとなると、砂利や石ころの多い場所へは、ヤシャの木を植えてしまいます。ヤシャの木はヤマハンノキのことですが、成長が早く、その落ち葉は肥料になります。焼畑地はたいてい三年から四年で放棄されますから、ヤシャの木は雑木山、ヤブ山に早く回復することをねらった焼畑の植林だったのです。

四年目はよほどよい場所でないと作りません。四年目を井川ではフッチロと呼び、中流域から下ではイモジと呼んで、もっぱらサトイモばかり作りました。上流域でもサトイモも作りましたが、アワとアズキをやる人も多かったそうです。

榛原郡本川根町（現川根本町）青部、熊野神社の神楽には、畑うないという演目がある。田遊びの内容が焼畑の予祝芸として実際には機能していたと考えられる

ウサギ、イノシシの害

収穫が近くなると山へ泊りこみになります。イノシシ、シカ、キジ、ウサギなどの野生の動物が焼畑の作物を食べに来るので、それを追い払わなければなりません。ウサギはアズキを好んで食べますが、サヤをむいて食べるので、遠目ではサヤが枝に沢山ついていたので安心していたら、すっかり豆だけ食べられていたという話はよく聞きます。それでもイノシシの害にく

らべたらかわいいものです。イノシシは一町歩や二町歩のアズキ畑など、一晩で食べつくしてしまうそうです。一晩で二町歩のアワをやられたことがある、とりせさんは話されます。

居小屋《いごや》とタオイ小屋

山には居小屋を作りました。居小屋は水の便の良い所へ三間に二間程の小屋を建て、風呂もあります。一家族がそのまま山で暮らせる、りっぱなものも多かったと聞きます。タオイ小屋は、畑のなるべく見通しの良い所へ建てます。一人がやっと寝られる程度で、畑を荒らす動物を追うための小屋です。タオイ小屋はカヤで屋根もハメも作ったそうですが、杉の植林を伐った跡の焼畑では、杉皮ぶきの屋根でした。

居小屋もカヤで作るのが普通で、床の上にジューロータという、たて糸にフジ糸、横糸にボロ布をさいたものを使う、いわゆるさき織りのジュータンを敷きました。これは保温性にすぐれ、寝具にもなります。ジューロータにくるまってホーイ、ホーイと、タオイ小屋で呼ばる夜が続きます。カンカラ缶もたたきます。

音で駄目なら臭いで

一晩中呼ばっているわけにもいきませんから、工夫もしました。沢の水をよんできて、水ドウズキという、バッタン水車の原理を利用した大がかりなものもやったそうです。手縄をひく鳴子《なるこ》もやりました。しかし音でおどかすやり方は、動物が慣れてしまうと効果がありません。

そこで古くから伝わるヤンジモを畑の周囲に立てました。これは毛髪や動物の毛を竹の先にはさみ、上に雨よけの四角い板をのせたもので、夕方になると毛髪に火をつけて臭気を放つのです。異臭で畑を結界してしまうこのやり方は、なかなか効果をあげたそうで、特にイノシシの毛は確かに効果があったといいます。

りせさんは、「タオイ小屋に泊りこんだ翌日は、ねむくてねむくて仕事に力が入らんかったけど、それでも、ヤンジモさんが夜番をしてくれるから、少しは寝ていられた」と、タオイ小屋の一晩一晩が今もはっきり思い出せるようです。

害獣との激闘

イノシシはたいてい夜間に出てくるものですが、収穫期が近づくと夜も昼もかまわずやってくるようになります。ですから人間の方は昼も夜も気を張っていなくてはなりません。見張り番にそう何人も人をさけませんから、オンジモさんという、いわゆるカカシを作って畑のあちこちに立てます。人によっては汗のしみついた作業衣をオンジモさんに着せ、雨が降ると、また別の汗のしみこんだ衣服を着せたそうです。

それでも収穫があと数日とせまると、イノシシやノウサギの方でも、人気がなければ昼間もかまわずやってきます。こうなるとボロをよって火をつけて終日煙をいぶらせる、カコオジモが必要です。畑の周囲の三尺ごとに、竹にはさんで立てました。

上　出作り小屋　下　出作り小屋内部
出作り小屋は居小屋と呼ばれ、風呂も備え山での畑づくりの拠点として使われた。旧安部郡井川村菅山

寝る間もない取り入れ

取り入れは一家総出で、一気に行ないます。ヒエ、アワは穂刈りをしてカマスに詰め、山から家まで背負いおろします。たいてい朝から晩まで刈り取って、夜少し寝て夜中の一時か二時頃山を下りはじめます。クロモジの木を裂いたものやスズ竹の束、カバの木の皮など、手近かなもので松明《たいまつ》を作りますが、カバの皮は火粉が落ちてもなかなか消えないので山火事の原因になり、カヤ場を歩く時は使わなかったそうです。

家の近くになるとやっと空がしらみはじめます。家へ荷を下ろして一息いれると、すぐ山へとって返し、取り入れをしてまた夜中に山を下ります。何日もこんなくりかえしですが、収穫の重みは気を張っているから肩も痛くなりません。畑が一ヶ所ならそう急がなくてもいいのですが、アラク畑、カーシ畑、それにクナ、フッチロといった三年、四年目の畑も最低一ヶ所は持っているのですし、場所も一ヶ所へ寄さっていませんから、家族を総動員しても全体の畑をカバーするには大変なことだったのです。といってとんでもなく離れて焼畑を作ったわけでもないのですから、居小屋を中心に作業は進められ、遠くの畑はタオイ小屋にまず取り込み、順次居小屋へ集められ、そこから家へ運ぶやり方もありました。アラク畑とカーシ畑の取り入れが無事すめば、クナとフッチロの分はおまけ分だという話さえあったようです。

小河内の望月りせさんは今年（昭和60年）86歳。「昔のこんなら“ロクジュウガレ”からつき落とされたもんですが…」と土地の姥捨て伝説を語りながら干した小柿を選りわけていた

イノシシが増えたのは

ところで、りせさんをはじめ明治三十年代までのお年寄りは、「わしらん頃は、イノシシがひどかったが、もっと前の衆らはシカの害がひどかったらしい……」といいます。どうも焼畑を荒らす害獣が、時代によって変わっていたようなのです。

針葉樹林帯すれすれの井川周辺にイノシシの害が増えたのは、明治から大正にかけて、下流域から進んできた杉の植林事業によって、イノシシの生息地域が変化したことによるのではないか、とわたしは考えています。

大井川の中・下流域は特にカヤ場の共有地が多く、そんな所がまず植林されました。カヤ場はイノシシの冬のねやになる所です。ねやが多いほどイノシシは多いといわれます。さらに薪炭山とよばれた雑木山も植林されます。雑木山の木の実や山イモ、キノコ類がイノシシの大切な食糧でしたから、そこに杉が植林されたのではイノシシも困ったはずです。植林がはじまると、雑木山を焼く焼畑も少なくなります。ところが、上流域ではまだ焼畑をさかんにやっています。そこへイノシシが回ってきたというわけです。それと、井川では明治初期までは、相当高い奥山でも焼畑をしていたようです。そんな所はシカの生息地ですから、シカの害が伝えられたのではないでしょうか。

害獣の変化と屋根ふきの変化

流域それぞれでの害獣の印象を整理してみますと、上流域では、明治中頃まではシカの害が目立ったが、大正初めからイノシシの害がひどくなった。中流域では、明治初期からだんだんシカは山の尾根すじに見かけるだけになり、イノシシの害ばかりが目立つようになった、ということになります。

これに、それぞれの地域の屋根のふき方の変遷《へんせん》を重ねてみるとどうでしょうか。まず下流域は、大正から昭和にかけて杉皮からトタンへ、そして瓦ぶきになりました。中流域では大正から昭和にかけてカヤぶきからトタン、戦後になって瓦ぶきに、上流域では板ぶきからトタンへ、戦後ポツポツと瓦ぶき、という具合になります。ここで大正初期をフィックスしてみますと下流域（平野部は別です）は杉皮、中流域はカヤ、上流域は板ぶきです。これから、明治中頃に下流域からスタートした杉の植林が、中流域には大正中頃、昭和になって上流域に達したという、進行速度を大まかに読みとれるのではないでしょうか。そして、これとイノシシの害がほぼ平行しているのです。

鹿が登場する芸能

今ではまったくシカが姿を見せなくなった中流域に、鹿が登場する芸能が三ヶ所あります。中川根町徳山、浅間神社の鹿ン舞、本川根町青部《あおべ》、熊野神社の神楽。本川根町田代、大井神社の、神楽と田遊びが混然とした芸能であるミサキ神楽。

徳山の鹿ン舞は、八月一五日、夏のヒーアイという盆踊りにあわせて登場するのですが、昼間、村中をすみからすみまで巡り、要所要所で踊ります。雄鹿が一頭、雌鹿が二頭、それに子鹿（勢子ともいわれる）と呼ぶヒョットコの面を背中にした若者六人程が従います。笛と太鼓に合せて棒に紙の房をつけた杖二本、これを前足といいますが、この杖をくるくる回して二度、三度と進み、止まると左右を見て、ソリャーウンハイと言って、一気に十数メートルを走ります。

この所作を野本寛一氏はシカの逃走儀礼としました。つまり焼畑の害獣を実りの秋を前に、こうして調伏《ちょうぶく》しているのだというのです。徳山の夏祭りには祇園祭りの側面も色濃くありますから、鹿＝獅子の呪力で村を浄化している芸能としてもみられますが、獅子が鹿になっている点では、多分に焼畑の害獣であるシカを印象として引きついでいる芸能といえますから、野本氏の論には説得力があります。

鹿と狩人

青部熊野神社の鹿は、狩人に弓矢で射られる内容です。昭和初期からこの演目が省略されてきたため、今は舞台中央で鹿二頭が狩人に弓矢を向けられるかっこうをするだけですが、古老の伝えでは、まず二頭の雌雄の鹿が舞台へ出て、三回右回りに舞ってしりぞくと、狩人が出てくる。そして、西のはてから東のはてまで追いつめましたぞォと言って、四方へ矢を射た、という内容だったといいます。

田代大井神社の鹿は、庭の柴燈《さいとう》の回りを雌雄の鹿が二回程回って、舞台の上で交接する内容です。狩人という演目も別にあって、こちらは太鼓役が二度鳴らして狩人

小河内大井神社の霜月の祭り、門入りの儀。神楽衆が村々より神社に集まってくる

を舞台へ呼び出し、猪が作物を荒らして困るから、その弓矢でひとつ射てほしい、と頼みます。すると狩人は四方を弓矢で射る所作をして舞台を退く、というものです。

芸能は現実を映して

田代と青部は大井川左岸の隣接する村ですから、田代の狩人という演目がはたして今のような演出だったかは問題があります。というのは、昔は神楽に柴燈《さいとう》踊りという田代独自の庭の踊りがありました。火の回りを男女が輪を作って、歌に合わせて踊ったのだそうですが、この歌は男女の色恋を歌う内容が多く、この日に限って自由に男女が交ってよかったのだと伝えます。その柴燈踊りの余興で鹿が庭に下りてきて、交接して見せたものが、よほど面白かったのか今日まで、演目としてあるらしいのです。ですから鹿は、どうも狩人の演目とセットになっていたらしく、内容としては青部と同類だったもののようです。

ところが害獣はイノシシの方が印象として強くありますから、狩人に頼むのはイノシシばかりで、シカを狩人が射るという演出では実感がともなわなかったことのようです。ここにもシカからイノシシへというプロセスが読みとれるのですが、シカが狩人から別れてしまったのも、やはり杉の植林が田代周辺にまでおよんだ、大正初期のことだったようです。

上　田代（川根本町）大井神社のミサキ神楽では狩人が舞台にあがり、四方に潜むイノシシを射る所作をする

下　中川根町（現川根本町）徳山の鹿ン舞。かつてシカが焼畑の害獣だったことを考えると、この芸能にシカの調伏儀礼がひそんでいるという視点も成り立つ

山犬は大神《おおかみ》であった

上流域にはこのような鹿の登場する芸能や神事は見あたりません。それは一つの不思議でもありますが、そのかわり、上流域の神社には必ず山犬が祀られています。幟旗《のぼり》に山犬の像が染めぬかれ、また狛犬《こまいぬ》のかわりに山犬像が社殿の左右に置かれています。井川田代の大井神社では山犬の絵姿の札を発札して、猪鹿除けの呪札として畑に刺立てたそうです。

山犬＝日本オオカミは、シカをはじめ大型獣を襲う動物として知られていました。その生態が焼畑を営む人々に印象としてあり、作物の守り神として信仰されてきたのでしょう。焼畑の害獣とた

たかっていた人々にとって、まさに山犬は大神《おおかみ》だったはずです。

「山犬の鳴く晩はシシが出ない」「山犬が番をする晩はタオイもせずにすんだ」というのは、りせさんたちの世代がかろうじて子供の頃に聞いている話です。

明治二九年頃、支流の笹間では、秋から山犬の遠吠えがひどくなり、年明けて冬の満月の晩、山犬の群が谷を下っていった。それ以来、笹間の谷では山犬の姿を見ず、遠吠えも聞かなくなった、という話を聞きました。これは柳田国男の『遠野物語』にある山犬の話とよく似ていますが、大井川流域の山犬＝日本オオカミは、ちょうど『遠野物語』の山犬と同じ頃、蔓延《まんえん》した伝染病で絶滅したものと考えられます。

「お犬さまのフンを見つけると、拾って帰りました。フンを水でさらして白いものだけ集め、粉にして飲むと、肺炎でも労咳《ろうがい》でも治ったといったものです」りせさんは、嫁に来た翌年、小

上　旧井川村小河内の大井神社の山犬像
上流域にある大井神社では、狛犬にかわって山犬像が神殿を守る

右　旧井川村田代の大井神社が発札していた山犬の呪札。かつてこれを畑に刺立てて害獣除けにしていた

河内川をのぼりつめた、うばのふところという場所で山犬のフンを拾った話をされました。明治三一年生れのりせさんが嫁に来たのは一八の歳ですから、ひょっとしたら大正の中頃まで、大井川上流にはまだ山犬がいたのかもしれません。

黄金の輝きを秘めた神が 河谷の村に舞った

黄金伝説の残る谷

大井川上流は黄金の谷でもありました。古老たちの誰もが、砂金取りの話をされます。実際今でも小河内川をはじめ、笹山、勘行峰《かんぎょうほう》、西日影沢などの、大井川と安倍川上流の沢がつきあげていく山のつらなりには、十数ヶ所の鉱区が設定され、申請もされています。試掘権も毎年一件は申請されているといいますから、昔は砂金がどれ程とれたのか想像がつきます。

大井川では金を川金《かわかね》、柴金《しばかね》、山金《やまかね》と区別しています。川金は川で採取する砂金で、柴金は河岸段丘などの砂金が堆積している場所を掘って採取するもの、山金は金鉱脈を探して金鉱石から採取する金をいいます。井川の笹山金山は山金を掘った所ですが、こんな伝説があります。

金の鉱脈を追い掘りして行くと、黄金色をした牛がいた。そこで角に縄をかけて大勢で引っ張ると、角が折れて、牛がモーと鳴いたかと思うと、金山が崩れてそれきり誰も再びあの黄金の牛は見なかった。

全国の金山の多くに伝承されている、黄金牛の話です。笹山金山は江戸初期にはすでに掘りつくされたといわれている山ですから、大井川上流の金山の歴史も古いといえます。

ヨッセのヨッセを探せ

小河内の望月義元さん（明治四三年生）は、父親について砂金掘りをおぼえ、川金を主に昭和一七年頃までやられた人です。小河内川を主にしていたそうですが、砂金は川ならどこでも採れるというわけではありません。砂金が寄りついてたまる場所があります。そんな場所を望月さんたちはヨッセと呼んでいました。小河内川だけでも代表的なヨッセが一二ヶ所ありました。下から、金山《かなやま》さんのヨッセ、青岩のヨッセ、立ち場のヨッセ、ロクロ師のヨッセ、猪淵のヨッセ、湯枯れのヨッセ、モッコクのヨッセ、不動沢のヨッセ、雨乞淵のヨッセ、下ゴマのヨッセ、奥ゴマのヨッセ、柿ノ木島のヨッセ。

望月さんは砂金をシャキンと言います。

「砂金《シャキン》掘りはヨッセの中のヨッセを見出さんとだめだ。川の中には、必ず動かない大岩がある。その岩に水がぶつかってたぎる所がヨッセで、そのヨッセの中をよく読んでやらないと砂金はうすい」

だから普段から岩にぶつかる流れを読んでおいて、大雨のあったあと、水のひけるのを待って出かけていくのです。ヨッセの場所は変わらないのですが、細かく見ればヨッセのヨッセは少しずつ変わっているらしいのです。

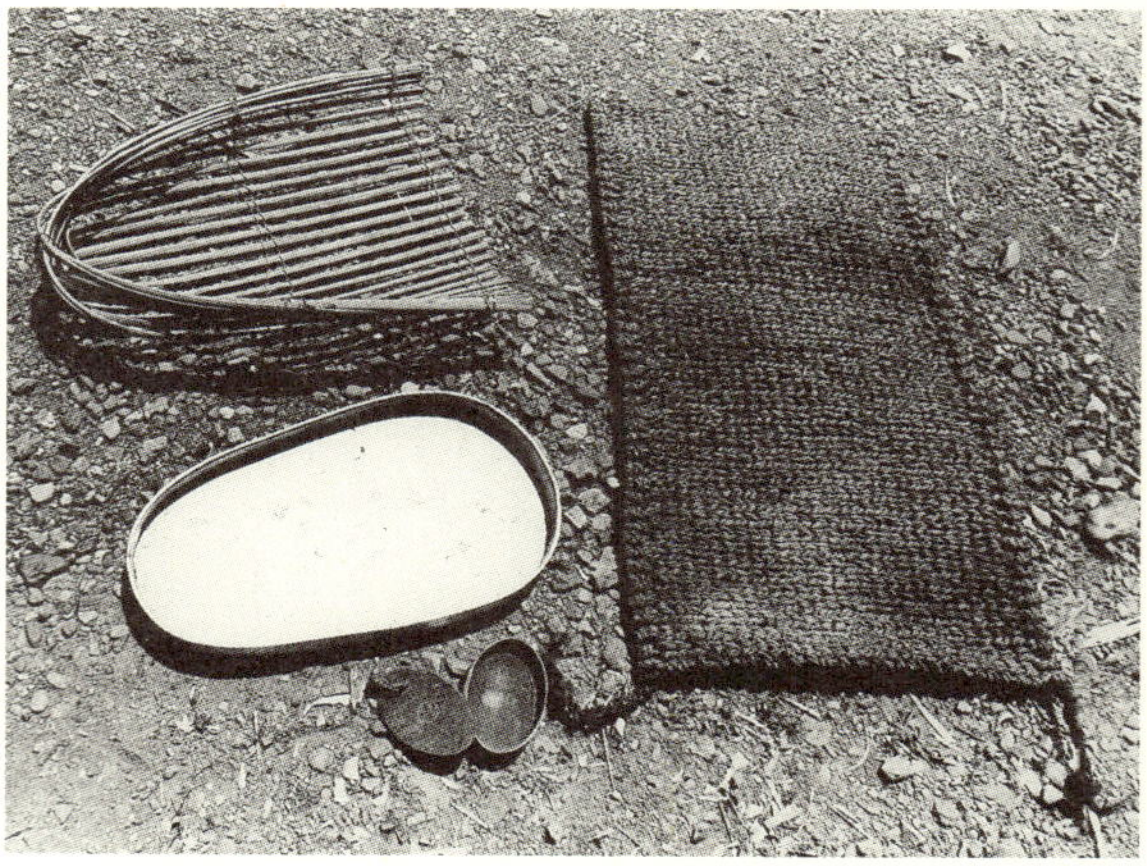

今は亡き望月繁福さんが使った砂金掘りの道具。卵形をした曲物のユリバチは、井川村独特の形だという

川金掘りの一日

ヨッセの砂金掘り、つまり川金はまず藁を大目に荒く編んだネコダという三四センチ×五〇センチ程のムシロを川底へ敷いて、大きな石で四隅をおさえ、流されないようにします。そのネコダへ上手の砂をカッサという鍬でかじりとって流してやります。水流で重い金はネコダの目の中へ入り、砂はどんどん流れ去ります。大きな石が出てくると、ツルというツルハシのようなもので石をおこします。ツルでもなかなか動かない石が出てくるのですが、この下にあんがい砂金が多いのだそうです。ころあいを見てネコダを取り上げ、目につまった砂をユリバチへあけます。ユリバチは卵形の曲物《まげもの》でできたものが井川の特徴です。

ユリバチに水を注いでまず左右に振り分けます。砂と砂金がしだいに分離してきます。このユリバチの振り方が見た目よりむずかしく、慣れないと比重の加減で分離するコツがわかりません。左右振りで大かた分けてしまうと、今度は前後振りして、うまく砂金を手前に寄せていきます。砂金は目で見分けがつきますから、指でつまんで、曲物でできた印籠《いんろう》状の金《かね》ためへ移します。ヨッセを三ヶ所もやれば日が暮れかかります。家へ帰って砂金を吹き皿へ移して、息を吹いてまじっていた砂を飛ばします。次に銅製でスプーン状の焼き皿で、火にあぶります。すると、金以外のものは黒くなって見わけがつきます。ピンセットで砂金の粒を一つ一つていねいに絹の布へ包んで袋にしまえば、砂金掘りの一日の仕事が終えます。戦前、一日一匁で一人前でした。

徳川家の金山衆も入った

井川を下った長島、犬間《いぬま》、梅地《うめじ》の集落は接阻峡《せっそきょう》のまっ只中にあり、深いV字谷がS字形に蛇行する谷間の河岸段丘に茶畑を拓いています。半日陽があたれば半日は日影のつくという集落ばかりですが、人が住みついた歴史は古く、かつてはさかんに柴金を掘った所です。

長島の大石為一さん（明治三六年生）が所有される古文書の中に、慶長年間（一五九六～一六一五）に、村の庄屋から駿府《すんぷ》の代官あてに出した書状の返書があります。それは、金山衆が来て茶畑や屋敷の畑もかまわず金掘りするので、村の人たちは迷惑してもめごとも絶えないとあるが、そこはそれ、村の長としてよく申し伝えて、金山衆と村人の間にもめごとのなきよう……という内容です。

もう一つの天正一〇（一五八二）年の書状には、家康の家臣大久保新十郎が金山衆に与えた金掘り許可証で、金掘り人夫が他国へ逃げたりしないようにとの注意書きがあります。

二つをあわせて読むと、長島をはじめ上流の河岸段丘

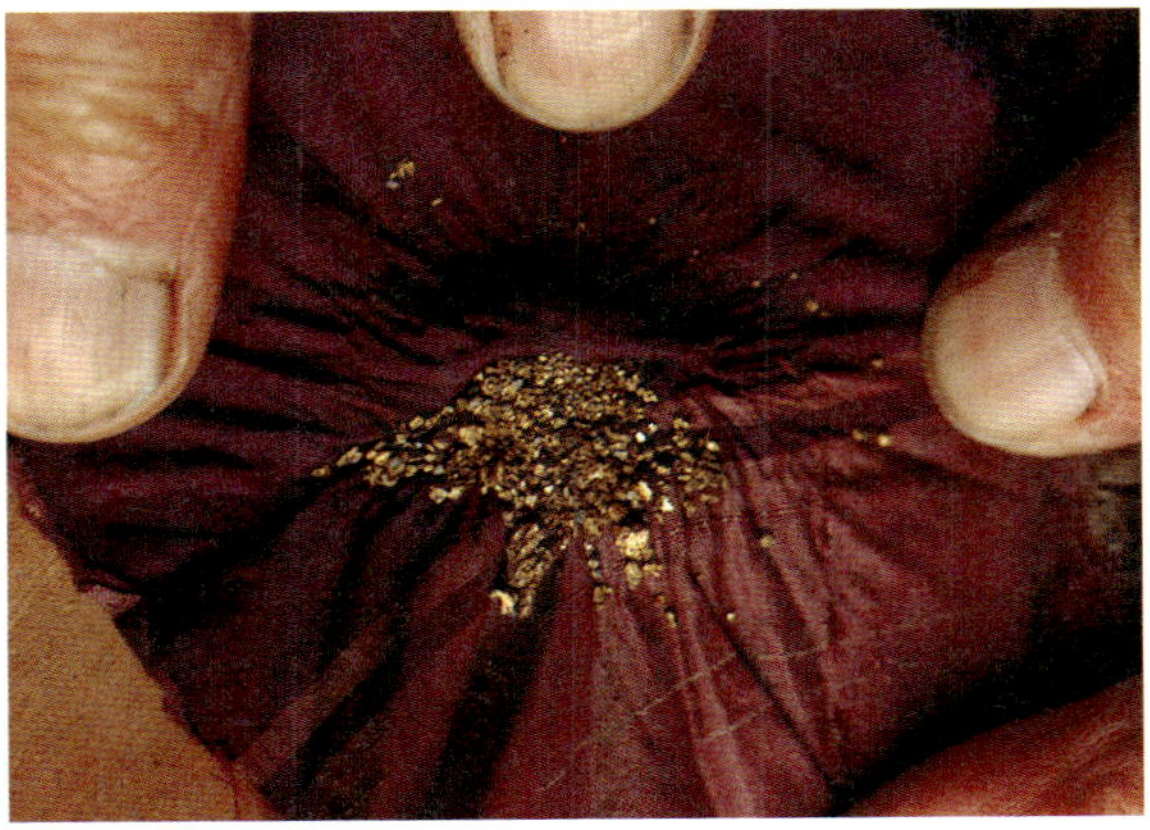

上　金丸の舞は、大井川上流域の神楽の特異な演目として、金山と関わる村々にだけ伝えられている。頬をふくらませた赤い仮面は、金属神としてのリアリティがある

右　小河内川で採れた砂金。望月義之さんが掘った最後の砂金は、紫の絹布に大切に包まれていた

では茶畑が拓かれ、砂金掘りも少しはしていたらしい。そこへ徳川家所属の金山衆が入ってきて、金掘り許可証をいいことに、ところかまわず柴金を掘りあさっていたこと、などがわかります。

大石さんも砂金取りを少しされた人です。大石さんは谷の岩の窪にはえているツツジを探して、そのツツジの根についている砂から砂金を取ったそうです。この方法は井川にはなく、閑蔵《かんぞう》から下犬間《しもいぬま》あたりまでの、いわゆる接阻峡だけで行なわれていた方法でした。もちろんユリバチを使うやり方は同じです。

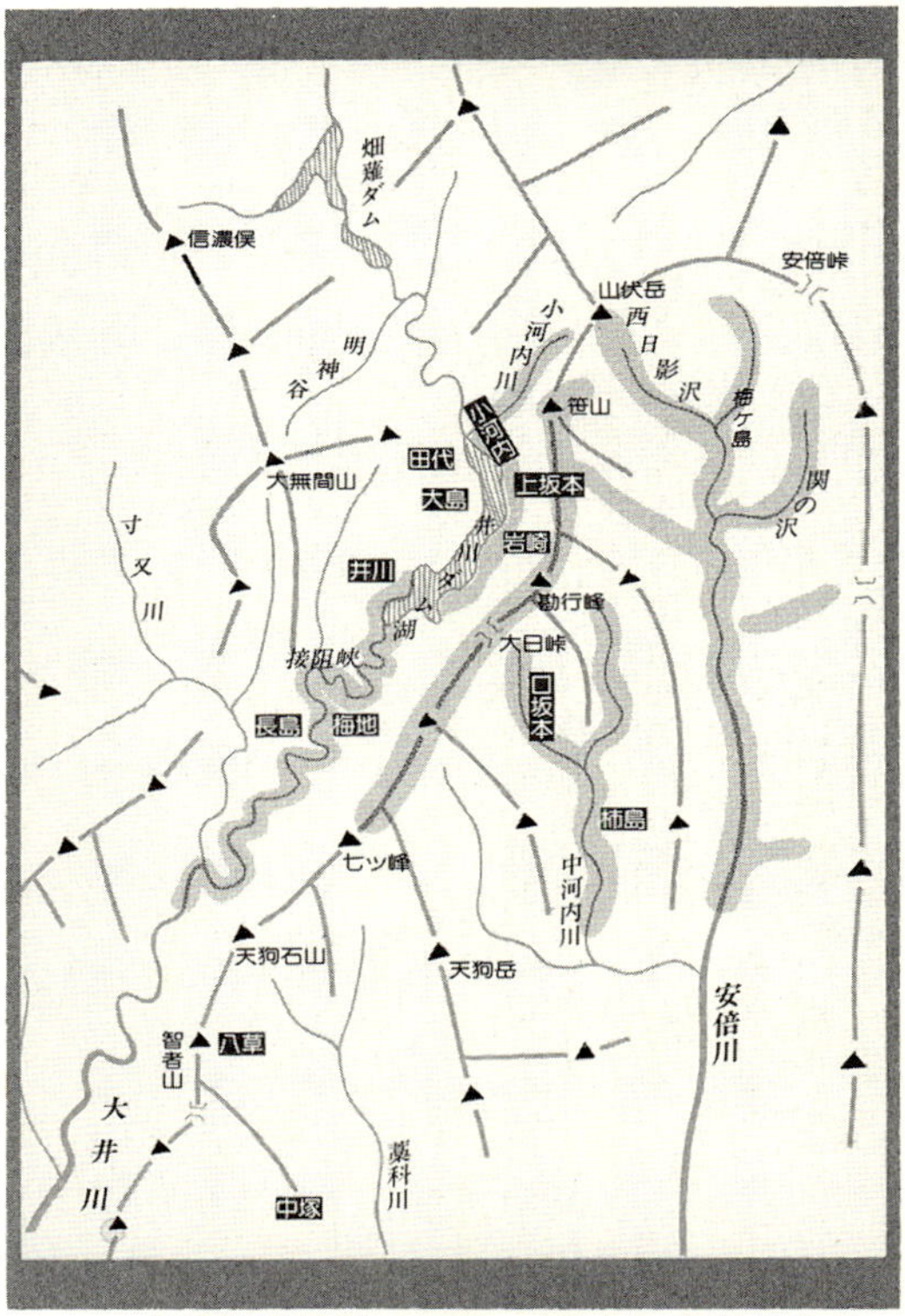

＝金の産出地帯　＝＜金丸＞を伝える村

都人《みやこびと》が村を拓き神楽を伝えた

大石さんの家がある長島のすぐ対岸は梅地という集落ですが、ここに御神体が金塊だという谺谽石《こだまいし》神社があります。神社の真下に金を掘った横穴がありますす。柴金の穴とも山金の穴だともいわれていますが、今は石段が穴の入口をふさいでいます。大石さんが子供の頃にはまだ入口があいていて、コウモリの群れが潜む黒くすすけた穴だったそうです。

京都から都落ちした梅津大納言がこの土地を拓き、土地の名を梅地とした。その子孫が神社の真下の穴で死んで以来、この穴からは金がとれなくなった、といわれてきました。

梅地で、正月に行なう神楽を梅津神楽と呼んでいます。梅津大納言が都から伝えたといわれ、大井川、安倍川流域に広く分布する湯立神楽の一つです。ただ、ここには金丸《かなまる》という演目があって、あきらかに金属神を思わせる、赤い顔をふくらませた金丸の面を付けて舞うのですが、地元では手力男命《たぢからおのみこと》の舞だと説明されています。手力男命は金属神の一人ですから、ここ黄金の谷にふさわしい演目、芸能と考えられます。

金丸は舞台に登場すると、幣束をはげしく振ってオコリだします。「ここはケガレテイル、ケガレテイル」と、大声をあげて荒れ狂うのですが、道化役が金丸をからかうので、ますます荒れ狂います。やがて神主が出てきて、御幣で舞台の隅々を清めます。やっと金丸がその怒りを解いて静かになると、四方と中央の五方をとって舞い、舞台を退きます。

金山・金丸・天狗・山伏

大井川と安倍川の神楽伝承地の中から、この金丸を伝える、あるいは伝えていた村を地図におとしてみると、そこはほとんど金山と関係の深い村です。

井川の小河内、上坂本、岩崎は笹山金山を背後にひかえた村です。安倍川上流の口《くち》坂本、柿島は勘行峰につきあげる中河内川ぞいの集落で、この谷あいもまた金をさかんに掘った所です。

ところで金丸は、梅地、智者山《ちしゃやま》（八草《やくさ》）をのぞけば天狗の面を付けて舞うのが特徴です。安倍川の梅ヶ島、関の沢の砂金はモミジの形、天狗のうちわの形だと伝え、とりわけ関の沢の支流、トイ沢の砂金が有名でした。しかも砂金掘りをしながら沢を登りつめて行くと、かならず天狗が立っていたといいます。関の沢には金掘り穴を床下にもつ寺が一つ、金掘り穴の奥から涌く水を霊水と伝える寺が一つあります。いずれも今は曹洞宗の寺ですが、明治初年までは大日如来を本尊とする真言宗の寺で、山伏姿の者が出入りしていたと伝えます。

山伏、修験者を、呪術的宗教者としてばかりか、山に眠る鉱物資源をバックにした金属技術集団という現実的な一面をするどく考察されるのは、金属民俗学をたてる内藤正敏氏ですが、実際、安倍川奥や大井川上流の金山には、山伏と関わる地名や伝承が少なくありません。そして、山伏岳、笹山、勘行峰、大日峠、七ッ峰、天狗石山、智者山と連なる大井川左岸の尾根すじは、金鉱脈の走る尾根すじでもあります。この尾根すじは、実は山伏が回峰行《かいほうぎょう》を行なった所と考えられます。すると、大井川上流部の金鉱脈は山伏がおさえていたのではないかという推定も可能です。しかも、小河内川の上流部が山伏岳ですが、堂の平、護摩壇《ごまだん》、天狗の踊り場という地名がその斜面に残り、小河内川の奥ゴマのヨッセ付近には、石臼が散乱していたと望月さんは語られます。金鉱石を粉砕する足踏み式の唐臼《からうす》と、砕いた鉱石を粉にする挽臼《ひきうす》の両方らしいのですが、金鉱石は粉砕する前に火で焼いてもろくするのが定法でしたから、護摩壇は金鉱石を焼くための施設だったのかもしれません。

智者山《ちしゃやま》の天狗と芸能

山伏と天狗は兄弟分のような関係で語られるのが常ですが、天狗石山は、かつて尾根すじにそって大岩が石だたみ状に敷かれていたそうです。その石だたみは、天狗のなせる技ともいわれ、智者山の天狗の仕業だというのです。智者山は明治初年まで、千手観音を本尊とする修験寺院があった所ですが、安倍川の支流藁科《わらしな》川の水源祭祀のメッカとして、古くから有力寺院としてありました。大井川上流、安倍川上流域の神楽を伝える村々には、この智者山の天狗から神楽笛を習った、あるいは競ったという者が多く、八草の小太郎はその一人です。八草は智者山神社の神職高橋家がある村で、明治以前は神職と山伏が住む宗教集団、おそらく修験集団の村で、神楽をよくした村でした。小太郎は体が弱い子供だったため、智者山の天狗に、この体を強くしてくれたら一生神楽につくすと願かけをした人でしたが、笛の小太郎と呼ばれる程、笛の上手な人だったそうです。病人を笛の音で治したともいい、民俗芸能者の呪術性にみちた一面を伝えるわけですが、智者山の天狗と共に語られています。

はたして金丸を演ずる天狗が、智者山の天狗かどうか

井川メンパを作る海野想次さん（大正15年生）、周一さん（昭和23年生）親子。5合から6合の飯のはいる井川メンパは清水、焼津などの漁師が日常的に使っていた

は別としても、金丸の演目を伝えた村々の多くが金山と関わり、そこに金属技術集団としての山伏の影が、金丸の背後にたちあらわれてくるのです。

　この黄金の谷を伝える長島や梅地は、もう数年でダムの水底に沈んでいきます。下流広域多目的ダムとして建設される長島ダムがそれで、大井川本流に建設される最後の大型ダムです。

山の木は水を育み　人々の生活に糧を与えた

豊かな水を育んだ山

　全長一八〇キロ余の大井川は、その流域が静岡一県にすっぽりとおさまり、行政的に便利だったからだともいわれていますが、何よりも東海道という主要産業地帯に河口を開き、水量も豊かだったため、昭和になると次々とダムが建設されました。現在大井川の総発電量は六〇万キロワット程で、この発電のために利水の九四パーセントを使っています。まさに大井川は発電の川です。しかし、この豊かな水量を支える森林もまた近世、近代に果した役割が大きかったのです。

　江戸時代、元禄から弘化（一六八八〜一八四八）にかけて、紀伊国屋、天満屋、信濃屋などが大量の木材を伐り出し、ことに紀伊国屋文左衛門は、大井川上流部の天然の桧《ひのき》を中心として五〇万両も儲《もう》けたといわれます。

　明治以後は大倉組（東海パルプの前身）、加藤山林、平口木材などが、上流部から流送で運び出しています。流送を川狩りとかバラ狩りといいました。

川を埋めつくす流送材

　雪解けの四月、木曽などから来るヒヨー衆という木出しの人たちが山へ入り、一〇月末、川へ集めた木材を流しはじめます。木材には会社ごとにそれぞれブチ抜き、刻印、切り判などの目印がしてあります。流送にかかる日数は井川から島田まで一〇〇日程だったといいますから、人が歩くより遅いというより、一寸刻みにしか進まなかったのです。何しろ東海パルプの最盛期には、川狩りの先頭が井川の田代に着く頃、尻手がはるか上流、伐採の前進基地の椹島《さわらじま》をやっと出る段になったといいますから、川を埋めつくす木材の厖大な量が流送の速度を遅くしていたのです。

　川狩りがはじまると、井川の村ではヒヨー衆のフトンを運ぶ仕事が入ります。バラ材の上に乗って流送の仕事をするヒヨー衆の宿はどの集落にもありましたが、フトンは上流から下流へ村の女衆によって継送されていったのです。田代から長島までが井川の受け持ちでした。木材はこの間およそ五キロを、一〇日程かけて通過していきます。長島から奥泉《おくいずみ》までになると、三〇日程もかかったといいます。何しろアユも引き返した接阻峡のまっ只中で、急流のなかに大岩や沈み石が多く、木材が岩にからんでしまうと動きがとれなくなります。からんだ木材を一本ずつほぐして通したというほど、ヒヨー泣かせの谷間でした。当然、危険も多く、ここで死んだ人の名前をつけた岩場も何ヶ所かあります。

井川メンパの継承者

ヒヨー衆の移動と共に宿を追って、くの字になってフトンを運んだ井川の女衆を見て育った海野想次さん（大正一五年生）は、現在井川メンパを作る唯一の人です。まだ井川が安倍郡井川村であった頃の森山村長が、村の大切な産業であるメンパの技術を継いで欲しいと頼みにきたのは、想次さんが井川森林組合に勤めていた四二歳の時でした。

その頃メンパを作っていたのは、想次さんの実父の木村定一さんと森竹芳良さんだけで、二人とも高齢で跡継ぎがいなく、技術の絶えることを村長は心配していたのです。子供の頃に多少は父親の仕事を見て育ったので、作業手順などは知っていましたが、四〇歳を超えての転職ですから悩みました。ようやく決心した昭和四二年の一月末、頼みの定一さんが急死されたのです。

父の葬式をすませた二月一一日、静岡に出ていた実兄のもとでメンパ作りを習うために、雪の降りしきる井川をあとにしました。雪に白くうまった谷あいを眺めながら、これからメンパ作りをやっていけるのかと、心細くなったそうです。

修業と工夫

静岡で三ヶ月間、必死に習い、初夏、一番茶のさなかに井川へ戻ってからは、一人で四苦八苦のメンパ作りがはじまります。最初の冬、つなぎ目に使う糊であるサビが凍りつき、次々にメンパがはぜていく。その時にはつくづく井川の冬がうらめしくなったのですが、この井川の冬を越すメンパを作ればいいのだと、自分に言い聞かせました。

想次さんが作りはじめて二年目、森竹芳良さんが他界して、森山村長の言うとおりになってしまいました。しかもその頃は、アルミの弁当箱が出回り、メンパの需要も減っていきます。そのために跡を継ぐ人もいなかったのですが、想次さんはアルミの弁当箱の型をメンパに取り入れ、四角い平型のニューム型のメンパを作りました。これが受けて少しは息がつけたのですが、ひところのような需要には遠く、売り子というメンパ専門の行商人も次々に減って、とうとういなくなりました。

売り子は井川の本村に何人かいましたが、それぞれ得意先があって、メンパを下ろすとともに帰り荷をもってきて、井川でも商売をしたといいます。大井川や藁科川ぞいの茶所、平野部のミカン所、興津《おきつ》、清水、焼津《やいず》などの漁師町などが主な得意先で、労働の激しかった人々には、五合から六合入る井川メンパは日常に使われていたのです。

丈夫さが取り柄

売るだけでなく、修理もあります。底板には製作者の銘が焼印で入れてあり、売り子は銘を確かめて持ち帰りました。たいていは一代前が作ったメンパが修理品で、井川メンパは確実に一代は使える丈夫さを持ち、またそう心がけ作られてきたのです。

井川メンパは丸型で代表され、これは木のなりを自然に丸く曲げてつなぐため、角型や小判型のように、切りこみを入れて曲げるものより丈夫なのです。さらに、昔はオハグロもまぜたといいますが、澱粉《とのこ》とウルシで作る糊であるサビと、ウドン粉とウルシをまぜた糊のコクソを要所へ使って、バラけない工夫がしてあります。曲げた板を山桜の皮で縫うカバ縫いの部分にはサビを使います。サビは接着力はコクソより劣りますが、固まると石のようになってすり減りを防ぎます。コクソは底板に使い、胴とうまく接着させる役目をします。

中山道で売られた木曽メンパは、このサビを省略してあり、カバ縫いだけの結合処理できゃしゃに出来ています。街道すじの木曽では、都会人好みになっていたのでしょうか。井川メンパはその点、使う身になって丈夫さを第一としてきたのです。

カエルの声を待つ

昔は冬の間に下ごしらえをし、春、カエルが鳴きだすとウルシ塗りを始めました。ウルシは湿気がないと乾かないので、カエルの声が聞こえると、これでやっと完成品が出せると喜んだそうです。近年は二〇日間周期で、一二〇個位を下ごしらえからウルシ塗りまでしますが、それも湿度や温度を調節できるムロ（乾燥室）が出来てからのことです。昔のメンパ屋さんは、ムロの前にカエルが棲みつくようなドロ田をつくり、湿気をよび、カエルの声をあてにしたそうです。

メンパの材は、今はすべて桧《ひのき》を使います。想次さんが聞いているところでは、昔はトウヒを使ったのだそうです。奥山から下流へ流してくるクレンボを拾いあげ、板に割ってうすく削ります。クレンボはクレ木ともいい、屋根ふきに使うささ板を割り出す木です。トウヒを一間位に切って上流から流したのです。このトウヒは割り材に適していました。木材を板目にそって割る割材法はずっと昔からあって、安倍川下流にある登呂《とろ》の水田跡に、畔板としてみられます。

トウヒはウルシを吸いすぎるため、ウルシののりが良い桧材が上等品として昔からあったのですが、トウヒの方がより手軽な材だったのです。桐材のメンパもありました。かつては井川周辺で桐の良材も出たのです。天然の桐材だとは考えられませんが、下流の藤枝の桐ダンスが産業になった要因なのです。

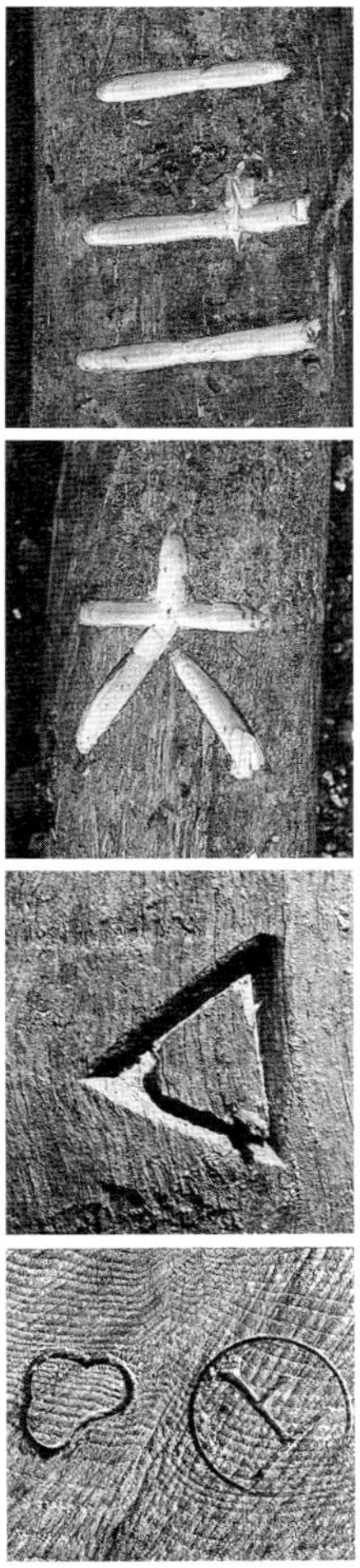

大井川を流送される木材には会社ごとに刻印や切り判などの目印がつけられていた

曲物《まげもの》を伝えた人・くり物を作る村

井川メンパがいつ頃から作られるようになったのかはわかりませんが、小河内に伊勢の宗法《そうほう》という行者が来て、曲物作りを伝えたのが始まりだといわれています。伊勢の宗法は初めなかなかその技術を村人に教えようとしなかったのですが、どうしてもと頼むと、これからヒヨンドリという行事を村でやるならという条件で教えてくれたといいます。

以来、小河内では毎年正月元日の朝、ヒヨンドリという火伏せの行事をずっと続けてきました。行者が技術を伝えるかわりに、宗教行事を村人にやらせたというこの伝承は、芸能や神事の伝播の一つの形を物語っていて興味ある問題といえます。

井川の村はかつては木工芸がさかんで、メンパ以外にもいろいろなものを作っていました。それに関連して、想次さんはこんな言葉を教えてくれました。

「井川メンパで上坂（上坂本）神物、小河内ヒシャクなら田代はロクロ」

大正時代までは、井川本村ではメンパ、上坂本では三方や神鉢などの祭器、小河内は桧を使った柄杓、田代はロクロ細工といったように、集落によって作るものに特色があったのです。田代では水車動力でロクロを回し、主に和傘の軸を作ったそうですが、西洋傘の普及で終ってしまいました。

ところで、他の集落はすべて曲物なのに、なぜ田代だけにロクロ物、つまりくり物細工が成立したのでしょうか。ロクロ師、ロクロ沢、ロクロ小屋などの地名は、井川の周囲の山に散らばるようにあり、昔からの地名だといいます。したがって、田代のロクロ技術が新しいことだとは思えません。田代にだけ曲物技術がなかったというより、むしろ田代がどのようにしてロクロ技術を専有してきたか、という問題なのかもしれません。今後も考えてみたいことの一つです。

山河無尽の資源を求めて 人々の交流も無尽

旧井川村は、本村に岩崎、上坂本、大島、小河内、田代の枝村をふくみますが、本村には長島姓が多く、大島は大村と滝浪姓、田代は滝浪、左岸の小河内、上坂本、岩崎はいずれも望月姓が多く、小河内にある大村姓をのぞけば、ほとんどが望月の名字です。

望月姓の家は、いつ頃か定かではありませんが、信州→甲州→井川へと移り住んできたという伝承を持ち、金山を追っての移動だといわれます。安倍川流域でも、金山と関わる村にはたいてい望月姓があるのが普通で、村の金山《かなやま》神社か、山の神を祀る社《やしろ》の鉤取り《かぎとり》（社の管理者で司祭者的性格もある）であることが多いのです。おそらく、かつては金山衆、山師と呼ばれた金属技術集団と考えられ、甲州から金山を追ってという望月姓の家の伝承は、信じていいのではないでしょうか。

田代に多い滝浪姓は、信濃俣を越えた信州に多く、諏訪神社と共に移り住んだと伝えます。田代はかつてロクロ師の村だったことは前にふれましたが、ロクロ師は木地師と深い関係があり、良木を求めて山中を移動する集団としても知られています。おそらく焼畑とロクロ技術をセットに、信濃俣越えをして井川の谷へ移ったのではないでしょうか。そして、そのロクロ技術の生産物が、今度は大日峠を越えて安倍川を下り、駿府へ出荷されるという生活ネットに乗って、定住するようになったと考えられます。しかも彼らは狩猟技術にもたけていました。信濃の諏訪大社へ鹿の頭が祭礼のたびに並べられるのはよく知られていますが、かつては田代の諏訪神社へも鹿の頭が供えられていたのです。またヤマメ祭りという、魚の捕獲儀礼を今も厳粛に伝えている点でも、狩猟技能集団であった側面の強い村です。彼らの信濃俣越えの伝承もまた大いに信じられるところです。

金塊を御神体とする谺谽石《こだまいし》神社を祀る梅地は、京都から移り住んだ梅津大納言をその柴切り〔草分け〕として伝承しています。

大井川上流部の村は、山を越え、あるいは川を遡行して移り住んだ人々が

深い峡谷を刻む接阻峡の閑蔵集落（榛原郡川根本町）の嫁三代。三人とも背後の峡谷にかかる吊橋を渡って嫁いできた。ふみさん（中央）は、大正4年の10月、焼畑の出作り小屋に泊まっているとき、登ってきた父に、「ゆうべ、閑蔵の勝太郎さんへやると決めてきた」と告げられた

先祖として語られ、しかもこの谷間、大井川上流部のとてつもなく大型の資源をその生活の糧とした共通性があります。伊勢の宗法もやはり移ってきた技能者で、しかも呪術性を秘めた宗教者でもありました。彼は個という単位の移住者でしたが、やはり上流部の豊かな資源に生活を託した一人でした。

その伊勢の宗法《そうほう》が伝えた曲物技術が、小河内をはじめとした村単位に拡張される背景には、中世から近世にかけて産業文化の動脈となった東海道に、大井川が河口を向けていたことがあります。紀伊国屋が大井川に木材を求めたのも、やはり江戸に近いという条件下で、駿河湾という海の東海道に河口を開いていることが、最大の魅力だったのでしょう。また大井川上流部は大日峠をはじめ、いくつかの峠で安倍川に直結して、その下流の駿府という都市と結びつきます。これも大井川上流部を考える上で重要なことでした。

大井川が産みだす電力は、東海道筋の産業発展に欠かせない電力資源として、今日の大井川の位置づけを明確にしています。つまり、東海道が産業ベルトとしてクローズアップされればされるほど、大井川は、大井川上流部はその役割が大きくなっているのです。このことは、上流部のスケールの大きい資源をどう生かすかで、海岸部が活性化することでもあったわけで、時代の流れの中で、絶えずプロフェッショナルな技術者集団が上流部へ送りこまれ、移住してきたという歴史があるわけです。

現在、上流部にはさらに三つのダム建設が予定され、中部電力の技術者が活動しています。田代の滝浪忠さんの民宿はその定宿になっています。同宿した若い技術者たちが、なぜか神楽の大助《おおすけ》とイメージがダブったのも、大井川上流部の宿命のような背景が用意されていたからでしょうか。

下流部、藤枝の滝沢は田遊びを伝える村として知られていますが、この村からかつて鉄索道が千頭《せんず》の奥、沢間《さわま》まで延びていたのを知る人も、もう少なくなりました。上流部からは炭と椎茸と茶と紙が、平野部からは米と日用品と干魚が鉄索道で運ばれたのは、大正時代でした。滝沢の田遊びに登場する早乙女は、安倍川の奥の早乙女として詞章に語られ、山中の早乙女が平野部の水田稲作にかけがえのない来訪神としてあった歴史も、やはり知っておく必要があるでしょう。また、平野部の娘たちが、お茶摘みさんとして上流まで順次茶畑を移りながら登り、帰りは大井川を船で下ったのも、もう語り草ですが、人々のはてしない交流は、その流域の資源と産業にたえず関わることで成立していたといえます。

大井川上流部がこれからどんなメッセージを放ってくるのか……。それが実は平野部の要望と無縁でなく成立する点で、中世以来の変わらぬ一つのパターンなのです。

越前——浦々の漁撈

文・写真　森本　孝

魚市場に水揚げし、船揚場に帰ってきた小樟の漁船。これから船揚場に引き上げ作業が始まる

雪を被った越前海岸梅浦の集落と漁港。対馬海流のせいで海岸部では積もった雪も数日で消える

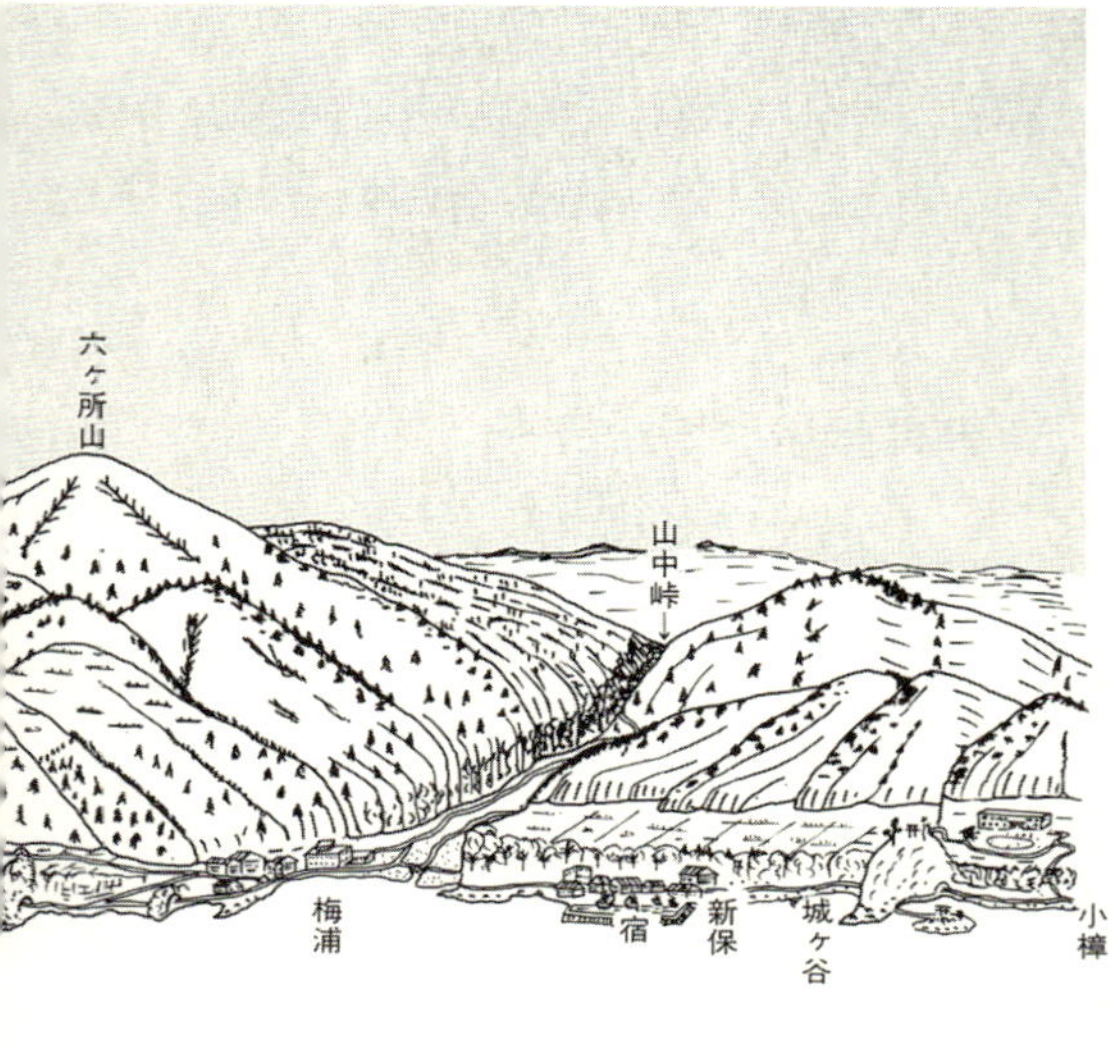

図・森崎範行

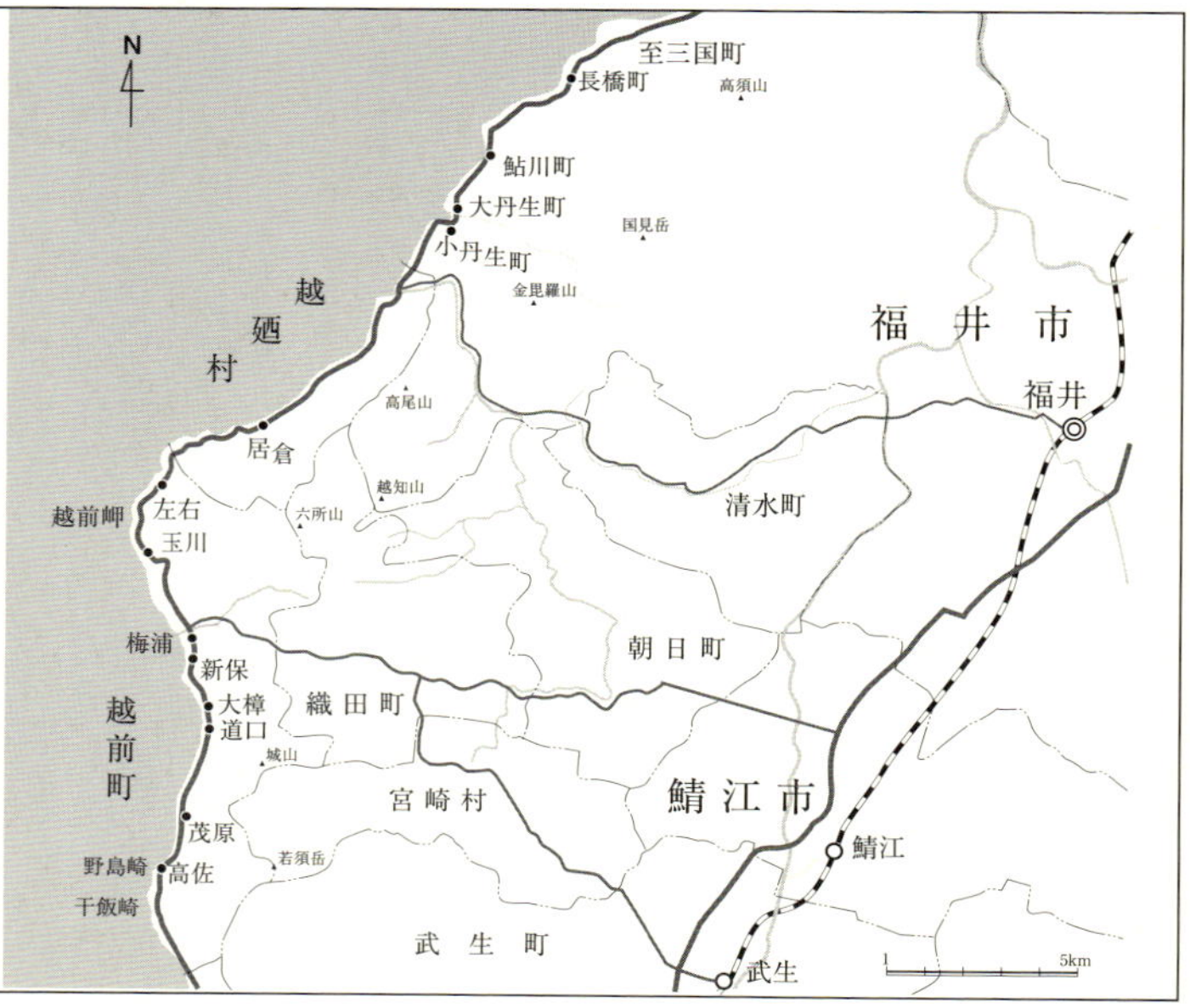

四《し》ヶ浦《うら》を訪ねる

昭和五二年の一一月一五日、京都府丹後半島東岸のブリ漁で聞こえた漁師町伊根《いね》で、甘酒祭りというごくささやかな祭りを見たことがある。伊根湾の入口に浮かぶ青島にある蛭子《えびす》社の蛭子様のご開帳があり、漁協の代表者数名が鯛、握り飯、甘酒を蛭子様に捧げるだけの目立たない祭りであった。蛭子社も祭りの規模にふさわしくごくささやかなものであった。

　この祭りの時、伊根漁協の人から興味深い話を聞いた。青島の蛭子様は若狭湾の対岸の四ヶ浦というところから盗んできたもので、秘密にしている、というのである。ある伊根の漁師が、漁に出て四ヶ浦に漂着し命を拾った。そこでお礼に四ヶ浦の蛭子様におまいりしたところ、蛭子様が、

「私はここでは大変粗末に扱われている。聞くところによれば、伊根は良い所じゃそうだから、是非、私を連れて去んでくれ」

と言ったという。そこで伊根の漁師は誰にも気づかれぬように、子供を背負っているように装って、蛭子様を伊根にお連れしてきたとの話であった。

　不思議な話だと思った。単なる昔話かも知れないとも思った。後で調べてみると西日本の農漁村に多く見られた恵比須盗みの伝承だとわかった。だがこの時以来、四ヶ浦という地名が私の記憶に残った。もっともその夜、日本地図で四ヶ浦の地名を捜したが見当らなかった。見当らぬはずで昭和三〇年に四ヶ浦町はその南の城崎村と合併して越前町と町名を変えていたからである。ちなみに、明治二二年の町村制施行以前、四ヶ浦は今日の越前町の梅浦《うめうら》（その頃は下海浦《しもうみうら》、上海浦に分かれていた）、宿《しゅく》、新保《しんぼ》の四集落を指していた。明治二二年に上、下の海浦が合併して梅浦となり、その梅浦、宿、新保、小樟《こごのぎ》、大樟《おこのぎ》の五ヶ浦で四ヶ浦村が生まれた。それが明治四〇年に玉川、血ヶ平《ちだいら》、左右《そう》、梨ヶ平の旧上岬村を吸収して四ヶ浦町となった。さらに、昭和三〇年に旧城崎村

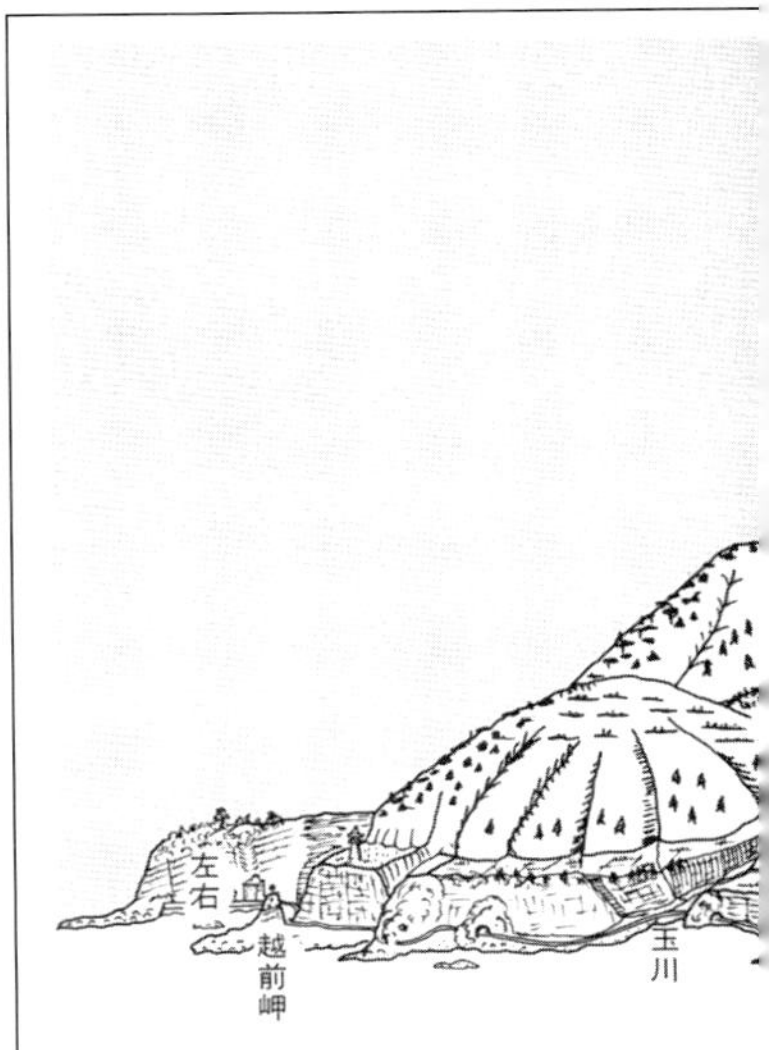

船揚場と山際の民家の間を狭い道路が走る

（道口《みちくち》、厨《くりや》、茂原《もばら》、高佐《こうさ》、米ノ《こめ》、六呂師《ろくろし》、午房平《ごぼうだいら》）と合併して越前町になったのである。伊根の蛭子様が四ヶ浦村の時代に来たのか、あるいはそれ以前か、私には見当がつかない。

その越前町を初めて訪れたのは昭和五五年の夏である。私と同じ日本観光文化研究所の仲間の鈴木清君と二人で越前海岸から能登半島にかけての漁具の調査、収集をすることになり、約一週間ばかりを左右《そう》から福井市の鮎川までの越前海岸で過ごした。夏の盛りのことで越前海岸は観光客で溢れていた。どの浜辺にもカラフルな水着が花と咲いて大変眩しかった。漁具の調査や収集は順調に進み、一週間で七、八〇種類を収集、調査でき、まずまずの結果であった。

収集した漁具の中には桐と杉板製の二種類の筏が含まれていた。越前町の北端の左右とその北隣の越廼村《こしのむら》居倉《いくら》でワカメ漁に使用されているものである。プラスチック船の時代に今なお素朴な筏が漁に使われているのが私には驚きだった。左右の筏は杉板を七、八本針金で結束したもので、筏とは言わず板舟と呼んでいた。居倉の筏は桐丸太を結束してあり、この方は単に筏と呼んでいた。何故隣り合せの村で筏の材が異なっているのだろうか。それにも増して何故今の時代にイカダが用いられているのであろうか。そのことを疑問に思いつつも一週間の予定がすぎ、私は能登半島に向けて漁具と漁船の収集のために旅立たねばならなかった。

その後、翌年の冬と翌々年の秋に各々一日ずつ通りがかりに越前町に立ち寄っている。冬の時は越前水仙の盛りの頃で、水仙を刈る様子を写真に収めたが、秋は団体旅行で夜着いて朝には発つというあわただしさであった。

長短含めて三度の越前の旅で心残りなのは四ヶ浦村時代の梅浦、新保、宿などの越前の村を歩いていないことであった。そこは藩政時代から漁の盛んな浦々で、今も越前町の中心である。そこでこの冬の一月末、思いたって四度目の越前へ旅立った。

水仙の咲く浦へ

越前海岸へは武生《たけふ》から向かった。武生はかつての越前国の国府の置かれた所で、国分寺跡もある。町並みも土蔵作りや紅殻格子の家並みが残っていて落ち着いたたたずまいの町だ。その武生の駅前から越前町方面行きのバスが出る。私は昼少し前のバスに乗った。武生市街を出ると野も山も一面の雪野原であった。その雪がとけた春には広大な水田が拡がっているはずである。国府が置かれた理由もそこにあるのだろう。

越前の陶芸村で知られる宮崎村や、剣神社で知られる織田町を経て、越前海岸と内陸の盆地を隔てる南条山地の山中トンネルまでは五〇分ばかりだった。トンネルを越えるとバスは小さな沢沿いに急な道を下っていく。トンネルを抜けると雪は全くなかった。越前海岸と内陸部の盆地を隔てる山塊は標高わずか五〇〇～六〇〇メートルにすぎない。ただそれだけの山塊があるだけで一方は雪、一方は全く雪が積っていないのである。海岸部でも雪は猛烈に降る。実際、翌日の夕方頃から越前海岸はすごい吹雪になり、まる一日続き、家も山も真白になった。だが、二日もせぬ間に雪は消えてしまった。対馬暖流のせいで、内陸よりは暖かいのである。越前で暖地を好む水仙が栽培されているのもうなずけた。

やがてバスは山を下り切って梅浦の海岸に出た。そこから北へ海岸線を辿ると玉川、左右を経て三国に至る。南へ辿ると旧四ヶ浦を経て河野村、敦賀である。ただし、武生からのバスは越前町の南端、干飯崎《かれいざき》まで行って、そこから再び元きた道を引返す。

梅浦、新保、宿とバスは海と山とのわずかな狭間に建てられた家並みをすぎて行く。家並みは切れることなく

ひっそりとした雪の城ヶ谷集落

小樟漁港と魚市場。集落背後の山は薪山と畑地（樹木のない箇所）に利用されていたので、植林は見られない

続いている。そのところどころに「越前ガニ」と大きく看板を掲げた鮮魚店も見られる。表にカニをゆでる釜を置いてある店もあった。通りがかったマイカーの行楽客が結構ひんぱんに立ち寄っては買い求めて行く。

梅浦から城ヶ谷隧道までは、高い堤防が海から家並みを守っている。冬の海の時化はものすごく、かつては家々にまで波が押し寄せ、流失した家屋や死亡者も出たという。堤防の外は舟揚場になっている。どの浦の舟揚場もびっしりと二トンから二〇トンクラスの船が引揚げられている。電気用の碍子を付けた電線が張られている船が多かった。多分、イカツケ（イカ漁）船なのであろう。また、正月以来出漁していないのか、長い竹棹の先に松を結びつけた、正月飾りがそのままの船も多かった。後に聞いた話だが、かつては正月三日の船祝いには、船主や乗組員一同で御神酒、お米、大根二本、昆布、数ノ子、煮豆を船の神様に供えた後、乗組員の中の若い衆が、

「千両、万両」

と大声で叫びながら、丸い浜の石で船腹をゴンゴンと叩いて回る習わしがあった。そのゴンゴンの音を聞きつけて、おさがりをもらいに子供たちが大勢集まってきたそうだ。

城ヶ谷隧道を抜けると小樟であった。越前町の中では最大の漁港で、越前町漁業協同組合もそこにある。ひとまず漁協で越前町の漁の様子を伺おうと小樟でバスを降り、漁協に向かった。

消えたズワイガニ

漁協は素晴らしく立派な五階建ての建物の中にあった。そのすぐ横には魚競りの行なわれる市がある。それも広々としている。漁協の建物や市の様子から、越前町が漁業で成り立っていることが察せられた。

漁協では参事の古川瀧三さんが私の相手をしてくれた。古川さんの話では越前町の漁協組合員は約九〇〇名であるという。越前町の男の総人口が約三九〇〇人で、そのうち就業可能と思われる一五歳から六四歳までが二六三五人であるから、およそ三分の一が漁で暮しを立てていることになる。ちなみに昭和五五年の総世帯数は二〇三三戸で、漁家は九〇一戸。組合員とほぼ同数を示している。数字の上からも越前町の基幹産業が漁業であることが確かめられた。

その漁業だが九月から翌年五月までの小型底曳き網漁と、ほぼ年間通しての一本釣り漁、なかでも一本釣り漁ではイカ釣りの占める割合が大きいという。その他にはサバ、イワシなどの巻網が一ヶ統、ブリ、タイなどの大敷網が三ヶ統あるということであった。底曳き網漁船数は七五隻、たいてい五人乗組みだから、三七五人が底曳き網漁に従っており、イカ釣り漁船は約一五〇隻、二〜五人乗組みというから、三〇〇〜七五〇名が乗っている。だから越前町の漁の大部分は底曳き網漁とイカ釣りで占められているわけだ。

底曳き網漁はアカガレイ、エビ類、バイ貝などを九月頃から始め、一一月中旬のカニ解禁と共に越前ガニを曳き、三月の禁漁と共に再びアカガレイなどを五月まで曳く。六月から九月の間は操業しない底曳き船が多いが、イカ釣りやバイ貝漁に切り替える船もある。また、イカ釣り漁船は大部分が五〜一〇トンで近海漁中心だが、一〇〇トンクラスのイカ釣り漁船も結構あり、それらは隠岐島、五島列島、北海道、下北半島方面へも出漁している。

また、古川さんからは底曳き網漁の売り物の越前ガニが最近ではすっかり獲れなくなったという話も聞いた。獲れるのは解禁日から一、二日間で、後はさっぱりで、一網に越前ガニが一、二匹入っていれば、「ほう、ズワイが入っとるの」といって珍しがるほどだという。越前ガニはズワイガニの雄のことである。島根、鳥取県では松葉ガニと呼んでいるカニだ。ズワイガニの雌は越前ではセイコと呼んでいる。見かけも良く大きく、高く売れるのは雄の方である。戦後から昭和三〇年代の初め頃までは、網目の大きな袖網にまで越前ガニがひっかかってきて、「トロ箱や籠につめるのでは間に合わず、港に帰って来るとスコップで浜に放り下ろし、大きなカニの山がいくつもできた」というが、そのズワイがさっぱり獲れないのである。

実際、翌日の九時の魚市での競りでは、カレイやバイ貝、アマエビ、イカ、ハタハタなどの魚介が中心で、カニの姿は殆んどなかった。もっともズワイガニの一種で、色、形とも殆んど差のない、越前でズボガニとも呼ばれる水ガニは、多少獲れていた。水ガニでも都会の消費者にはズワイガニとして通用するが、漁師の間では峻別している。水分が多く、味も値段も大きな差があるようだ。

その水ガニさえこの先獲れなくなることが心配されていた。ズワイの漁獲の減少は、どうやらおきまりの乱獲にあるようだった。ズワイガニの雄の大きいものは甲羅長で約二〇センチ位ある。その大きさになるのに少なくとも十数年かかる。二〇センチもの甲羅のズワイが獲れていたが、今では一〇センチぐらいのものが最大であるという。それでもそこまで成長するのに七、八年の年月を経ている。つまり、ズワイガニの生殖、成長能力をはるかに超えて漁獲し続けて来た結果なのである。

漁協を辞し、宿を捜す道々で、複雑な思いであった。漁業では漁獲が大きいほど漁民の収入も大きい。自然、大漁を願わざるを得ない。反対に、漁獲がなければたちまち飯の食い上げになる。乱獲が資源枯渇を招くのは誰にも分かり切っている。だが、資源枯渇を心配しながらも、とりあえず今日を生きるためには大漁を願い、乱獲を続けなければならないのである。はたして越前の漁民がその苦境をどう切り抜けていくのだろうか、とそのことが私は気になった。

西方から来た人々

魚競りの行なわれた日の午後は、梅浦から厨《くりや》までの海岸をオートバイを借りて走ってみた。小樟《ここのぎ》から厨までは、道の両側にびっしりと家が建てこんでいる。道口、厨の表通りは旅館、料理屋、商店が並んでいた。その狭い道を大型の観光バスやトラックが行き交い、あちこちで渋滞がおきていた。厨から南には茂原、白浜、高佐、米ノ浦などの集落が続いている。江戸時代には四ヶ浦は福井松平藩領、小樟、大樟は大野土井藩領、道口、厨、高佐、茂原は幕府直轄領であったという。海岸線が細かく分けられていたのだ。厨、高佐、茂原などは今でこそ漁家が多いが、明治末までは漁船も少なく、塩浜で暮しをたてていた。元禄一六(一七〇三)年には高佐浦一七軒、茂原七軒、厨二七軒の塩釜屋が記録されている

上　茹で上がった越前ガニ
左　冬、荒天の合間をぬって出漁した底引き漁船のカニの水揚げに魚市場は活気づく

（『道口郷土誌』仲瀬武雄著、参照）。また、高佐の発願寺文書によると、高佐は播州高砂《ばんしゅうたかさご》の塩民が移り住んで塩浜を開いたもので、故郷の地をしのんで当初は高砂《たかさご》と称していたが、いつからとなく高佐《こうさ》と呼ぶようになったという。

案外その通りなのかも知れない。塩浜の開発に播州塩民の進んだ技術を借りたことは充分考えられるからである。また越前海岸には、他にも他国の人が拓いた集落が点々とある。越前町では新保の内にある小字城ヶ谷がそうである。福井市の白浜町、鮎川町の字清水谷も他国からの移住者が住みついて拓いた。城ヶ谷に移り来た人々は四人で、漁をもっぱらとし、古くからの土地の人には「反《そ》り子」と呼ばれたという。城ヶ谷の相木家文書にはその呼び名の由来を、「反り高成る船に乗参り候故、自然と異名に呼び候」と説明している。反り高はソリコと読むのであろう。反り子という呼称の船が島根県の中海に存在している。昭和三〇年代後半まで中海での赤貝漁に使われていた丸木舟で、舟の表が反り上り、まるで三日月を思わせるような美しい舟である。中海沿岸では反子と書き、その呼称は、反り返った船形から呼ばれたと伝えられている。相木家文書の「反り高成る船」を思わせる形状の船なのである。また、かつては中海だけでなく、広く出雲地方で使われていたから、城ヶ谷の人々の出自が出雲地方あるいはその周辺部であることは推定できそうである。実際、その他の文書にも、「出雲国城ヶ谷」、「雲州猪野津」、「石見国湯の津」、また「出雲国エノチ浦から罷越候様」とある。また移り来た年代は文書によってまちまちで慶安年間（一六四八～五二）、慶長九（一六〇四）年、あるいは享保二〇年（一七三五）年より一二〇～一三〇年前、などと書かれていて、何年とは特定できないが、一七世紀半ば頃までに移り来たことが推定できる。

また、鮎川の清水谷や白浜では「ベザイ」、「尻《し》り子」と呼ばれ、移り来た年月、地域も城ヶ谷とほぼ同様の文書が残っている。尻り子は反り子を間違えて記したものであろう。これらの人々は明治末期まで「村無し、山無し、アバラ無し」と言われるなかで、沖での漁をもっぱらとして暮してきたという。越前海岸に、西国から移り来た人々の拓いた集落が点々とあるのは、興味深く思われる。

その日は空模様も怪しくなり始めたので、厨までで引返し、雨や雪の来る前に写真を撮っておこうと思って、大樟の台地の上に登った。厨までは一筋の家並みが切れ目なく続き、その向こうに茂原の集落や干飯崎も眺められた。典型的な海岸段丘で段丘下の海辺に集落が、背後の段丘には畑が拓かれているのが見える。人の住んでいる空間はごくわずかで、畑も山塊に埋もれて目立たない。しかし、海は圧倒的な質量で集落の前に拡がっている。その海に頼りさえすれば、たとえ土地は少なくとも、水仙も咲く暖地の越前海岸は案外と住みやすかったのではなかろうか、と思った。他国の人を受け入れる余裕も海があればこそできたのであろう。また諸藩が海岸を分割して持っていたのも、その海の豊かさのためでなかろうかとも思った。

波濤に漂う暮らし

越前町の漁の中核をなす底曳き網漁やイカ釣り漁のことは、新保の井上菊次さん（明治三七年生まれ）、宿の林伸之さん（大正四年生まれ）、小樟《ここのぎ》の浜野千太郎さん（明治三五年生まれ）らから聞いた。

井上さんや浜野さんが漁を始めた大正の初め頃は、底曳き網漁は手繰網漁《てぐりあみりょう》と言っていたという。文字通り、手で網を繰り揚げていたからである。漁船ももちろん動力船でなく、帆走櫓こぎの和船で六尋《ひろ》から八尋ぐらいの長さがあり、各々、六尋舟、八尋舟と呼ばれ、八人乗組みであった。

ソリコ舟。昭和40年代まで島根県中海で使用されていた

小樟の元舟大工木村島造さんの著した小冊子『とざきを眺めて八十年』は、当時の和船の事情に詳しく、次のように記している。

「舟は板で三十五尺位、幅は六尺九寸。（中略）帆柱は三本で大柱の長さは三十尺、次はアテ柱で三十七尺、三本目は小柱でチンチン柱とも云い二十尺、これはごく風が強い時に立てる。柱は風の強弱によってその都度立て換える。（中略）帆はゴザで備後産。（中略）明治の末にはゴザ帆は綿布に全部かわった。（中略）櫓は丸腰鵜ノ口が一丁と、その他に三丁ある。……」

井上菊次さんが初めて手繰船に乗ったのは一四歳の春だという。越前では漁船の乗組員のことを乗手とか中乗りとかいう。初めて乗組む者は乗手ボウ（坊）と呼んだ。分《ぶ》（漁の配当・分け前）も六、七分しか当たらない。だが、井上さんは初めから一人前の分が当たった。一四歳の春といえば既に二〇貫の荷をかつげたし、何よりも井上さんは九歳の頃から漁の経験を積んでいたからである。

その辺の事情に触れておくと、井上さんは越前の生まれではない。福井市の生まれで、父親が早く死に、七歳の時に越前の漁師の家にもらわれた。口べらしのためである。当時、越前には井上さんのように山村からもらわれてくる子供が多かった。それを越前では養い子と呼んでいた。その養い子は漁に出されるのが早かった。最初に乗ったのは川上という爺さんの三尋舟、一一歳の時にはまた別の爺さんの三尋舟に乗った。そして、夏はイカ釣り、秋から春にかけてはサバの延縄漁やタイの一本釣りをしたという。後に乗った舟の爺さんは厳しく、「櫓を漕ぐのが下手だといってはムチがとんできた」という。分はもらえなかった。だが、正月前に一〇銭、四月三〇日の祭りに五銭、八月の盆前に五銭、一〇月二〇日の祭りに五〜一〇銭と小遣い銭はもらえたそうだ。

手繰網漁は一〇月二〇日の祭りがすむと始めた。そして三月いっぱいで終った。一一月中旬頃まではワガメー（我が前）と呼ぶ越前岬沖合で主にアカガレイを狙って

梅浦の船揚場と集落。山の裾野は畑に利用されている。鯖江市からのバスは写真の右手の山裾からやって来る

曳き、それが終ると越前ガニを三月まで曳いた。越前ガニはワガメーでも曳いたが、ヤワズグチと呼ぶ京都府成生岬のずっと沖合の漁場のカニが、太っていて最高の値がついた。そしてヤワズグチの漁場に行くことをニシユキ（西行き）と称していた。

手繰網漁は相当に厳しい漁であった。例えばニシユキの場合は風があれば帆でも行けたが、なければ四丁櫓で交代で漕いで行った。帆なら四、五時間で行くところを、櫓なら七、八時間かかる。夜中の一時に出漁し、七時頃から網をいれ、夕方頃に漁を終えて夜の一二時頃に帰港する。天気さえ良ければ水揚げをすますと、すぐそのまま出港した。休む間とてない忙しさであった。

網打ち（網入れ）がまた大変であった。手繰網は一六〇〜二〇〇尋の海底を曳く。網につけたロープだけでも五〇〇尋の長さになった。舟を横にし、ロープの各々の端をオモテの船梁とトモ側にある腕船梁に結び、風があれば帆を横に張って風にうたせ、三丁の櫓と四丁の櫂を漕いで曳いた。風がない時は四丁櫓と四丁の櫂だけで漕いで曳いた。カニが網に入っていると容易に網は曳けるものでなく、真冬の雪の舞っているさ中にサックリ（裂《さき》織《おり》＝細長く裂いた布を横糸とした織物の衣類）の下にシャツ一枚で曳いても、汗がしたたり落ち、口から粘った液が出るほどの力仕事であった。網を舟に繰り揚げるのも人力で、手がはれあがった。網入れから網揚げまで約二時間かかり、一日に三、四回やったというから、体力のない者には務まらない漁だったのである。

井上さんや浜野千太郎さんは、また、北海道方面へイ

漁師の町の魚屋さん。店主は元は手繰網漁師や魚の行商をしていたという

カツケに行った体験も持っている。井上さんは一三歳の時に、浜野さんは一四歳の時（大正四年頃）に行った。井上さんは八人乗りの和船で、越前を出て灘づたいに新潟に行き、佐渡、飛島に寄って函館まで一七日間かかったという。

浜野さんは陸から行った。青森まで行き、そこから汽船に乗って下北半島の下風呂《しもふろ》に渡り、そこで当時函館に移住していた梅浦の人の舟に乗って、七月から九月までイカを釣った。

二度目は越前から舟で行った。梅浦の人の八尋舟でその船頭として行った。帆をあげても向かい風ばかりで、函館まで三一日間もかかったという。風が無いので沖合一〇〇メートルばかりを舟を通していたら、いつの間にか八郎潟に迷いこんで困ったこともあった。

この時は北海道の福山に行き、そこに移住していた梅浦の人（船主）から食糧や漁具の仕込みを受けて下風呂に渡った。下風呂では番屋に泊りこみ、夜はイカを釣り、日中はイカを割いてスルメを製造する生活を三ヵ月間続けた。

しかし漁期が終って精算してみると、分が全く当たらず、全くの無駄働きであった。舟は北海道の船主に帰すことになったが、越前まで帰る旅費もない。そこで同じ越前から下風呂に移り住んでソバ屋を経営していた叔母さんに汽車賃を借りて、ようやく帰ることができたという。

越前から北海道方面へイカを追って出漁するようになったのがいつ頃からなのかはよくはわからない。おおよ

大正２年の白浜集落の風景。神社や石を敷き詰めた澗（船揚場）が描かれている

そ明治の初め頃と思われる。出漁してそのまま居つく者も多かった。『越前町誌』によれば、明治二五年は「特に大不漁で米を求める金もなく」、さらに二九年は「不漁打続き北海道、青森に出漁する人が多かった」とあるから、地先漁業の不振が、他県の海へと出漁をうながしたのであろう。浜野さんが北海道に渡った大正四年頃も、「大正初年から鰯、鯖、イカの回遊が激減し、大正四年が、ドン底の貧困状態」であったようだ。浜野さんはその後、丹後の田井町の大敷網《おおしきあみ》の網子として五、六年行ったというが、それも不漁の影響だったのであろう。

大正四年生まれの林伸之さんの時代は既に機械船の時代だった。大正一〇年代には焼玉エンジンを備えた手繰船が流行しはじめていたのである。そこで、これからは機械船の時代ということで、林さんは大黒丸という八尋の焼玉エンジンの船に乗り、機関士見習いをやり、二二歳の頃に機関士となった。そして六五歳で現役を退くまで、ずっと機械底曳き船の機関士を続けてきた。

林さんの乗った大黒丸は、一〇月～三月の手繰網を終えると四月からはイワシ、アジ、サバの流し網をやった。六月からは普通はイカ釣りだったが、林さんの舟はシイラ漬け漁をしたという。シイラ漬け漁は新保では二隻だけで、その乗組員は「エライ目」にあったという。シイラ漬け漁は孟宗竹を一二、三本束ねてその下にアンカーを打って海上に浮かしておく。それを活舟《いけぶね》と呼んだ。シイラは陰を好むので、陰を人工的に作っておくのである。そうしておいて陰に集まったシイラを釣りあげるのである。活舟のアンカーを結ぶ縄は藁でなった。四〇尋の長

昭和54年の白浜（右の絵と同じ場所）。澗はコンクリ製に変わった

さの藁縄が一二、三本必要なのだが、漁の期間中は、漁のない日でも藁縄編みの仕事があって、夜昼の別のない忙しさであったという。

当時の精算は漁を切り替える毎に行なった。一回の精算で欠損すると次に持ち越され、絶えず欠損が続くことも珍しくなかった。欠損の時は船主から金を借りてしのいだ。だから米の飯を食えるのは船持ちだけで、他の漁師は乞食のような暮しであったという。それでも漁師は文句ひとつ言わず沖に出たという。船主と親方、子方の関係で結ばれ、生活の面倒をみてもらっている以上、文句も言えなかったのだろうが、それがまた越前の漁師気質でもあったと思われる。

旦那と漁師をつなぐ澗《ま》

三人の話の中で興味を覚えたのは澗のことであった。澗とは船揚場のことで、かつては特定の個人所有だったというのである。澗の所有者を澗主といい澗を借りている人を澗請人《まうけにん》といった。澗のことを詳しく知りたいと思って、梅浦にある公民館に行き、館長の笹下利行さんに聞いてみた。

「澗はここでは旦那さんと呼ばれる階層の人が持ってましてね、一般の漁民は澗主から澗代を払って澗を借りて漁をしていたんですよ。澗代は総水揚げの一割でした」と笹下さんは話してくれ、さらに、覚えているだけだがと断わって、旦那さんと呼ばれる澗主が、梅浦に四軒、宿に四軒、新保、城ヶ谷で三軒あったことも教えてくれた。小樟から南のことはよくわからないとのことだった。

越前ではかつては手繰船にしろ機械底曳き船にしろ、資本のかかる漁船は澗主が持っている例が多かった。澗主以外にも小舟は持っていたが、その場合は澗代を払っていたのである。

澗は越前では貴重なもので、「山畑は売っても澗は手離すな」、というほどのものであった。越前海岸は岩場が多く、船を着けられる場所が限られている。また、波が荒いので帰港するとかならず舟を引揚げておかねばならない。つまり、澗がないと舟をつなげず漁もできないのである。そこで澗を借りている漁師の立場は極めて弱かった。

それに比べると澗主は極めて有利だった。澗主が船を持っている場合、船頭を別に雇って操業しても、水揚げの一割が澗代になる。残った分から船、漁具、食糧などの仕込みを二割引く。それで残った利益を澗主と船方で五分、五分に分ける。仮に一〇〇万円の水揚げがあったと仮定すると、澗主には澗代一〇万円、仕込み代一八万円、舟方との折半分三六万円、計六四万円が手に入る。澗を貸していると、好不漁にかかわらず確実に一割の澗代は入る。

その澗主は魚商も兼ねていた。澗を借りる条件に澗請人は魚を澗主に売ることを約束させられていたのである。もっとも総ての浦がそうだった訳ではなく、小樟から南の浦々では、澗を借りていても、澗主に支払うのは澗代だけで、獲った魚は自由に魚商に競り売りできたようである。小樟以南が比較的回船や塩浜が多く、旧四ヶ浦のように漁の比重が高くなかったからかも知れない。

そのことはともかく、澗主が魚商も兼ねていた場合は、澗主には極めて有利であった。魚の値段を自由に操作できたからである。澗主の船に乗り、生活の面倒もみてもらっている以上、漁師は魚が安くても文句が言えなかった。「澗だけは手離すな」という澗主側の言い伝えも、「漁師は常に乞食のような暮しだった」という漁民の話も、澗のことを考えると実によく理解できた。

澗《ま》の消長を聞く

いったいどれほどの澗が越前町にあったのだろうか。羽原又吉氏の『日本漁業経済史』によれば、大正期頃に、梅浦六四隻澗、宿浦三八隻澗、新保四二隻澗、小樟浦五二隻澗、大樟浦三〇隻澗、玉川浦二二隻澗、左《そ》右《う》一八隻澗が記録されている。大樟以南の記録はないが、左右から大樟までに二六五隻分の澗があったことになる。

では澗の制度はいつ頃から始まり、また何故、澗が個人所有となったのだろうか。前述の『日本漁業経済史』によると、新保浦の澗主の古文書に、既に承応年間（一六五二～五五）に澗の支配関係の記述が見えるというから、よほど古いことになる。また、元禄十二（一六九九）年の文書に、「親が生存していた時、家屋敷猟船壱隻引澗二隻分、質物に書入れ、金拾両貸度申候……」

といった類の文書が残っているから、元禄年間（一六八八～一七〇四）には既に澗が財産として質入れ、売買されていたことがわかる。

澗の話を聞いていて、以前に歩いた丹後半島伊根浦の百姓株と実によく似ているのに気づいた。伊根ではブリ漁など主要な漁場は、百姓株を持つ者にしか分配されなかった。また、伊根の舟小屋として有名な伊根湾沿岸に立ち並ぶ舟小屋も、百姓株の持主しか持てなかった。つまり、伊根では舟小屋を所有していることは実質的に海岸を所有していることであった。越前の澗の支配と殆んど変わらないのである。また伊根の百姓株も質入れされたり、売買されている。百姓株は伊根の村の成立期に村で平等に分けたのであろうが、人口が増え別家も出るにしたがって、一株が二分の一、最高八分の一まで分割され、売買された。

越前でも澗は村の成立期には村の高持百姓に平等に割り当て使用していたのだろう。長い間には澗も傷む。それを費用をかけ、修理するうちに、占有使用権がしだいに私有権的なものへ移行していったと思える。人口が増え戸数が増え、澗が不足してくる。高持百姓は澗によって得た利益で、人手を投入し、海底や海浜の岩を砕き、石を敷きつめて新しい澗を作り、それを占有使用するか、澗のない漁師に貸したりする。

新保では宝暦四（一七五四）年に一八隻分の澗が記録されている（澗主は四名）。大正期には四二隻分の澗があったから、澗主によって次々に澗が拓かれていったことがわかる。そのようにして澗は戸数、人口の増加と共に増えていったのであろう。そして増えた澗は当然、資本をかけた澗主の支配となり、澗のない漁民は澗主の船に乗るか、澗を借りて漁を続けるほかなかったのである。

そうした澗の占有使用権は、明治の地租改正で地券証の交付によって所有権として固定された。

澗制度は澗請人にとっては不利な制度であった。その澗の制度が改善されるのは第二次大戦後のことだった。戦後、越前では漁船が安全に出入港できるような港が求められるようになる。しかし、国や県の金は個人所有の澗にはかけられない。それが築港計画のネックとなったのである。漁民、漁協と澗主の間で何年にもわたって話し合いがもたれたが、紛糾は続き、交渉はしばしば中断した。しかし、昭和二四年、城ヶ谷の漁民が澗主から漁協への無償譲渡を取り付けたのである。ただし澗の所有権移転は名目上のことで、現実には澗は「貴殿御所有に相違無之、万一登記手続を完了することあるも、後に貴殿に於て御要求有之節は直に之を取消し、本日以前の状態に回復致すべく、右為後日返り証差入ます」という念書を交した上でのことであった。しかし、このことによって他の浦でも澗の漁協への譲渡がなされ、築港工事も始まり、安全に出漁がなされるようになったのは、漁民の大きな福音となった。そして漸次、澗主の所有していた漁船も漁民の手に渡り、魚の取扱いも漁協の手でなされるようになって、真に海が漁民のものとなるのである。

それにしても若狭湾をはさんだ伊根と越前で、海岸の所有をめぐって同じような制度が生まれ維持されていたのは偶然ではないと思えた。

魚売りはボテさん

新保で小松小菊さんという美しい響きの名前の女性に会った。八〇歳になるのにまだ毎日魚の行商に出掛けていると聞いて、訪ねたのである。

越前では魚の行商人や行商のことを棒手と書いて「ボテさん」とか「ボテ振り」とかいう。棒手というのはかつて天秤棒に魚の入った籠を吊るし売り歩いたからかも知れない。ボテ振りというのも、籠を振り振り売り歩いたからで、また別に振り売りと言うこともある。

あらかじめ電話で連絡をしていたので、小菊さんは掘りゴタツでお孫さんたちの相手をしながら待っていてくれた。その名のとおり小菊のような明るさを漂わせた方であった。それに明治三九年生まれだと聞いて親しみも感じた。私の母と同年生まれだったからである。

「私はボテを始めて今年で四七年目なんだわね。ここは女が稼がんと暮せんところでしょう。最初の子が三、四年生になった頃に下の子の面倒みさせて始めたんだわね。主人は漁師じゃが三男でしょう。ここは弟というと財産がのうて、それで家がないんだわね。家が欲しゅうて欲しゅうて始めたんだわねえ」

小菊さんは、ボテさんを始めた動機をそのように語ってくれた。小菊さんの行商先は今も昔も山中峠を越えた織田町やその周辺の農家である。最初の一、二年は織田町の魚屋に少しずつ荷を持って行った。それから民家に振り売りするようになった。持って行く魚は、カレイ、タラ、サバ、イワシ、タコ、イカ、カニなどその時期に獲れたものを浜で買って持って行った。イカなら二〇〜二五杯、サバなら一五杯ぐらいというから、量としては多くない。得意先は七〇軒位。それを三日で一巡するぐらいの計算で廻った。魚は一軒一軒の嗜好に合わせて持って行くので売れ残ることもない。利幅は薄いが、堅実な商いだったのである。しかし、こうした女の商いが、貧しい漁家の生計を支えていたのである。

小菊さんはボテ振りは大層つらい仕事であったという。

「朝のテレビのおしんの苦労は何や、あんなの楽や」というぐらいきついものだった。魚は鮮度が売り物である。ことに夏は鮮度が落ちやすい。また農村で売る場合は、農家が朝の田畑仕事に出掛けるまでに行って売らねばならない。そこで暗いうちから夜出提灯《よでちょうちん》をともして、山中峠までの登り坂も駆けて運んだという。冬は冬で、ソリに魚をのせて峠を越えて魚を運んだ。魚を売り終るとまた駆けて戻ってきて、今度は亭主の食事や弁当の用意をした。冬なら少しは楽だが、夏のイカ釣りの時期だと亭主は昼の二時頃に漁に出る。だからどうしても一時頃までには帰ってこねばならなかった。

小菊さんがボテさんを始めた昭和の一二、三年は、女のボテさんが四七、八人、戦後間もなくは、七、八〇人いたという。みんな、織田町、宮崎村、武生、鯖江など山を越えて内陸部に行って売り歩いた。各々に得意先も決まっていて、それを侵すこともなかった。それが今日では二、三〇人に減ったという。古くからのボテさんが歳をとって止めてしまったせいでもあり、小型トラックで行商する新しいタイプのボテが増えてきたからでもある。

小菊さんはボテさんを始める前は自転車の追っかけもしたことがある。鮮魚を運ぶ自転車の後押しである。ボテさんの中には魚商に雇われて自転車で武生、鯖江、福井などの魚市に魚を運ぶボテさんもいた。それは全部男のボテが担っていた。

実は漁の話を聞いた井上菊次さんも、二二歳で漁を止めた後はそのボテをやっている。魚商の魚を自転車で内陸部の町の魚市に運んでいたのである。マグロなら一本、アジなら二〇〇匹、イカなら二五〇枚平均で、約二〇貫

野菜や肉類を積んだ行商車が定期的に浦々を巡る

の魚を積んで、福井までなら一三里の道を約二時間強で走り抜いたという。速足で歩いても一日がかりの道のりのところである。難所は山中峠で、そこまで自転車の尻を押したり、先曳きといって荷縄で自転車を引っぱるのが、漁家の女たちだった。ゆるゆると押すのではなく、小走りに押すのだから、男も女も汗だくのつらい仕事であった。

そうまでして急いだのは、人より早く市に着けば、それだけ値よく売れたからだ。高く売るコツもあったようで、井上さんの場合は、市に走りこみながら、「もう来んぞー」と叫んだという。魚はもうこれが最後だということで、すると魚の値がパッと上った。井上さんのような男のボテがおよそ四、五〇名いたという。ついでながら、井上さんは、二、三年を駄賃で走り、その後、七、八年は自分が魚を買って市で張り、昭和一一年頃から現在の鮮魚商を始めている。

そうした話を聞いていると、越前は男も女も魚にまみれて暮してきたのだと思えてくる。好不漁がすぐに生活にも響いたであろう。それにしてもともかく、五〇〇メートル級の山を越えれば、そこには魚を買ってくれる町がいくつもあった。それが狭く厳しい越前の海岸部に人を住まわしめ、漁浦を発展させたのだと思えた。

均等配分のミョウ畑《ばた》

漁が越前の暮しの要とはいえ、越前にも水田や山林、畑も後の山にいくらかはあった。水田はその殆んどが潤主階級のものであったようだ。山林や畑も潤主がずばぬけて多く持っていたが、村の共有林や共有地もあり、山林は主に薪に、畑は穀物、野菜が植えられた。そしてそれらの仕事は主に女が担った。女の仕事の中で重要なのは、冬から春にかけての薪とりであった。一年分の薪を共有地や、それでも足りぬ場合は織田町の山林や左右、玉川などの山の多い在所の木を買って、薪を作った。越前ではその薪を積み上げた山のことをニュウと呼んでいる。ニュウが二つも三つもあれば豊かな気持になれたという。そこで、越前ではニュウは「長者の髭」と呼ばれていた。髭、つまりニュウが多ければ多いほど長者の風采があるということであろう。

もう一つ畑のことでは面白いことに気づいた。小樟や大樟の上の台地上の畑が均等に分割されていることである。人に尋ねたところ、それは共有地を小区画に割り、五年毎に村の家々でクジを引いて割り替えて使用した、ミョウ畑と呼ばれる割り替え畑だったのである。ミョウ畑は名畑と書いたのであろうか？　その話を詳しく聞かせてくれたのは小樟の区長、川上賀志夫さんであった。チョビ髭のよく似合うダンディな洋服屋さんだが、居室には数々の歴史書、県史、町村史が並び、郷土史に興味を持っている方でもあった。

川上さんの話では、ミョウ畑は村有の共有地であったという。それを五年毎に村民でクジを引いて使用地を決め、麦、粟、キビ、大根などを栽培していたという。しかし、小樟ではそれを昭和二三年の二月に、当時の戸数

かつては各戸に均等配分されていた小樟のミョウ畑

の約一七〇戸で分割し、一戸平均七〇～八〇坪に個人登記をしてしまったという。だから実質的にミョウ畑ではないとのことだった。また大樟でも約一〇年前から割り替えを行なわず、未登記ではあるが、すでに個人個人の占有使用が続けられ、そのことが村の中では問題になっていた。

だからすでに過去のことになるのだがという前提で、川上さんは、クジは丸い桶の中に土地名を記入した木札をいれ、区長や書記の立合いのもとで、一人一人が桶の中に手をつっこみ、木札を取り出して引いたことや、出屋（分家）にも「たとえ他家の雁木《がんぎ》を借りていても一家を構えれば」、クジ引きの権利が与えられたこと、他所から入って来た人は三〇年を経ないとクジ引きの権利が与えられなかったことなどを話してくれた。

川上さんの家には区有文書も残っていて、そのいくつかを見せてもらった。明治七年の戸籍帳によれば、小樟の戸数は八五戸で、そのうち漁家六二戸、魚商一一戸、農三戸、船乗渡世二戸、回船商二戸、寺一戸で、小樟の暮しの中心が漁業であったことがわかった。また明治九年にはそれが九三戸に増えていることも読みとれた。

ミョウ畑の分割帳も残っていた。それによると、大正元年には一〇五戸が、大正一一年には一三二戸がミョウ畑を利用していた。上畑では四、五〇坪、下畑で一二〇坪ぐらいが割り当てられているのは、不公平のないように配慮したものであろう。また、各々の畑の地代も徴収されていた。上畑で一円二〇銭が最高で、下畑では四六銭が最低であった。ミョウ畑は無料でなかったのである。その銭は村の共同費用にあてられていた。

ミョウ畑制度の目的のひとつは別家に対する配慮だったと思われる。越前のように底曳き網漁のような漁業では、多くの乗り子を必要とする。別家を出せるならばそれにこしたことはない。それだけ乗り子が増える。そのために別家に出ても暮しの立つように配慮されていたのである。

他の越前の村に同様な制度があったかどうかは私にはわからない。だが少なくとも土地の少ない小樟や大樟のような越前海岸の村では、ミョウ畑にみられるように平等の精神を尊び、肩を寄せ合わなければ暮せなかったのだろう。「戦後、民主化の風が吹いて個々人に分割登記された」という小樟のミョウ畑だが、その存在に、私はかつての村落共同体の秀れたあり方を教えられ、かつ、それが今では失われたことを残念に思った。

小さな浦の広い交流

梅浦から北の玉川、越前岬、左右《そう》を経て越廼《こしの》村居倉《いくら》まで約八キロの海岸線は切り立った断崖や奇岩奇峰が続き、越前海岸の中ではもっとも険しい、しかしそれが故に景観の秀れた海岸線である。呼鳥門《こちょうもん》、鳥糞岩《とりくそいわ》、越前岬や越前岬灯台など、越前町の観光名所のほとんどがこの間にある。断崖や奇岩の肌は黒く不気味で、無数の丸い石を含んでいる。かつては海底であったものが地殻変動で隆起して、この海岸線ができたという。

梅浦から玉川までは、海岸沿いの有料道路を通ればわずか二キロの距離である。有料道路は隧道を三つもぶち抜いて昭和四六年に開通した。隧道でも掘らねば道がつけられぬほど、険しい海岸線だった。

玉川はその険しい海岸線の真中に開けた村である。玉川という小さな、しかし急峻な川が谷を刻み、海に流れこんでいる。村はその河口にわずかに開けた土地にある。村といっても、玉川の集落前の海岸から眺めると、目につくのは観光ホテルや旅館、民宿である。昭和五五年に最初に玉川を訪れた時は、険しい海岸に突然現われた旅館群に驚いたものだった。どうしてこんな不便な場所に旅館が林立しているのか不思議だったのだ。だが温泉が出ると聞いて納得がいった。温泉が発掘されたのは昭和四一年で、その後、観光ブームもあって次々と旅館、ホテルが建てられたのである。そして今日では一四軒ものホテル、旅館が建てられている。

その旅館経営者の一人、玉島荘の高島登さんに会った。高島さんは明治四二年生まれである。昭和一五年に越前岬灯台職員となり、昭和二九年から定年までは灯台長を務めた。灯台暮し二八年四ヵ月、ほぼ無休で務めあげている。灯台暮しの思い出を尋ねると、職員時代の上司は便箋一枚でも公私のけじめをつける人であったという話や、帰港の遅い漁船の家族の問合せに答えてあげ、無事に帰港したという電話が来ると嬉しかったという話、さらに朝夕眺める日の出や日の入りの海の美しさを挙げられ、実直でロマンチックな人柄を感じた。

高島さんに会って思いがけなかったのは、祖父の代まで越前町では最も多い五隻の船を持つ廻船業者だったということであった。五隻目を作ると一隻は難破して、五隻より上は持てなかったという。

高島さんはそんな話をしてくれた後、廻船の船室に掲げてあったという二枚の篇額と一通の文書を見せてくれた。文書には、高島家の持船、栄昇丸が明治一六年二月二五日に大阪港を出航して、三月一五日石見国浜田沖合で暴風にもまれ、翌一六日に帆柱が折れ遭難し一七日に石見国安濃《あの》郡波根《はね》西村の亀崎、今日の大田市の波根西の海岸に漂着するまでのことが書かれていた。その栄昇丸は「大和型和船、二十五反帆、積石九四五石」とあるから、西廻り海運に従っていた、いわゆる千石積みの北前船だったのだろう。

文書にはこの他、積荷や寄港地などのことも細かく書きこまれていた。それをあげてみると、おおよそ次のようになる。

玉川の温泉郷。昭和41年に温泉が発掘されてから旅館、民宿が増えた

大阪では木綿二箱（一箱八〇反入り）、菓子箱一〇箱（一箱一〇〇袋入り）、四斗入り酒一〇樽、二斗入り二樽を積んで二月二五日に出帆し、二七日は兵庫港に着き、同所で再び四斗入り酒三五樽、二斗入り一〇樽の他、ソーメン五〇箱（一箱五貫目入り）、石炭油（一箱二斗入り）五〇箱を積んだ。即日出帆し三月二日に讃岐の多度津に着け、金毘羅に参詣。翌三日出帆し、安芸国大崎上島の木の江に着けて船を修繕し、甘藷八〇〇〇貫を積んで五日に出帆。同日伊予国波止浜に着き、塩六〇〇俵（一俵五斗入り五〇〇俵、一斗六升入り一〇〇俵）、しょう油一斗入り一〇樽を積んで七日に出帆。これ以後は積荷もせず、潮待ちのため周防大島の沖家室《おきかむろ》島に停泊した後、一四日には長門国福浦に着いている。栄昇丸はこの三日後に波根西の海岸に漂着したのである。

こうした記録から明治初期の千石船の航海の様子が垣間見られて、私には大変面白かったのだが、さらに興味を覚えたことには、玉川の船であるのに、安芸国大崎島、周防国熊毛郡、加賀国川北郡など瀬戸内や加賀国の人が水夫として乗組んでいることであった。商いや航海のため、その土地土地の者を乗せていたのだろう。

この他、高島さんからは玉川がかつては七、八〇戸の集落であったこと、高島家の他にも廻船業者が二、三軒あったこと、高島家が八隻潤主で、山林田畑合わせると二〇町歩以上所有していたことなどの話を聞いた。また、祖父が北海道のニシン場を経営していた話、祖父の妻（祖母）が江差の人であったこと、他にも尾道や糸崎（三原市）など瀬戸内から来た嫁がいたことなど、さまざまな話を聞いた。辺境の地のように思われた玉川だが、廻船を通じて広く世間と交流を持っていたのである。

玉川では高島さんと会っただけであった。高島家には廻船関係の文書が多く残っているという。そうした文書を見たいと思ったが、時間もなく、次の機会を高島さんと約し、隣の村、左右への道を急いだ。

左右行き止りの左右《そう》

玉川から左右《そう》に至る海岸線も険しい。越前岬はその中程にある。越前岬は黒々とした岩肌の断崖で、ほぼ垂直に日本海に落ちこんでいる。夏の青い空と青い海で見る岬も美しかったが、冬の雨に濡れなお一層黒々とした岬の岩肌に、押し寄せる波が白い飛沫となって飛び散る様には深い味わいがあった。

左右に至る道路は越前岬の断崖の基部に隧道を掘って通じている。地図を持ってないと岬の下をそれと気づかずに通り過ぎてしまう。そのためでもなかろうが、隧道を左右側に抜けた所の駐車場に、水上勉の次のような石碑が建てられていて、それと気づく仕掛けになっている。

> 旅は孤独を味あわせる　と同時に噛みしめる孤独から　私はかねがね思っているが　越前岬ほど私に人生を考えさせた場所はないようである　黒い岩肌に風が吹きすさび　その岡になぜあのような花が咲くのであろう　黄色い水仙であった　冬の凍て土に花が咲くのだ

水上勉の『負籠の細道』から抜粋した「花と波濤の越前岬」と題する詩文である。私は作家ほどに越前岬に立って人生を考える感性は持っていないが、玉川から左右、居倉までの山中に拡がる水仙畑には感じいった。山の斜面という斜面、上から眺めると崖のような斜面にも人の手で水仙が植えられているのだ。

もとより水仙は自生していた。それを人がたんねんに移植し手をかけ増やしたのである。以前、越廼《こしの》村居倉《いくら》に住む明治生まれの竹森定吉さんに、居倉の水仙栽培は父の六右ェ門が栽培したのが最初であったと聞いた。あちこちに自生していた水仙を空き地に移植栽培し、女の人にかつがせて福井の清水畑の花屋に出荷したという。六右ェ門は明治六年生まれだから、岬の浦々の山中で水仙栽培がなされたのは明治中期以後のことであろう。今は岬の山々は水仙の花で埋められ、切り花として全国の花市場に出荷されるまでになっている。

球根植物の水仙は、大根のような根の張る野菜は育たない表土の薄い痩せ地でも育つ。機械底曳き船もなく、冬の海からの収入を期待できぬ岬の浦々にとっては、冬に花をつけ、現金収入をもたらしてくれる水仙は貴重な存在である。

越前岬から左右までは更に二つの隧道をくぐらねばならない。左右もまた玉川と同様にびょうぶ状の断崖の狭間にたたずむ、戸数二六戸ほどの浦であった。昭和五五年の夏、初めて左右を訪れた時には、大変失礼な言い方だが、どうしてこんな険しい海岸に人が住みついたのだろうかと不思議だった。

右も左も、また背後も岩山で囲まれた左右の集落。垂直に切り立った鳥糞岩（写真左側）の裾に昭和34年に隧道が掘られ、福井市へバス便が通じた

集落の北はほぼ垂直に近い傾斜の、鳥糞岩の絶壁が立ちはだかっている。昭和三四年、その鳥糞岩に長さ一五六メートルの隧道を掘り、また、昭和三七年に集落の南の岩山に隧道を掘って、左右から海岸沿いに、福井市や梅浦方面へ楽に出られるようになった。だが、それまでは左右から玉川や居倉に出るには背後の山へ登り、梨ヶ平へ出て行く道しかなかった。左右からは海岸沿いに、左へも右へも行けなかったので、左右という地名が付いたと冗談に言われているが、地形を見ている限り、あながち冗談だけではなかったように思われる。

文久四（一八六四）年二月の左右の戸数は二二戸。人口は一三五人。戸数は昔も今もほとんど変わっていない。二二戸のうち背後の山間に水田を所有していたのは三軒だけであった。それらの収穫は、三軒合わせても七〇俵に満たなかった。七〇俵では二二戸の戸数を養うにも不充分であった。だから、戸数を増やすにもそれだけの土地も生産力も左右にはなかったのであろう。

浦々は船乗りを生んだ

左右は五年前の夏、私が初めてワカメ漁に使われている筏《いかだ》を見たなつかしい村であった。その時のことは今でも思い出す。左右に着いたのは夕暮れ時であった。左右の狭い船揚場を捜したが、筏らしきものは見当らなかった。そこで船揚場の電柱のそばに佇んで沖を眺めている、帽子を眼深に被った体格のいい漁師に声をかけた。

すると、

「筏ならそこにある」

と道路から一段低い海岸に張り出している板の上に置かれた蛸壷の山を指さした。「蛸壷ではないか」といぶかる私を、その人は下の海岸に誘い、よく見るようにうながした。目をこらして見ると、確かに七、八枚の板を針金で結束した筏だった。筏という言葉から私は丸太を結束した形状を想像していて、上からでは単なる蛸壷を置いてある板にしか見えなかったのである。

その初老の漁師さんが林一男さんであった。蛸壷も筏も林さんのものであった。そして筏が杉の割り板で作られていることや、筏を板舟と呼んでいることなどを話してくれた。資料用に筏を是非欲しいものだと思っている私の気持を見すかしたように、林さんは、

「板舟が欲しいなら持って行っていいよ」

と初対面で、しかもまだ四、五分もたっていない私に筏をくれるというのである。驚くほど、人柄も気前もいい人だった。そうした林さんの人柄に心ひかれ、私は越前にいる間はいつも船揚場のまん前にある林さんの家を訪ね、やがて一緒に酒を飲む間柄になった。

林さんは奥さんと娘さん夫婦、それに孫の五人家族だった。娘さんは京子さんといい、御主人の英二さんは四ヶ浦新保の出身である。英二さんは秋から春にかけては四ヶ浦の底曳き船に乗っている。夏から秋にかけては京子さんと共に海に潜って、アワビ、サザエ、ウニ漁をやり、磯魚やサザエなどの磯刺網漁をやっている。

私が最初に左右を訪れた夏はちょうどウニ漁の頃で、子供を保育園に送ると、ウェットスーツを着こみ、小船で磯に出掛けて行く二人の姿が見られた。底曳き漁の期間を除くと常に二人で海に出ており、仲も良く、実に気持のいい若夫婦だった。

林一男さんとの語らいはいつも酒を飲みながらであった。そしていつも決まったように私の相棒の鈴木君がぶっ倒れ、私も最後には前後不覚になった。それでも林さんは口調も変わることなく、酒を飲んでいる。酒の飲み方ひとつにしてもさまになっている人であった。そうした林さんから、林さんの歩んできた道も話してもらった。

林さんは大正七年に生まれた。尋常小学校高等科を卒業するとすぐ船乗りになった。安全丸という長さ五、六〇尺の三本マストの帆船で、乗組員も船主船頭をいれて三名というごく小さな帆船である。そうした小さな帆船を越前ではテント船とか小廻《こまわ》り船と呼んでいた。林さんの記憶では当時の左右には小廻り船が三隻あったという。

つぼみをつけた水仙を選んで刈る

林さんはその最初の出船を、

「丹後の経ヶ岬に向けて船が出て行くと、鳥糞岩が次第

越前岬付近の海岸の斜面に拓かれた水仙畑。
刈った水仙は背負篭で家に運び、茎の丈を切りそろえて、都市の生花市場に送る

に小そうなっていく。乗りとうで乗りとうでならなんだ帆船だが、鳥糞岩がかすんでいくと、急に家が恋しゅうなったもんや……」

と振り返っていう。

　安全丸の航海先は北は石川県の安宅《あたか》、南は京都府の舞鶴、宮津、もっと南でも隠岐島までだった。荷物は賃運びでなく、船主が積荷を買い取り、行く先々で売り払う買積みである。そして三国からは甘藷、米、しょう油を積み、丹後の宮津方面に卸している。甘藷は、当時丹後に多かったチリメン工場の女工員の昼食用になった。また、左右や居倉、玉川方面からは竹や木炭を積み、敦賀、小浜で売り、敦賀からは石灰を京都府方面の港に運んだ。石灰は消毒にも肥料にもなり、水田をもつ地域では必需品だった。他の小廻り船も春先には石灰積みが多かった。越前で積んだ竹は、南は鳥取県の網代まで運び、網代からは莚を積んで隠岐島に降ろし、隠岐島からは杉丸太を積んで小浜や敦賀に運んだこともあるという。

零細漁業は一家総出。越前町左右の船揚場で

林さんは安全丸に一年間乗った。一年間といっても当時の帆船の一年は、春三月から秋の一〇月ないし一一月中旬ぐらいまでである。一〇月末には海が荒れてくるので、船を適当な港にあげて、薦《こも》で冬囲いをしてしまうのである。安全丸を降りると今度は大阪に行き、叔父の持っているタグボートに乗った。これからは機械船の時代だと、帆船を見限ったのである。タグボートの仕事は、

網さばきを終え、漁師の緊張がゆるむ昼下がり（左右漁港）

大阪港で沖どまりしている船まで艀《はしけ》を曳いて行く仕事であった。荷は九州の石炭が中心であった。タグボートには四年余り乗った。その間に、神戸、堺、岸和田など関西の港はたいてい廻った。そしてこの間に機関士の免許も取得した。それから再び越前に帰り、四ヶ浦の底曳き船から乗船を頼まれたが断わって、今度は敦賀の魚問屋の鮮魚船に乗った。機関士の免許さえ持っていれば仕事にはこと欠かなかったのである。

兵役が来た。満州の新京に渡り間もなく除隊という頃に大東亜戦争が始まり、除隊延期になり、都合二年八ヵ月も務めた。除隊して越前に帰ってからも林さんの船暮しは続く。左右の五人乗りの機帆船に乗り、北海道に渡り、函館と青森間をジャガイモ、コンブ、ニシンなどの食糧輸送に従った。そしてまた兵役にとられ、台湾、フィリッピン、ニューギニアと南方を転戦し、戦後の二一年に左右に帰ってくる。それからは左右に落ち着いて、ずっと漁師暮しだった。

ざっと林さんの語ってくれた経歴をあげてみた。林さんは、
「子供の頃から船に乗りとうで乗った」
「海が時化てきても少しも恐ろしゅうない」
と語るように、胆の据わった、海に生きるために生まれてきたような人である。

しかし、それは単に林さんだけでなく、左右に生まれた者の宿命でもあったようだ。山林も田畑も少ない左右で、とどまって生きてゆくには、海を相手にする以外になかったのである。林さんの子供の頃の記憶では、二四

帆前船乗りの経験もある林さんとその家族

軒（当時の左右は二四軒であった）のうち、半数以上が船乗り渡世であったという。春の出船時期には、三国、小浜、敦賀などに出て行くのを武生まで送っていったという。薦《こも》で囲ってある船をとくために行くのである。また他国の海を渡ってきた男たちから、数々の海の冒険談を聞きながら林さんは育った。その中でも、隣の黒田岩吉という爺さんの操船の腕は名人級で、既に一二歳の頃に単身で船を操って金沢から左右まで帰ってきた話や、時化ると潮と川の水がぶつかってさかまき、難所で有名だった北海道手塩川の港に、難なく出入りした話をよく聞き、胸をおどらせたものだという。

　そうした海の話が林さんをして、「船に乗りとうでならなんだ」という男に育てあげたのであろう。林さんとの話から、左右に生きる者の運命のようなものを、うかがい知ったのである。

磯物を採る工夫と知恵

　では、漁はどうであったろうか。林さんが子供の頃（昭和の初め頃）まで漁はあまり盛んでなかったという。

　それにはいろんな理由が考えられる。ひとつは左右の港に関係がある。左右の前の海は暗礁が多く、船の出入りには適していない。加えて外海に面しているので、潮流も早く荒れやすくもあった。四ヶ浦で出漁できる日でも、左右では出漁できない日が多い。廻船と異なって漁船は日々、港に出入りするものだから、左右の港はその分だけ不利な条件を背負っていることになる。

　それに左右は魚を獲っても、背後の山を登らねば右にも左にも売りに行けなかった。鮮魚にしろ加工物にしろ四ヶ浦に比べると不利はまぬがれなかった。またわずか二十数戸では廻船の水主だけでも手一杯で、当時としては大規模な底曳き網漁の水主はとてもまかなえなかったのである。そのことは林さんが、

「春の出船の後の左右は女子供や年寄りしかおらなんだんや」

と語ってくれたことからも推察できる。同じ海を頼りに生きるにしても、好不漁の影響をもろに受ける水ものの漁業よりも、危険は大きいが、より確実に収入が得られる船乗り渡世を左右の人々は選んだのであろう。

　かといって、まるで漁に無縁だったわけではない。女子供、年寄りの手で細々ながら目の前の海からの収入もあげてはいた。

　左右の漁は磯物が中心であった。まず冬から春までは天然の岩海苔がとれた。これは浅草海苔のように漉《す》き海苔に加工せず、単に乾しただけで丸めて玉にして保存し、求めがあれば売った。春はワカメ漁の季節であった。ワカメは前述のように杉板の筏で、特に女が中心になって

採った。

　余談になるが、左右ではワカメを採るのにモッツイと呼ぶ道具を用いている。二尋半から三尋ぐらいの長さのヒノキもしくはクサマキ（地方名で左右にはなく、わざわざ北海道から取り寄せたという）の棒の先に長さ一尋弱で小指ほどの太さのヨウバ（地方名）の木を二本、エビの髭のように反らせて巻きつけたものである。そのヨウバはモッツイの子と呼ばれ、ワカメがすべらないようにするため細縄を巻きつけている。漁の時は筏の上からそのモッツイをワカメの生い茂っている中に差しいれて、ねじり、モッツイの子の部分に巻きつけて引き抜くのである。但し、モッツイは、ワカメがたくさん繁茂しているところでしか使えず、少ないところではワカメ鎌で刈っている。モッツイの子にするヨウバも左右にはなく三月になって雪の消えた日に織田町の山中で切ってきた。崖や土手っぷちに生えているので、昔は一日がかりの大仕事だったという。

　採ったワカメは今のように水洗いをして、専用の万力方式のしぼり器でしぼらず、海からあげたまま天秤棒で押さえてしぼり、茅《かや》の箕に広げて干した。林さんはその干し場が問題であったという。条件の良い浜は数が限られているからである。良い干し場は採ってきたらすぐに干せて、また次の漁に出て行ける。自然、収穫も多くなるのである。帆船稼業の人はいい干し場は持たず、少し離れたところに干した。ワカメの成品は四ヶ浦や越廼村の商人が買ったり、百姓の嫁さん連中がグループで買いに来たという。百姓の嫁さんは買ったワカメを行商で売り歩いたのだそうだ。

　夏になるとテングサやウミゾーメン、ウニ、アワビ、サザエなどがとれた。テングサは浜が足の踏み場もなく

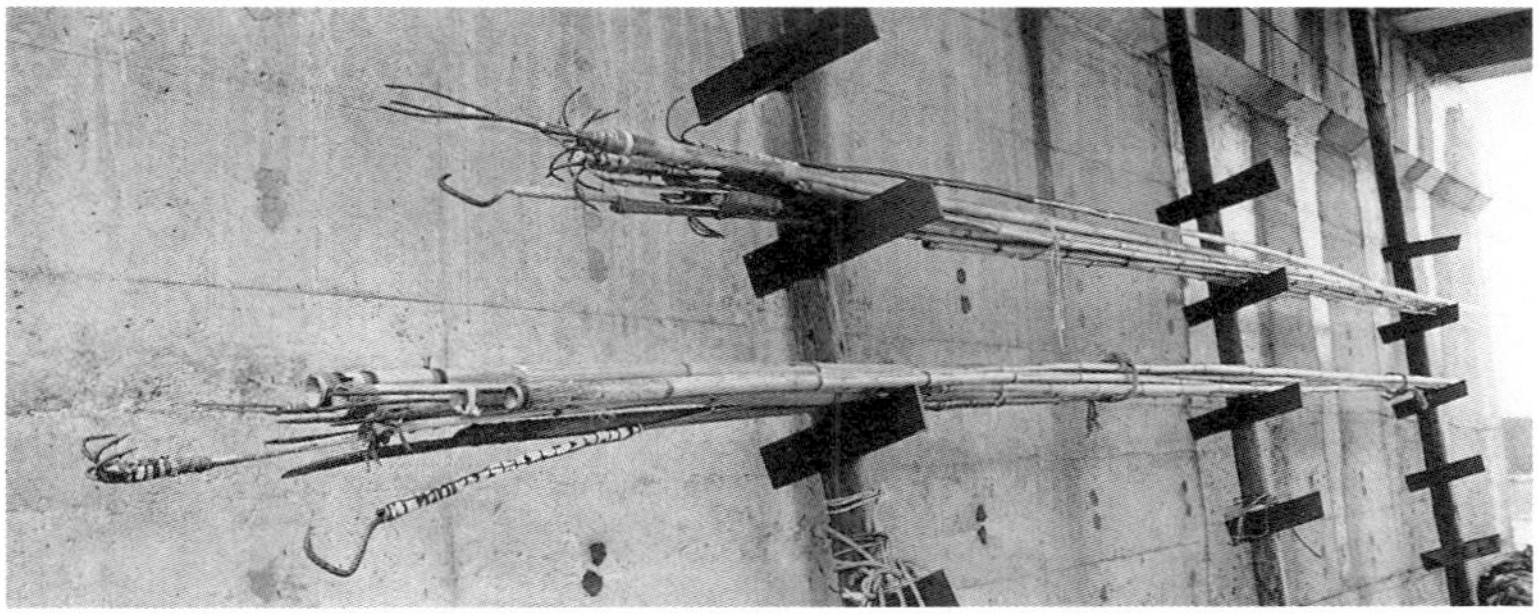
磯漁につかう道具

竹垣で冬の海風、潮の飛沫をしのぐ（越前町左右）

なるほどにとれたし、よく売れた。ウミゾーメンも今では自家用ほどしかとれないが、灰をまぶして干し、加工しておくと売れた。ことにウニは値良く売れて磯物の中心産物であった。

また、このような磯物だけでなく、イワシ、サバ、イカなどの沖合の漁も細々ながら行なわれていた。但し、このような左右の漁は女子供、年寄りを中心としたものだけに、それだけで充分生活できるものではなかった。

もっとも今日ではだいぶ様子が変わってきている。昭和一〇年代になると陸上の輸送に押され、左右の廻船業もすたれはじめた。左右の人々も自然、漁に力をいれざるを得なくなったのである。また、戦後も昭和三〇年代になると、越前海岸が国定公園になり、次第に旅館が建ち、観光客も増え、磯物や地魚が価値を持ちはじめてくる。そして今日ではウニ、アワビ、サザエなどの磯漁や、ケンサキイカ、マイカ、スルメイカなどの漁が水仙栽培や旅館業なども併せてだが、廻船稼ぎに代って左右の人々の暮しを支えているのである。

杉筏《いかだ》と桐筏の不思議

左右や隣りの越廼村では、ワカメ漁に筏が使われているのは前述した。左右で林さんの杉板の筏をもらったあと、桐の筏もあることがわかった。でも全部を桐の木だけで組みあげた筏はなかった。両端に桐の木を用い真中にプラスチックの板をはさんだりした筏が多かった。林さんから桐の筏は居倉が本場だと聞いて、昭和五五年には居倉を訪れた。そして竹森厳さんに桐の筏の作り方の話を聞いたうえ、もう使わないからと筏をもらった。

そこでこの一月に久々に竹森さんを訪ねてみると、亡くなられていた。五七年の二月、出稼ぎ先の京都伏見の酒蔵で倒れ、福井の病院で亡くなられたという。まだ四十代という若さであった。私は旅をしていていつも大勢の人の世話になっている。たいていは人の好意に甘えてばかりで何も返せない。竹森さんにも結局は何のお返しもできぬままであった。

竹森さんの話では、居倉の筏は昔から桐で作られていたという。昔から桐しか使っていないのである。筏用の桐は植えてから一四、五年経た、直径約二〇センチほどのものを用いた。

桐は秋に伐採し、一番下の枝のところまで皮をはぎ乾燥させておく。充分に乾くと約一間半の長さに玉切りにして家に持ち帰り、ワカメ漁が近づいた三月頃に筏に組立てる。

筏に組む時は桐の根に近い方に径五、六センチの穴をうがち、それを七、八本寄せ合せ、真竹の芯を通し、また、並べた桐の上に押さえ木を置き、真藤の蔓で結んでいく。反対側は押え木で押さえただけで真藤の蔓で結束した。真藤は秋に切っておき、使う前に槌でたたいて柔らかくして使った。水を吸っても藁縄より何倍も強く、がっちりと結束できたという。また、押え木には粘りのある椿の木を使った。

筏を操るには練り櫂を用いた。筏の端の中央付近に立

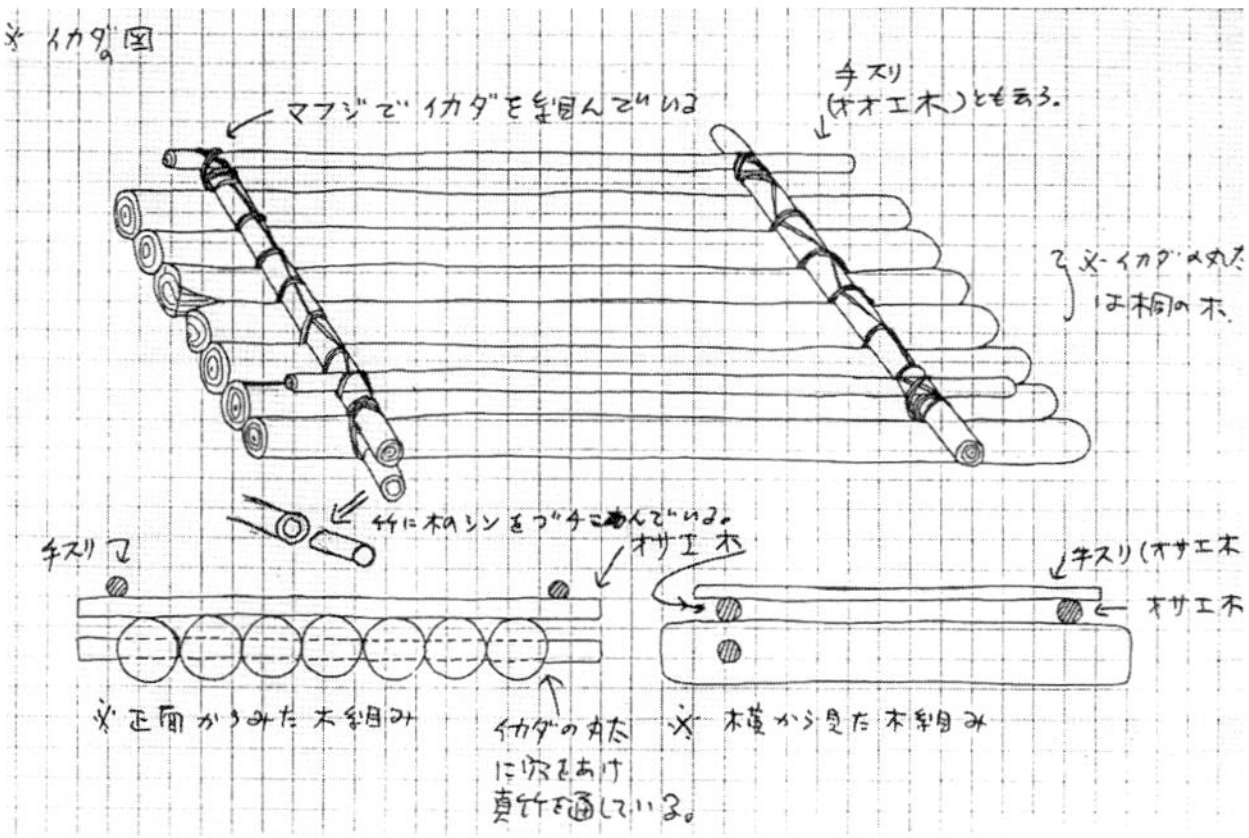

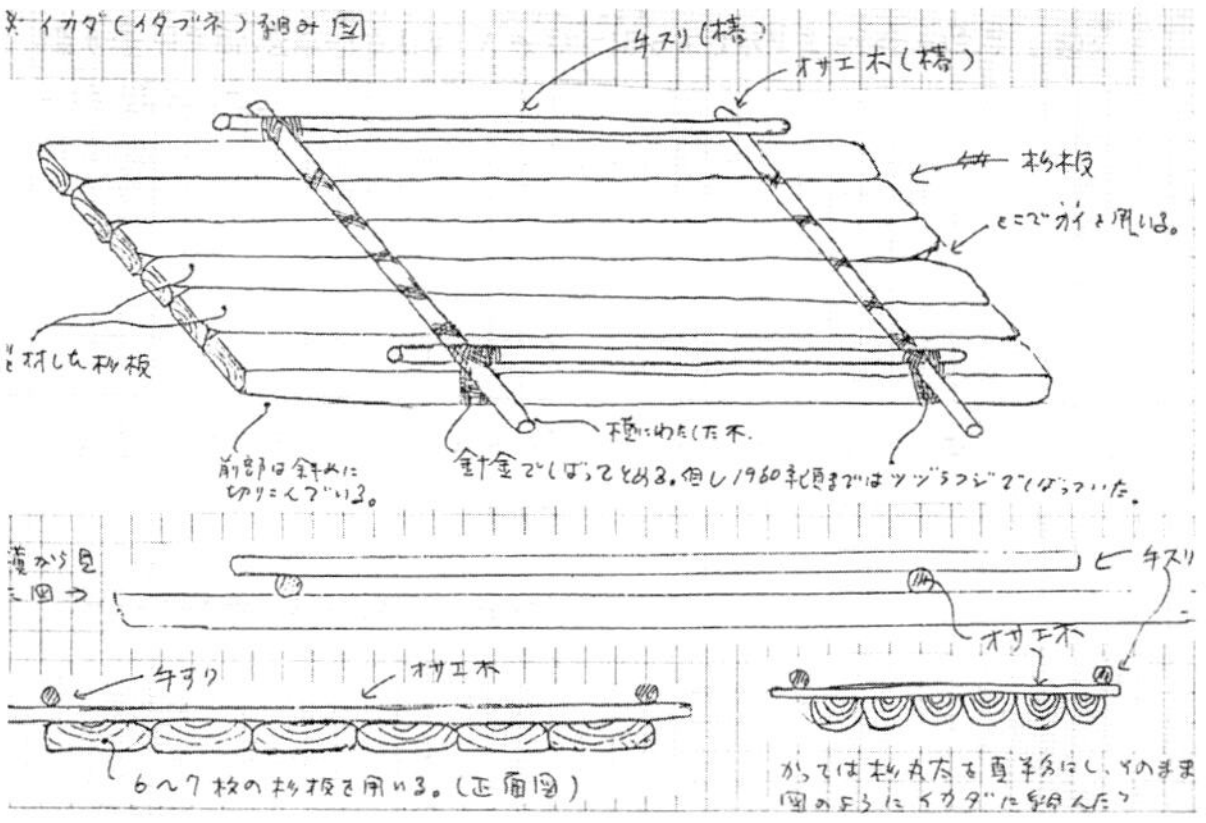

桐丸太のイカダ（左）と杉板のイカダ（右）。
左の桐のイカダの写真は、杵を利用してマフジの蔓で絞めて固く結束しているところ

ったまま、あるいはアマ桶と呼ばれるウニ漁の桶を伏せて座ったりして漕いだ。

竹森さんからはそんな話を聞いた。一方、左右の林さんからは杉筏の製作法を教わった。ごく簡単に述べると、直径二五～三〇センチ、長さ一間半の杉丸太を真半分に割り、その割って平たくなった方の面を上にして、横に七、八本並べて押え木をおき、真藤の蔓で結束した。桐筏のように穴をあけ竹の芯を通すことはなかったようである。但し、真半分に割った杉を用いたのは昔のことで、戦後は上下とも平たく製材した板を用いたり、また、居倉から桐を求めてきて作るようになったという。私が左右を訪れた頃は既に杉を真半分にした筏はなく、林さんにもらったものも製材した筏であった。

隣り合わせの左右と居倉で何故、筏の素材に差があるのか、という疑問はまだ解けていない。桐の筏は軽く、杉の筏は重い。海でワカメを刈る時は杉の筏は安定感があるし、逆に浜に引き揚げる時は桐の方が軽くていい。共に一長一短がある。居倉は山も水田も左右よりはるかに広く、左右のように海からの収入に切実さはなかった。それが左右では重たいが安定して漁のできる杉の筏を選ばせ、居倉では多少不安定だが取扱いの楽な桐筏を選ばせたのであろうか。

では何故ワカメ漁に船を用いずに筏を使ったのか。広い越前海岸で、左右や居倉だけ使っているのであろうか。左右では古くから筏が用いられていた。それは左右の庄屋を務めていた佐藤家の文政一二（一八二九）年の『丑年宗門御改帳下書』に佐藤家の不動産として、「船引場

統制のとれた居倉のウニ漁。日和見係りが合図するまで誰も海に入らない

夏の土用頃に居倉のウニの口開けがある。その日は子供も年寄りも海岸で一日を過ごす

獲ったウニは海岸ですぐに割って加工する

三ヶ所、漁船貳艘、小船壱艘、板舟一隻」とあることでもわかる。その頃に既に使われていたのであろう。また漁船は庄屋の家と、もう一軒だけしか持っていない。ただ他の家の所有物の中に板舟が見つからないのも奇妙ではある。それが何故だかはわからない。記録しなかったとも思える。板舟、すなわち筏を使った理由については、最初から水舟のようなものだから、ぬれることをいとわなければ、積載量も大きく小船より安定度も良く、使い勝手が良かったからだろう。暗礁の見えかくれする磯である。小舟のように岩に当って破れることもない。また、波を切って沖合に行く必要もないから、筏の方がワカメ漁にはより適していたのは間違いない。

また、筏なら自分でも作れる。経済的にも負担がかからない。もう一つの要因に、前にも述べた澗の問題がある。舟であれば、舟揚場や澗代が必要になる。その点、筏は漁期が終ればバラバラにできたし、船揚場や澗代も必要なかった。それに、船乗りの多い浦々であるから、小船といえども女が船に乗るのを嫌ったということも考えられる。多分それらの要因が重なりあって、筏が使われるようになったのだろうと私は推測している。

左右と居倉にしか筏がない理由もわからない。左右の林さんからは玉川でも昔、筏があったことは聞いた。また、福井県立博物館の坂本育男さんからは越廼村の茱崎《ぐみざき》でも使われていたような話を聞いている。

漁稼ぎの盛んな四ヶ浦のような浦々では、たとえ筏が使われてても問題にされなかっただろうし、また、筏は漁期が終ると分解されたから、よそ者の目にもとまらず、文書や人々の記憶にとどまらないままに消えていったのかも知れない。

居倉《いくら》のウニ漁は一家総出

昭和五五年の夏は運がいいことに、居倉のウニ漁やその加工法を見ることができた。運がいいというのは、居倉では七月の土用前後一週間しかウニ漁が行なわれないからである。他の越前の浦では約一ヵ月間ウニの採取期間がある。居倉の場合は地先の海を七つに区切って、そのひとつひとつを日を決めて村人のほぼ全員で潜る。他の浦でもウニの口明けの日は決まっているが、後は勝手どりで、居倉のように男も女も子供も、要するに村中の人が出て採るということはない。居倉のウニの口明けの日は海岸に一軒一軒の家のテントが張られ、弁当も持参し、一日をそこで過ごしウニ漁をする。

そんな話を聞いていたから、居倉のウニ漁は是非見たかった。だから、越前にいる間は朝起きると竹森厳さんに電話をかけて、ウニ漁の有無を確認していた。そうしたある日、いよいよウニの口を明けると聞いて、居倉に向かった。朝の九時前だったが、居倉のやや北の海辺には既に白い片流れのテントが張られ、ウェットスーツや厚いセーターの上に白い木綿のシャツを着こんだ人で溢れていた。まだ元気だった竹森厳さんの姿もあった。しかし、海浜に並んでいるだけで、なかなかウニ漁は始まらない。そこでテントの中にいた厳さんの両親に尋ねると、波が静まるのを待っているのだという。実はこの日、村の役員はうねりがあるのでウニの口明けを迷っていた。しかし、NHKテレビが是非明けてくれというので、押し切られてしまったとのことだった。そういえば道にはNHKの中継車が来ており、堤防の上にはテレビカメラが陣取っていた。NHKともなれば、一村のウニの口明けを左右するのは造作もないことなのであろう。

それでも一〇時頃には全員が一勢に潜り始め、海面は採ったウニを容れるアマ桶(ガンジャ桶ともいう)で花が咲いたようになった。子供や年寄りは腰から胸の、背の立つ浅い箇所で漁をしている。越前で採るバフンウニは、石の下の砂がたまっている所に棲んでいる。そこでウニを採る時には石をめくりあげたり、石の下に鉤をいれてかきだしたりする。重い石でも水中では楽に動かせる。だが、波があるとめくりあげた石が波にあおられたり、体もあおられて危ない。その日も波にあおられる者が多く、潜りにくそうだった。特に子供や老人には条件の悪い日で、早々と切りあげて帰る者が多かった。居倉のウニの口開けがなかなか行なわれないのも、子供、老人が参加しても危険のない日を選ぶからだ。

ウニはすぐにテントに運ばれ、割って卵巣を取り出し、アワビの貝殻にためる。貝殻一杯になると、貝殻ごとザルにいれて潮水につけ、ハシで、混ざりこんだ殻などの不純物を取りのぞく。その後、水を切って乾くのを待つ。アワビの貝殻は穴があいていて水切りに実に具合がいい。充分に水が切れると、簀の上に移し、塩をまぶして翌朝までさらして水を切る。

こうして完成した越前のウニは、福井の問屋への卸売り価格で五〇匁で七五〇〇円から一万円もする。アルコールを加えた私たちが食べ慣れているウニとは比べられぬほど高い。そのウニを居倉で試食させてもらったが、磯の香りとほのかな甘味が口中にひろがって、実に爽やかでうまかった。

値段が高いので居倉では一週間で一〇〇万円近くも水揚げする家があるという。居倉から福井の会社勤めに出ている者も、口明けの日は会社を休んでウニ漁に参加するのも理解できる。一日で七、八万円は軽くあげ、会社勤めよりはるかに有利だからだ。

居倉の地先は浅くかつ広い。その上、かつて山の石を放りこんでウニの棲息しやすい条件を人工的に作っている。そうした努力や、口明け、海割りを厳しく守る制度が、そうした高収入に結びついているのであろう。採るばかりでなく、育てる姿勢を持っていることが四ヶ浦などの専業漁村と異なっている点ではないかと思った。

小中学生の子供らも大人にまじってウニを漁る

居倉のウニ漁。潜って石や岩の下にひそむバフンウニ（ガンジャ）を採り、腰につけたアマオケに入れる

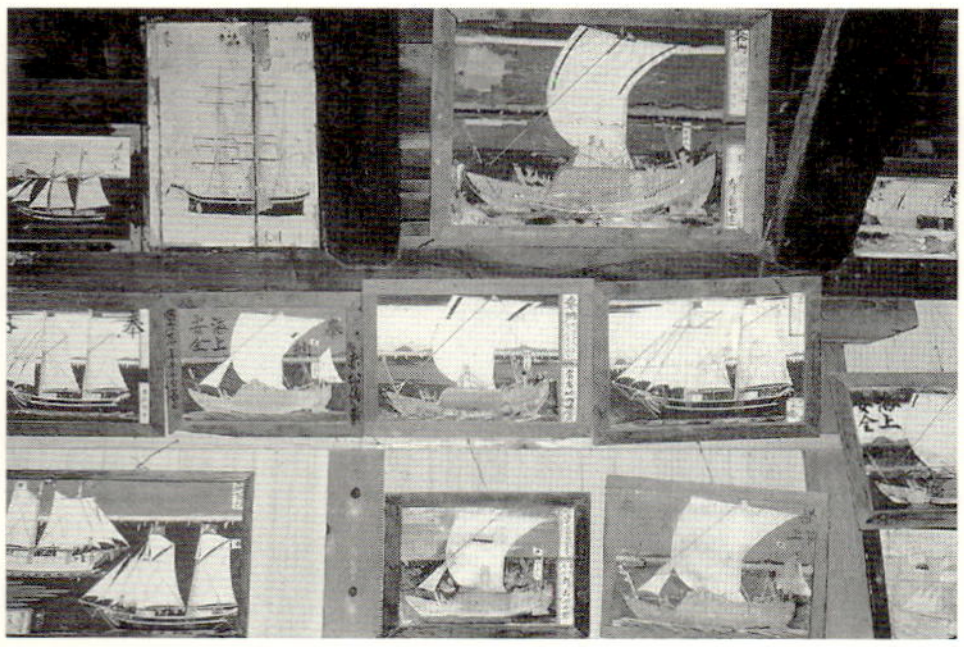
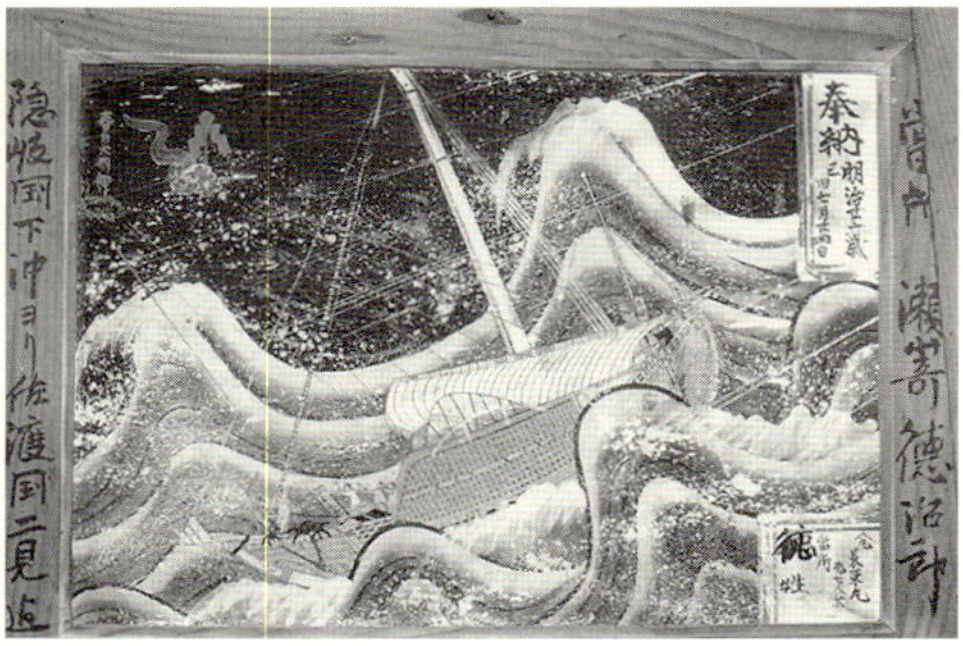

加茂神社の船絵馬。千石船のほか西洋型船の絵馬も奉納されている

鮎川の磯は女の領分

居倉から北の海岸線は蒲生《がもう》、茱崎《ぐみざき》、大味《おおみ》、小丹生《おにゅう》、大丹生《おおにゅう》、白浜、鮎川、菅生《すごう》、長橋、糸崎などの浦々が続き、さらに幾つかの集落をすぎて三国に達する。大味までは越廼村、大味から北は福井市の海である。これらの浦々は居倉でウニ漁を見た同じ年に、駆け足で見て廻った。浦々で見た漁具は釣漁、網漁関係のものは少なく、磯漁具が多かった。茱崎や白浜など漁業が中心の浦を除くと、かつては男は帆船に乗っていた浦が多く、女が田畑の他に磯海での潜海漁にしたがっていたことを知った。帆船稼業がことの他多かったのは、小丹生や鮎川のようで、小丹生では春日神社に一五枚もの帆船絵馬が、鮎川の加茂神社には約五〇枚もの帆船絵馬が奉納されていることでわかった。

鮎川では私は大久保勉さんという桶屋さんの一家に大変世話になった。私が小丹生でもらった直径九〇センチほどの大きなアマ桶のタガを締め直してもらいに立ち寄ったのがきっかけであった。アマ桶は海女桶とでも書けば良いのか、潜って採った貝やウニを入れる容器である。小は子供用の直径二〇センチ位のアマ桶から、大は人も乗れる直径一メートル位のものまである。私が持ちこんだのは、その大きいアマ桶で、大久保さんは心安く修理を引き受けてくれ、奥さんの和子さんからはその使い方も教えてもらった。

大きなアマ桶は冬は岩海苔摘みのため沖合の磯への瀬渡りや、春のワカメ漁に使われていた。アマ桶にひざまずいて乗り、竹棹をパドルのように持ち、カヌーのパドリングの要領で漕ぐことや、ワカメ漁では漁場まで乗って出掛け、潜ってワカメを刈った後はアマ桶に入れ、泳いで引いて帰ってくることなどを教えてくれた。アマ桶は佐渡で使われているタライブネと同じで、その意味ではタライブネが越前でも使われていたことになる。

大久保和子さんからはこの他、海女が海に入る時の衣類を一式もらい、さらには宿まで世話になってしまった。

川上トミさん（明治三七年生まれ）、沢野イネさん（明治三一年生まれ）という、いずれも八〇歳ごろまで

船乗り、漁民の信仰を集めた鮎川の加茂神社

海に入っていた海女さんを紹介してくれたのも大久保和子さんだった。その二人に私は鮎川の海女稼ぎの話を聞いた。

川上トミさんも沢野イネさんも、本格的に海女稼ぎを始めたのは嫁いでからだったと言う。娘時代は気ままで、潜ったり潜らなかったりした。それよりも当時は娘は福井奉公に二、三年行くものと決まっていた。行儀見習いに出ないと、嫁にもらい手がなかったからである。だから二人とも福井奉公に出て帰って来てから結婚したという。そして、当時の鮎川では、

「嫁に行くと嫌でも海に入らねばならなかった」

のである。

長橋町（福井市）の海女さん。アマオケの中はバフンウニ

鮎川でも、アマ桶に乗っての冬の岩海苔摘みにはじまり、春はワカメ、夏はモズク、テングサ、ウニ、またその間にはアワビ、サザエと海女の仕事は多かった。アワビやサザエ漁はナデと呼んでおり、ちょうど梅雨頃に漁をするので梅雨ナデと呼んでいた。また、テングサはかつては盛んにとり、それは嫁のもうけになったという。左右でも同じ話を聞いているから、越前では広く行なわれていた習慣なのである。

二人から聞いた話では、海女頭の制度や、ワカメ、ウニ漁の話が面白かった。鮎川では経験の深い海女が二人ほど選ばれて海女頭となり、その海女頭が海のことを取りしきっていたという。

また、鮎川では男はメ（ワカメ）を海女のように潜って切ることを許されず、船の上から、しかも一日だけしか切ってはならない。また、ウニ漁も女にしか許されていなかったのである。つまり、磯の権利を女たちが握っていた。特にいい現金収入になるワカメやウニ漁には厳しく、鮎川の男にはそういう者はいなかったが、他所の浦から、

「男がメを盗みに来ると、石を投げたり追っかけまわしたりした」

という。

鮎川の女が磯の権利を握ったのは明治八年のことである。沢野イネさんの母親が海女頭をしていた時に、県庁に願い出て、磯の権利を手にしたという。何故に県庁がそれを認めたかは今

集落脇の山の傾斜面を拓いた居倉の棚田

となってはわからないが、それ以後、磯は今日に至るまで女たちが主導権を持っている。ただ戦後は青年団からの強い要望もあり、ワカメは男にも一回だけ許すことになったという。

何故、こんな習わしが生まれたのだろうか。明治の頃の鮎川は約三五〇戸の戸数があり、百姓連中、漁師連中、廻船連中が各々三分の一ずつあったという。ことに廻船連中は春三月から一一月までは鮎川を留守にする。船方の家では磯のもっとも盛んな時期に男手がなくなり、男手のある漁師や百姓の家とは収獲に差が生じる。このことを考えると、女たち個々人の漁の能力は別にしても、磯物の採取の機会だけは均等にする配慮が働いていたのでないかと思われる。そして磯物が他の浦、例えば左右などと同様に、それで暮しの総てがまかなえるわけではないが、生活を維持する中で基本的な要素となっていたのであろう。

それはともかく、ややもすれば男中心に見られがちな社会にあって、磯の権利を闘いとり守っている鮎川の海女さんたちの生き方はたくましくもあり、痛快でもあった。

私の越前の旅はいつもあわただしかった。短時間のうちに駆け足で駆け抜けている。だがそれでも、越前の海の暮しの輪郭だけはおぼろげながら思い浮べることがで

潜水漁を終えてウニを入れたアマオケを腰に

きる。

四ヶ浦の面している若狭湾は、日本海側では最大の内湾であり、ブリ、サバ、イワシ、タイ、シイラ、イカ、ハタハタ、カニなどさまざまな回遊魚や根付きの魚の宝庫だった。それが丹後伊根や四ヶ浦をはじめ、多くの漁浦を沿岸に成立させてきた。四ヶ浦の場合は背後の山間の盆地には福井城下をはじめ、鯖江、武生などの町や農村をひかえ、さらには海沿いには敦賀や三国などの貿易港があった。つまり獲った魚介を売りさばくだけの消費地を持っていたのである。四ヶ浦のように船揚場に困る険しい海岸に、岩を砕いて澗を作り、漁を続けてきたのも、それだけの海の恵みが若狭湾にあったからであろう。

また、越前岬付近に点在する浦々の海は外海に面し、昔の漁の技術では安定した漁は行なえなかった。そのことが田畑山林や磯の漁を女にまかせ帆船を身内で金を出し合って作り、海に乗り出す廻船業や、船乗りに専念させることになった。三国や敦賀といった港が西廻り海運の早くからの貿易港であったことも、帆船に目を向ける要因にもなった。

この冬の一月二六日、越前町小樟から始まった私の旅は、二月三日、福井市鮎川で終った。小樟に着いた日は快晴だったが、帰る日はひとしきり粉雪が舞っていた。黒々とした海に粟粒のような雪が吸いこまれては消えていく。漁船と廻船と、その依りどころこそ異なれ、険しい越前海岸に浦々を育んできたのは、この海であったのだと思った。

若狭・旅の断章

文・写真　西山　妙
写真　近山雅人

木漏れ日の若狭彦神社参道（撮影・近山雅人）

手杵《てぎね》まつり

道は、細かな山襞をぬって続いていた。右も左も山。杉が多く、あたかも深々とした山の中を行くような、と思うと、突然目の下に入江が現れる。が、海はすぐに視界から失せて、土ぼこりをあげながら車は再び山襞を走りぬける。そして、また、海――。

入江ごとに小さな漁村がある。阿納《あのう》、大熊《おおくま》、志積《しづみ》、矢代《やしろ》。その矢代を訪れたのは今年〔昭和六三年〕の四月三日、手杵まつりの日であった。小高い山を負い、前に入江を抱いた村は二十戸ほどで、沿岸の漁業と民宿とで暮らしている村である。

祭りの行われる加茂神社の境内には、まだ始まるまでに時間があるせいか人影もなく、正一位加茂大明神と白く染めぬかれた幟《のぼり》が、海からの風に鳴っていた。そして、神社の前から海辺まで続く家並みの、その間をぬう路地を歩いていても、およそ祭りの華やかさというものが感じられない。波の音が、やすらかな寝息のように続くばかりであった。

十一時ごろになって、本殿の右手の長屋で打ち始められた太鼓が波の音を消した。そして、男衆のゆっくりとした唄が加わる。

エッー　エッー　ヤンラー　ハンハンエィー
ヤァーアン　ハァーエィ　ヤンラー
ハン　ハン　ハハンエー

小浜市矢代の手杵まつり。毎年4月3日、加茂神社でおこなわれる

胸の想いを、言葉にならない言葉で、遙かな何者かへ訴えているような、切ない節まわしである。唄は波のうねりに似ている。切なさが次第に退いてゆき、聞く者もほっと息をもらそうという時に、

ハンハエー　アアア　ハハハァー

少しかん高く喉をついて出る声が、再びうねりの中へとひきもどすのであった。

本殿は銅板葺きの、簡素な堂である。その前庭の中央に舞殿があり、見物人たちは舞殿を遠巻きにする格好でひたすら長屋から寄せてくる唄に洗われている。

やがて、はてしなく続くかのように思われていた唄の調子が変った。舟出を祝うような、あるいは荷積をしながら唄う仕事唄のような明るい調子で、やはり判りづらい詞に時折、「オヤノ　ダイカラ」「アヤヤ　ニシキ」「シラホ　マキアゲ」といった言葉が聞き取れた。

そうした唄の終った後はじめて、祭りの演者たちが長屋から順々に姿を現わす。

先頭は、黒染《くろぞめ》（藍を何度もくぐした黒に近い紺）の衣の裾をはしょり、縄のタスキをかけ、太い竪杵《たてぎね》を手にした男である。大きなシダの笠を頭に着けている。笠は十枚ほどのシダを放射状に並べ中央で綴ったもので、直径は一メートル近くもあろう。シダはしなやかにたわみ、男の動きにつれて揺れ、その間から時折のぞく顔は、塗ったススで黒々としている。

次には、同じような装束の男が二人、巨大な弓矢をたばさんで続く。弓矢は矢をつがえて引きしぼった状態のもので、矢の部分は丈が三メートルほどの木。鏃《やじり》が四、五十センチ、と大きさを誇張している。誇張した鏃は、一人の持つ弓では蕪《かぶら》、もう一人の男の持つ弓は刺股《さすまた》の形をしていた。その矢が、一メートル余りの木の弓に、垂直に縄で固定されている。弦は縄で、弓を引きしぼった時のように弓の両端から、矢筈《やはず》の部分へと張られている。

不思議な形の弓矢の後には、子安観音と墨書きされた色とりどりの幟が立つ二メートルぐらいの小舟が運ばれる。続いて太鼓。次に、紅をさし、晴着を着た少女たち。少女たちは頭の上に、矢代の人は座布団と呼んでいる美しい布で作った宝袋を戴く。そして、最後は笹竹を持った三人の幼児である。

手杵《てぎね》まつりの由来は、こんな風に伝わっている。

「遙か奈良時代の昔、もろこしの舟が、矢代に漂流して来た。舟には王女と八人の女官とが乗っていた。村人たちは積まれていた財宝を奪い、女たちを惨殺する。その後、疫病が村を襲ったのだが、事に加わらなかった家だけは不思議なことに疫病をまぬがれた。疫病は犯した罪の由と悔い、祭りを行うようになった」と。

太鼓の響きとともに前庭を一巡してゆく男たちは、王女たちを惨殺したその日の村人なのである。少女たちは女官。小舟の幟に書かれている子安観音とは、観音に生まれかわったもろこしの王女の意である。

やがて、それらの姿は本殿の後に消え、太鼓の音も止んだ。村の人たちと近在からやって来た五十人ほどの人垣のまん中に、掃き清められた前庭だけが残った。

風は冷たいけれど、日差しは春である。あたりのタモの大木や椿の、暗緑色の葉がきらめき、前庭の土の上に

光と雲の影が揺れている。

と、前庭の片隅に、何の前ぶれもなく先ほどの杵を持った男が、すっくと立った。五体の奥に込められている気迫が人々を圧した。

見守る視線のただ中で、男は大きく、ゆったりと、闇のむこうを伺うかのような仕草をする。そして――。

そして脱兎の如く走り出した。あたかも草をなぎ倒しつっ走るかのように、堅杵を地面すれすれに構え、人垣のつくった空間をめいっぱいに疾走する。黒い袖が、裾がなびき、頭のシダの葉が翔える。

「ヒイッ」と、肩車に乗って見ていた幼子の発した声が、一瞬、静けさを裂いた。

宙にすえた目の真剣さ。垣間見た男の、まだ少年の俤《おもかげ》を残している面だち。裸足の足の白さ。その足の指が土を噛む微かな音が耳をかすめ過ぎた。

走り終えると神殿の前に静かに進み出て杵を頭上に高くささげ、それを地へたたきつける。

代ってあの巨大な弓を持った二人の男の所作が始まる。互いの弓を大きくゆっくりと交叉させた後、地面に鏃《やじり》の先を着けて、幾筋かの直線を引いたように見受けられた。

「杵を持って船を襲ってよ、ああして、刺し殺したり引き裂いたりしたっていうことなんだろう」と囁く声が、すぐ背後でした。

二人が去ると太鼓の音が始まった。黒い衣の男二人に担がれた太鼓を、黒い衣に真紅のタスキをかけた男が打っている。太鼓の先には幟《のぼり》を立てた小舟、後には少女たちと幼児、といった行列が前庭を一巡すると、すべての演者は本殿の後ろへ消えた。

そして再び、杵を持った男が現れ、弓を持った男の所作があり……と、前回と同じ順序で同じことが合計三度繰り返される。

本殿の前での所作が終ると、道ひとつ隔てた観音堂の前で、まったく同じことをやはり三度繰り返した。そうして本殿へ再び戻って杵と弓矢と小舟を舞殿に納める。これで祭りは終った。一時間ほどの祭りであった。

潮のひくように人が去った境内に佇む。

「何を唄っているのか、ようわからん唄ですわ。それにあれは、舞ともいえん。仕草みたいなもんでしょうな、手杵まつりのは。けど、ええまつりですよ」

小浜にお住いのある古老は、同じ市内とはいえ小浜駅から車で二十分ほどの寒村の祭りを、こんな風に語ってくれたものである。その言葉どおりの祭りだったと、鮮やかな残像の世界にひたりながら思うのであった。

対馬暖流

手杵まつりを知ったのは、東小浜にある県立若狭歴史民俗資料館を訪れた時である。若狭のあらましが知りたいと思って訪ねてみたところ、展示場の一隅にビデオのコーナーがあり、年中行事を紹介するフィルムの中にこの祭りがあった。

二分ほどの簡単な記録であった。けれど、演者の肌の

矢代の集落は、小山と海の間のわずかな平地にある。「冬の季節風が吹いて海が荒れると、波の音が響いて他所から来た人はよう眠れんようです」と矢代の人は言う

女官の役をするのは矢代の少女に限られる。薄化粧の少女たちの晴姿に目を細める親の姿がそこここにあった

衣裳の藍とシダの葉の色・単調な仕草の繰り返し・行列が進む時だけ打たれる太鼓の音―手杵まつりは色も動きも音も、極端におとなしい祭りである

色とまとっている衣の濃い藍、それにシダの葉の冠のくすんだ緑だけという色相の清浄感も、単純でいて美しい所作も、静寂も、心に浸みた。そして、ふっと久米島（沖縄県）の六月ウマチー（稲大祭）の光景が、浮んだ。

それはソテツやシダが繁り、木もれ陽がゆらめいている中での神拝みの光景で、藍染の着物に白いエーカー（襟）をかけた神女と、草の冠を戴いた巫女のうつむいた姿である。

似ている……、と思った。本誌「あるくみるきく」二〇九号の久米島を編集した折に見た、何枚かのウマチーのスライド写真の世界が、ビデオに写し出された手杵まつりの印象にとても似ていたのである。

以来楽しみにしていた手杵まつりをこの春に見たわけだが、見ながらやはり沖縄を感じていた。たとえば少女たちが頭に戴いていた宝袋は何なのだろうかと矢代の方に尋ねても、「枕とワシたちぁ言ってるけど、さぁ、何なんだか」と正体が知れない。しかし、私には、琉球舞踊で被るふっくらと丸味を帯びた女笠を思い出させた。そして、ススで顔を黒くしシダを被ることについては、「顔を誰なのか判らないようにしたんだろうよ」と話されたのだけれど、シダの冠には罪や恥を隠すものというよりも、人を人以上に昇華させる何かを感じた。沖縄の巫女《のろ》の草の冠がそうであるように。

若狭と沖縄、この遠く海を隔てた地を結ぶものが何かしらあったのだ……という感じは、ひょっとすると私の思い込みにすぎないのかもしれない。けれど思い込みもまた、旅を楽しくする。

「小浜のことが知りたいのなら、市立図書館の館長さんを訪ねなさい」、と言う方があって、館長の小畑昭八郎さんにお目にかかった時のことである。例の思い込みの話をすると小畑さんは、糸満（沖縄本島南部）の漁夫の話をされた。

「昔は、毎年夏になると小浜に糸満の漁夫が来たそうですよ。ハヤ舟、とこちらの人はその舟のことを呼んでましたがね。対馬から一昼夜で来るほど速かったからでしょう。細い舟だったそうです。

毎年、七月中旬からやって来て秋の気配がする頃に帰ってゆく。追い込み漁といって、水面をたたいて魚をおどし、網に追い込む漁法をしていたと、古老から聞きました。浜に小屋がけをした生活で、夜は酒を飲んで賑やかだったという話です。

昔といっても、遠いことではありません。戦前までは来てたそうですから」と。

そして、若狭と九州あるいは沖縄などの南の地方は、対馬海流という海の道の存在を考える時、容易に結びつくのです、とも話された。

フィリピン群島のあたりから台湾、南西諸島の東側を通り、日本列島に沿って北上する黒潮。その分流の対馬暖流は、九州の西を過ぎて日本海に入ると北海道の西岸まで沿岸を進む。糸満の漁夫は、黒潮に乗って小舟を操り広域にわたって漁をしたことで知られるが、対馬暖流を利用して北上し、日本海沿岸は隠岐島、若狭湾、新潟沖にまで舟足を延ばしていたのである。

対馬暖流は、若狭湾沿岸の自然にも影響を与えている。温かい潮の流れが気候を温暖にし、暖地性のヤブツバキやシイ、タモを繁らせている。

小浜湾に浮ぶ蒼島《あおしま》は、もり上がるように木々の繁る島で、島には七七種に及ぶ暖地性の植物が自生している。九州が北限とされていたナタオレノキの巨木も発見された。また小浜湾沿岸の加斗《かと》には、ふたかかえもあるナギの巨木が十六メートルの枝張りを見せている。小浜湾のあたりは暖地性の植物が多く、それがなぜなのかまだ究明されていない。が、暖地性の植物の種子が暖流に乗って漂着したのではなかろうか、といわれている。

小浜湾の東どなりの世久見《せくみ》湾を抱くような形に突き出た半島、常神《つねがみ》半島の先端には樹齢千数百年といわれるソテツが繁っている。入り組んだ漁村の家並みの奥に、根元の周囲が五メートルほどで、二階の屋根よりも高く育ったソテツを私も見たのだが、亜熱帯植物の種子が千数百年の昔どのようにしてここに運ばれ、芽吹いたのだろうかと、不思議な感慨を覚えた。

川渡甚太夫《かわとじんだいい》と久々子《くぐし》

小浜線が敦賀半島のつけ根を過ぎると、車窓には若狭湾が見え隠れする。茫々と広がる海、小山、丹後街道の松並木、入江、水田と、変化に富む景色は眺めていてあきることがない。そしてやがて、久々子《くぐし》湖にはじまる三方五湖《みかたごこ》が現れる。

薄く広がる湖を背景にポプラが点々と立ち、水辺は田畑に拓かれていて、それが端正な自然の風景に暖かさを加えている。

小浜へ行く途中で初めて目にした三方五湖の印象は、まるで淡水画の世界であった。が、一人のある男の生き方を知ってみると、絵のような風景に人臭さを感じるようになった。

男の名は川渡甚太夫。矢代の手杵まつりを知ったのと同じ若狭歴史民俗資料館の、展示品の中にあった和綴帖『川渡甚太夫一代記』がきっかけである。解説には久々子村の百姓に生まれ、長じては北前船の船頭となり、その帆走の合間に一代記を綴った、とある。表紙の文字の剛胆でいながら美しい筆づかいに、人柄を垣間見る心地がした。

その後入手した複刻版『北前船頭の幕末自叙伝―川渡甚太夫一代記』(柏書房、解説師岡《もろおか》佑行)で知った甚太夫の生涯は、次のようなものであった。

彼は文化四(一八〇七)年に生まれた。甚太夫家は久々子村の家々がそうであったように百姓のかたわら湖や海で漁

雲谷山に至る展望台からの眺め。三方五湖と若狭湾

をしていたが、祖父の代からは無人講を営んだりもし、甚太夫自身も三十代には、小浜藩の御用金集めや鯖江《さばえ》藩の借入金の仲立ちなどに奔走し、話をまとめあげている。

そうした実績が人々の信頼を集めたのであろう。久々子《くぐし》で捕れる鰻《うなぎ》を京都へ輸送する道を拓いて欲しいと、漁師たちから懇願される。と、彼は早速京へ上った。道々、鰻に水を飲ます場所、荷運人の宿泊などの交渉をし、難題をかけそうな馬方や木挽への対策を講じた。そうして春には初荷を仕立て、生きたままの鰻を三条の料理屋へ納めた。甚太夫は鰻の仲買人として成功し、富を築いた。

富と信用を得た四十代の彼は、日本海へと乗り出してゆく。まず二百石積みの中古船を買って、若狭から加賀に石灰を運んだのを初仕事に次第に航路を延ばし、酒田で紅花を商う株仲間にも加わっている。染料、化粧品として商品価値の高かった紅花を扱うことで勢づいた甚太夫は、船も二倍の四百石積みに替え、松前―日本海―瀬

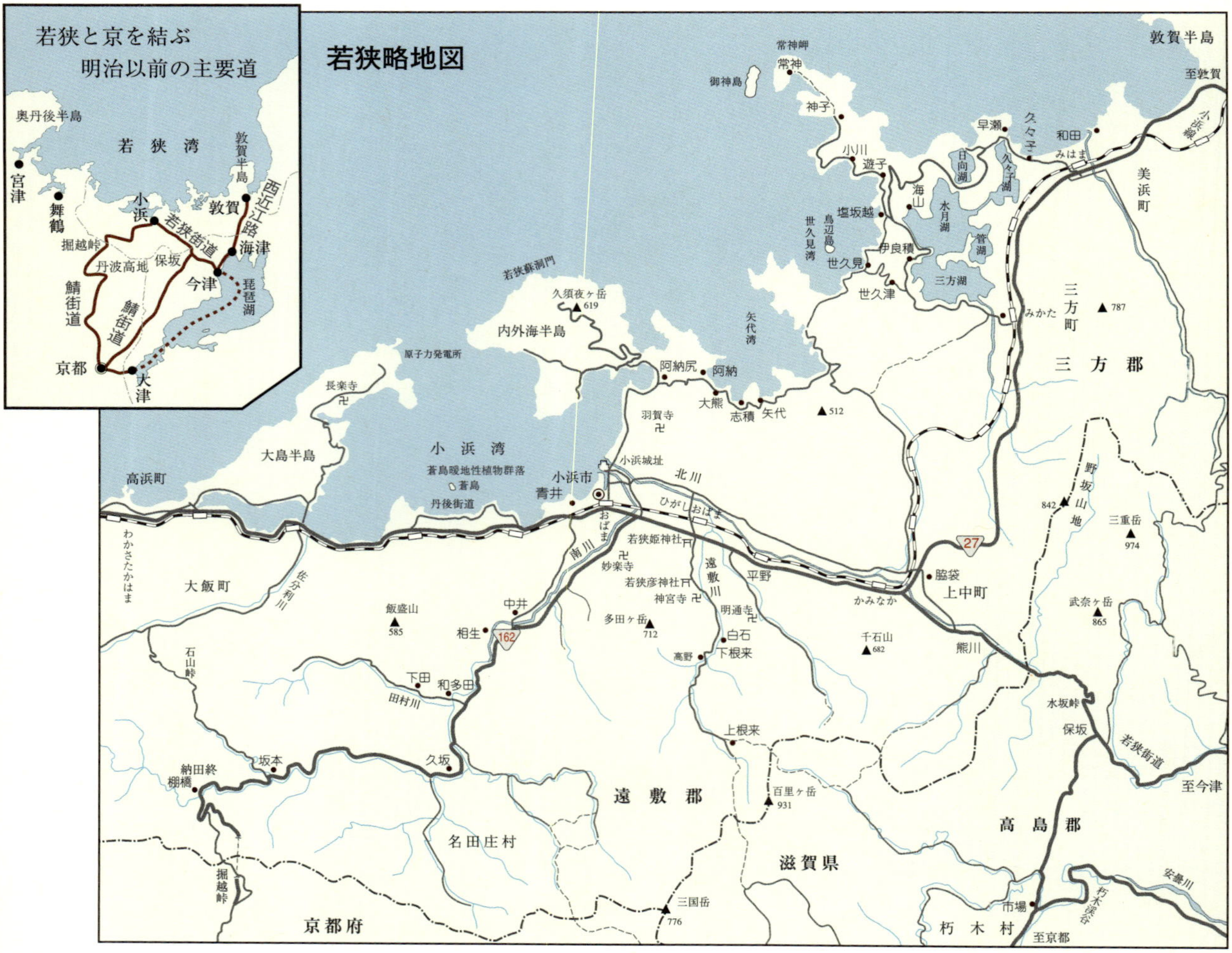

七月。三方の駅に降りたつと、一面に緑の田が広がっていた。その緑の中にポツン、ポツンとポプラの木が静かに枝を天に伸ばしている。雨あがりの三方湖のほとりの山々には低く雲がたれこめていた

戸内海―大阪と、商品を動かす範囲を広げた。いわゆる北前船の船頭となったのである。

北前船の船頭は、北陸の者が多かったという。彼等は、春に大阪で積荷をととのえた。途中の港でも商品を買い込みながら五月中旬には函館、江差、松前などに着く。そして酒、紙、煙草、米、木綿、砂糖、古着、塩、などの積荷をさばくと、鰊《にしん》、魚油、数の子、ふのり、昆布、干鰯《ほしか》などを仕入れ、十一月上旬から下旬にかけて大阪にもどり、荷をさばいたあと、船囲いしてそれぞれの故郷へ帰っていったと、『人物海の日本史6』（共著・柚木学他・毎日新聞社刊）に書かれている。

運送業と商売を兼ねていた北前船は、一航海千両といわれ、蝦夷《えぞ》地と大阪を二往復すれば船の建造費を消却できたという。つまり次からの利益は丸々商品の購入に廻せ、それを相場とにらみあわせてより高値で売ったのである。このため北前船に夢をかけた男たちは、無数にいた。が、彼らの夢はいつも危険ととなりあわせの夢であった。

甚太夫も例外ではない。水夫《かこ》の抜け荷事件や、暴風で破損した船の修理、他にも不運が重なり合って持船を手離している。五十歳を目前にした頃のことであった。

裸同然になった彼は小浜藩から、買い入れた中古の御用船の船頭を命じられた。幕末のこの頃、各藩は産物交易で財政の立て直しを計っており、再び船上の人となった彼はやがて、藩が新しく造った八百石の船の船頭になっている。

一代記はこの船の進水祝いの描写を最後に、あとは航

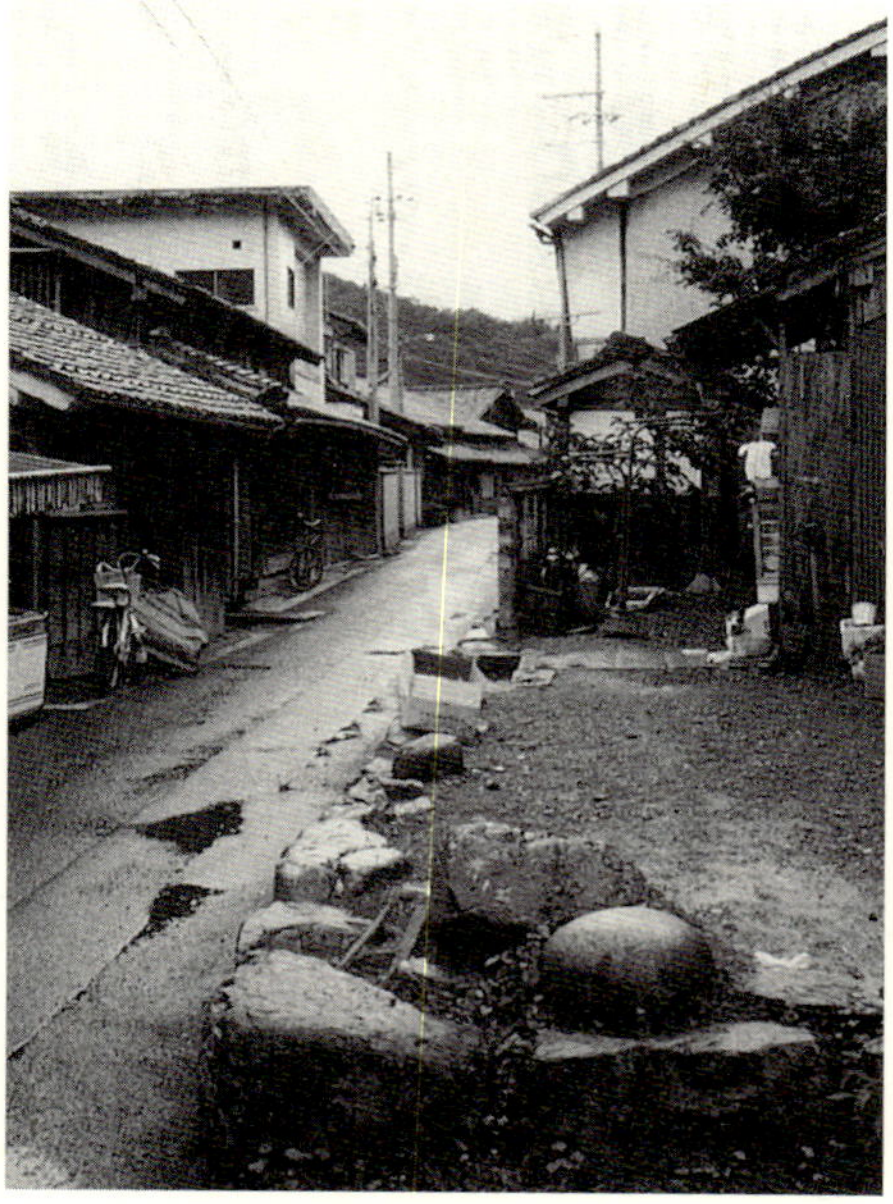

久々子湖と若狭湾に狭まれた早瀬はこの地域の中心

お旅所と鳥居だけが残る甚太夫ゆかりの水無月神社

海の先々で見たり聞いたりしたことどもの記述になっている。

けれど師岡氏は解説の中で、その後甚太夫は、京都にあった大阪箱館産物御会所の御用船の沖船頭をしていたものの船が難破したこと、何とか立ち直ろうと共同出資で船を買い江差へ下ったが、江差を出航してから暴風に遭って沈没、船の購入も積荷の買い入れもほとんどを借金に頼っていたため、全財産に等しいものを処分し残ったのは深田三反だけになったこと、明治五（一八七二）年、波乱に富んだ人生を終えたことなどを、付け加えている。

私が訪れた久々子湖は、鉛色の下に静まりかえっていた。宿をとったのは湖畔の集落早瀬。五湖めぐりの遊覧船もここから出ていて、今では三方五湖の観光センターといった雰囲気が漂う。

久々子湖と日本海を結んでいる早瀬川のすぐ近くに水無月宮があった。甚太夫の父の代に消失した時、米八俵を寄進したために「毎年六月の祭礼には御旅所の正面、市店場弐間宛は永代被下置候なり」と一代記の中に書かれているお宮である。そしてまた甚太夫家の伝えるところによると、三反の田を残すだけになった甚太夫が「祭礼の日などに、子ども相手の飴を売りに行きなったそうな」というのも、このお宮であった。

幕末から大正にかけて早瀬は、千歯こきと呼ばれる脱穀用の農具で活気づいた村である。作っていた家数軒。そして農閑期には多いときで三百人もの人々が東北から九州までの各地へ行商に散って行った。それが大そう分の良い仕事で地元の遊郭は賑わい、小浜の青井町の遊郭で豪遊する者も多かったという話も聞いた。家並みの中を歩いていた時目にしたベンガラ格子の店構えは、そんな昔の名残であろうか。

久々子湖のあたりはまたアメリカへ移住する者が多いとこだったと話してくれたのは、美浜町教育委員会の孫野正徳さんである。明治、大正時代に次男を中心に一家で二人平均、二百人からの人々がアメリカ西海岸のロサンゼルス等へ渡ったそうである。あちらで成功して帰国した人の建てるのは西洋式の家で、「そんな家が幾つもあったものですよ」とも語られた。

130年前に建てられたという北前船頭古河屋惣兵衛の家（撮影・近山雅人）

若狭瓦

小浜から北前船に積み込まれた石灰、縄、莚《むしろ》、瓦のうち、石灰と縄、莚は今では痕跡すら残っていない。しかし瓦は南川流域に二軒ほど焼いている家があるという。そのうちの一軒、吉岡伝之丞さんの仕事場を訪ねた。

雨に濡れる瓦の波、淡い光に応える瓦のきらめき―天気の定まらない若狭では瓦の表情も多様である。小浜市青井町

仕事場は道路から小径を少し下った一角で、瓦を広げて乾かすための広場と細長い木造平屋の作業場、そのすぐ隣に窯《かま》がある。窯は高さ三メートルほど、焚き口が両端にあって一方の焚き口からもう一方までは八メートルもあるだろうか。巨大な土塊《つちくれ》には細かい亀裂が走り、そこここに苔がむし、土で補修した跡もうかがえた。

吉岡さんによるとこの窯は造ってから十年ほどたっているという。その寿命は二十年前後というから壮年期なのであろう窯には、風雪に耐えながら千度近くの熱を胎に抱くことを繰り返してきた者の存在感があった。

明治末にはここ中井と少し上流の相生《あいおい》に、二十余りの窯があったという。吉岡さんも以前は二つの窯で交互に窯だきをしたものだが、今ではこの窯だけで、しかも一週間から十日に一度焼くだけだという。

「体力も以前に比べればなくなりましたし、若い人はしたがりません。ほかの生産地では機械化して安く造ってますんで、若狭瓦の需要自体がさして無くて」と静かに話される。明治の頃にはずい分盛んだったと聞いてますが、と言うと、

「ここの瓦は寒さにも湿度にも強いために、若狭で使うだけでなく函館、小樽、舞鶴、丹後半島などにずい分出しよりました。寒い土地で育ったものは寒さに強いもんです。冬は一・五メートルほども雪が積もることがあるんですよこのあたりは。窯たきは秋から翌春まで。気温が〇度以下に下ると粘土が凍てつくため仕事を休みますが、そうでなければ休みません。寒くても陽がなくても、風があれば瓦は乾くから、戸を完全には閉めないままで

作業をして、瓦を屋内に広げて乾かすのです」

と、作業場に下げた温度計を指差された。

土は南川《みなみかわ》の堆積物で粘りのあるいい土だという。黄色っぽい土で、これに火の通りをよくするための砂質の赤味がかった土を混ぜて使う。川岸の土を採り、採った後を田や畑にしながら、さらに川上へと採る場所を移す。このあたりの田畑のほとんどはこうして拓かれたものだとも言われた。

寒さと土と、そしてもう一つ若狭瓦を強いものにしているのは、いぶしだという。九五〇～九八〇度に窯の温度が上った時に松を入れると松の油分が散り、瓦の表面を覆う。これが防水の働きをし、湿気や雨から瓦を守るのである。温度が九八〇度より高くなると松の油が粘土になじまず、瓦の表面に薄い層が出来てはぜてしまう。温度は窯にあけられた十センチ角ほどののぞき窓から、焼けた瓦の赤味黄味（黄味を帯びるほど、高温）の調子を見て判断するそうである。

若狭の山間で生まれた瓦は、北海道の寒さと湿気にも合わせて呼吸するすべを心得ていたのであろう。有名な小樽の運河（大正十二年完成）沿いの倉庫群も、明治二十年代から小樽の海岸付近に急増した石造りやレンガ造りの建物も、多くは北陸から来た瓦で葺かれたという。そこには莫大な量の若狭瓦が使われたに違いない。「需要は必ずあったし、船底のおもりの役もしたため、注文主が無くても小樽や函館へ運び、積んでおいて、注文があり次第売ったそうだ」という話や、「小樽の倉庫を解体したら、瓦に屋号が入っていた。若狭のだろうと調べたところ、その屋号の家がちゃんとあった」という話を、小浜では耳にした。

小樽を持集した「あるくみるきく」一五九号に、倉庫建築に触れられていたことを思い出したので帰京後にページを繰ってみると、

「（レンガ造りの）事務所をはさむ倉庫の棟には鯱《しゃち》が飾ってあります。城ならいざ知らず、倉庫の上の鯱は全国的にも珍しいのではないでしょうか。小樽倉庫株式会社は明治二八年に発足し、この建物が営業用倉庫としては北海道で最初のものだそうです。建築されたのは小樽倉

右　作業場の天井は、瓦造りの道具類の置き場でもある
左　瓦の積んである箇所が窯の焚き口にあたる

庫に買収される二六年前と考えられています。鯱には『明治二六年三月　若狭国遠敷《おにゅう》郡口名田村　四方《よも》吉二郎製作』とあります」（文＝堀耕）と書かれていた。「四方」という姓は、「今も瓦を焼いているのは、私と四方吉衛門さんの二軒だけになりまして」という吉岡さんの言葉を思い出させた。もしや、と吉衛門さんに電話してみる。すると、鯱の主とは親戚すじに当るという。そして、「補修するために同じ形の鯱の瓦を焼いて、先日小樽へ送ったところです」と話された。

吉岡さんのところでは現在、二人の職人さんが働いている。うち一人は細工さんと呼ばれ、鬼瓦などの細工物を専門にするという。作業場の棚の上には、例の鯱の形をしたものをはじめ鶴や鬼、水という文字、家紋など、形も大きさも様々な飾り瓦が置かれていた。細工さんは注文に応じ、ヘラ一本でこうした瓦を彫るそうであった。「今日のところは窯だきをしていなくて気の毒みたいなもんだけど、まぁ、荷造りなんかしているこんな時でないと話をしてあげられんし」と、瓦を縄でくくってゆく。鈍い銀色の瓦はふれ合う度に乾いた音をあげる。町並み保存のためとかで小樽から注文があり、コンテナで運送する瓦であった。

窯の中を見せていただいた。中は人が立って仕事のできるほどの高さ。広さは五、六畳敷きほどあろうか。ここに一度に八百枚ほどの瓦を積み重ね、入口を粘土でふさいでから焼く。窯の底はレンガが間隔をあけて並んでいて、焚き口から燃やされた火はその間を廻り下から瓦を焼き続けるのである。

吉岡さんの話された窯だきのあらましは次のようであった。（第一日目）朝、炭で窯と瓦を温めてから焚き口いっぱいに焚き物を詰めて焼く―（二日目）松を入れ、これまで温度や煙の状態を見ていた小さな窓も粘土で閉じて窯を密閉状態にする―（三日目）一日放置―（四日目）朝、焚き口の消し炭をかき出し、窯の口を開け、鉄製のハサミで瓦を外へ出し始める。

昼飯を家で済まして戻って来る頃には窯の温度が下がっているので中に入り、ワラで編んだ手袋状のものを手に着けて瓦を運び出す。窯内の温度が下がったとはいえ、中で息をしようものなら熱気がツーンと鼻から入って火傷をするので一分も居られず、また、手拭でほおかむりをして顔を被わねばならない。そういう温度だという。

電気やガスで焼き、工程のすべてを機械化しているのがあたりまえの現在、若狭の山間部で厳寒と熱に身をさらしながら一枚一枚瓦を作っている人もまたあるのである。

その日の作業場はひっそりしていた。粘土をこねる設備や、こねた粘土を入れるとそれが波打った女《め》瓦（平瓦）の形に出てくる機械、生乾きの瓦を一枚ずつ乗せて形をととのえるプレス機などが、あちらの隅、こっちの隅にと置かれている。仕事が始まれば、作業の流れる道筋となるはずの土間に、晩秋の弱い陽ざしが射し込んでいた。

若狭であかず眺めたものに、集落のたたずまいがある。川がゆるやかに流れる両側に水田が遙かに広がっていて、広がりが背後の山襞に入りこむような位置に集落が点在する。家々はすべて灰色の瓦屋根の木造で、そうした村のたたずまいは、低く垂れた雲の下におし黙っている時も、時雨《しぐれ》ている時も心に染みた。雨がふっと止んで雲間から光が何条にもなって落ち、瓦屋根が鈍く光る時などはなおさらで、川沿いの道にしばし佇んだものである。

小浜散策

北前船が一艘《そう》入れば港全体がうるおった、といわれる。大工は船の補修で活気づき、花町は若い男衆の熱気でむせかえるほどに賑わい、問屋は荷の売買に奔走し、荷車や馬が行き交ったことであろう。そうした往時の港に想いを馳せながら、海の上から小浜を眺めてみたい気持があって、ある朝、小浜港から船に乗った。

船は、景勝地蘇洞門《そとも》と蘇洞門までの海岸美を見る遊覧船である。東からは内外海《うちとみ》半島、西からは大島半島と二つの半島が湾の入口を絞り、内側をたっぷりふくらませた巾着形の小浜湾を、船は快調に進む。蒼島を左へ過ごすと、やがて大島半島の先端にある大飯《おおいい》原子力発電所が近づいて来る。初めて目のあたりにする原発の白いドームに気をとられていると、突然、船が大きく揺れ始めた。外海へ出たのである。低く垂れこめた雲の下に茫々と、日本海が広がっていた。

船は内外海半島の断崖に沿って外海を進む。海岸線の姿も、木が繁って優しいそれまでの姿とはすっかり違う。数十メートルの高さに切り立った崖は大地の内側を露出し、そのあちこちから糸のようにあるいは滝のように水がつたって海面へ落ちている。むき出しの大地と打ちつける荒海の造る光景は、豪快というよりはむしろなまなましくさえある。それがしばらく続くと蘇洞門が現れてくる。蘇洞門は波と風と岩石が生んだ奇跡としかいいようのない、美しい幾何学的な風景で、とりわけ大門、小門とよばれる崖の様は、古代のパルテノン神殿の列柱と基壇を想わせる荘厳さがあった。

観光船が今日も蘇洞門に観光客を運んできた（撮影・近山雅人）

往時の繁栄を重ね合せながら眺めた小浜の町並
（撮影・近山雅人）

波の静かな日だと船を着け、その内側を散策できるという。が、あいにく海は荒れ模様。甲板の私は立つこともできず、救助具の入った箱に掴《つか》まりながら、波のしぶきに濡れるばかりであった。船は蘇洞門のあたりを一巡すると、帰路に着いた。

小浜湾の入口から陸地を眺めると、湾にめぐらした巨大な屏風《びょうぶ》のような山の波が続いている。右手から飯盛山（五八五）、多田ヶ岳（七一二）、千石山（六八二）、三重岳（七五四）であろう。そして左手の内外海半島には久須夜ヶ岳《くすやだけ》（六一九）がある。それらの「屏風《びょうぶ》」に守られ、半島に抱かれた小浜湾を、今は揺れのすっかりおさまった甲板に立って眺めていると、心に安堵感が広がって来る。日本海の荒海を航海して来た男衆はこの光景をどんな目で眺めたのだろうかと、ふとそんなことも想われるのであった。

山と海のただ中にちんまりとひとかたまりに見えていた小浜の町が、船が進むにつれて姿をはっきりさせて来る。突堤、そのあたりのわずかな近代建築、堤防に沿って低く長々と続く木造の家々の列――。今ここから目にする小浜は、どこか人の後姿を思わせるたたずまいである。

やがて車や人々の往き来までがたぐり寄せられるように近づいて来る。所要時間一時間ほどで突堤の船着場へ戻った。

船の戻った突堤を小浜新港という。昭和六一年に完成した一画で市の食品センターや卸売市場、漁業センターなどの並ぶ漁業基地である。降りそうでいて雨が降らないのを幸に、ここから市街地を足のむくままに歩いてみることにする。手にしているのは市で発行している案内図。その地図の上に、一人の古老から伺った話を重ね合わせる楽しみもあった。

古老の名は木村確太郎さん。明治三五年生まれの、町の生き字引のような方で、『若狭小浜の今昔物語』などの著書もある。

突堤を横断すると南川の河口に出る。南川のむこう岸のこんもりと木々の繁っているあたりが小浜城址で、城の北を北川が流れているはずである。昔、南北二本の川は、城の先で合流し海に注いでいた。しかし明治の頃になると二つの川とも上流から流れ来る土砂で川床が上がり、梅雨期と秋には氾濫することが度々だった。そのため大正末から十年がかりで河川の大改修がなされ、南川の方は流れる方向もそれまでとは大きく変わった。

かつての南川の下流の一部は、小浜港として再生されていて、今もわずかながら往時の面影をとどめていた。そのあたりはさきほど船の着いた小浜新港に比べると、永年の人の営みが浸み込んだたたずまいで、岸壁近くには瓦屋根の巨大な木造倉庫や船で使うロープを商う店、船の塗装広告なども見える。小型の漁船が港の縁を埋めるように繋がれ、ゆらゆらと姿を水面に映していた。水

甍の波の先に人の営みが浸み込んだような小浜漁港が見えた（撮影・近山雅人）

面にカモメが群れている。

木村さんの幼い日（明治末）の記憶の中には、南北ふたつの川の合流する河口の先に停泊する千石船の胸のすくような姿と、船と岸の間を往き来する艀《はしけ》や伝馬《てんま》船の様が残っているという。そしてこの両川を筏《いかだ》が下り、川舟が上り下りしていたという。

近世、北前船の航路（蝦夷《えぞ》の函館・松前、日本海の深浦・秋田・新潟・柏崎・小木・直江津・福浦・敦賀・小浜・温泉津《ゆのつ》・浜田など、瀬戸内海の下関・三田尻・上関・尾道・下津井・兵庫・大阪など）のうちの主要な港として、小浜は賑わった。さらに時代を遡ると、東北、北陸の産物は若狭湾の敦賀と小浜に集められ、ここから陸路を琵琶湖の北岸に運ばれ、湖上を経て奈良、京都、大阪まで運ばれていた。海の道と陸上の道の交差点——それが小浜だったのである。

小浜で揚げられた荷は馬や人の背のほかにも、舟で南川と北川の川の道を遡って行った。北川を熊川までというから、小浜—今津の道のりからいえば半ばを当時の大量輸送手段である舟を利用できたことは実に大きい。そして南川については相生《あいおい》で、「昔はこのあたりまでのぼって来たそうだ」という話を耳にした。

かつての南川の川筋は、川べり通りという広い道路になって小浜駅の方へ続いている。道幅はかなり広い。そして新しい家並みの所々に、廻船問屋とおぼしき大きな店構えや、ベンガラの色を幽かに残す千本格子の家を目にする。ゆったりと川が流れ、舟が往来し、こうした店々が岸を埋めたであろう光景へ思いが誘われることであった。

　川べり通りの途中からアーケード（魚屋が店を連ね、早朝に突堤の漁業センターに陸揚げされた魚が、九時頃には店先に並ぶ）をぬけて、古い家並みが比較的多く残っているという道に入る。

　狭い道の両側に、低い二階家が軒を連ねている。骨董《こっとう》屋、造酒屋《つくりざかや》、若狭の特産品のめのう細工、箸、若狭塗を商う店、ふとのぞいた履物屋には和傘が下がり、下駄が店先を占めていた。しかも幼い頃に胸をときめかせた、赤や黒の台に花や蝶、薬玉《くすだま》などの模様のある下駄も積まれている。「盆と正月には、じいちゃん、ばあちゃんが孫に下駄を贈る習慣があったもんです」と木村さんが言われたが、その名残が今もあるのかもしれない。若狭の下駄は全国に出荷されたということ、市立図書館の入口に、「下駄の方はスリッパに履きかえて下さい」といった標示があったことも、思い出された。

若狭塗りの箸を売る店（撮影・近山雅人）

　雑貨屋の看板に書かれた「和洋ローソク」「油」という文字が、そのまま残っている。ハゼの木が結構多く、ローソクも小浜で作られていたという。油は、桐油と菜種油である。

「昔は秋から翌年の春までは桐油の灯。桐油を採る油桐（コロビ）は海辺でも山でも育つのでどこにでも植えて、秋にはその実から油を絞ったもんです。そして春から秋は、稲の裏作として作った菜種の油。春になると町の周辺の畑は菜の花の黄色で埋まって――」と木村さんは言われた。桐油は灯のほかに、傘

新港に陸上げされた魚が、数時間後には店先に並ぶ。泉町（撮影・近山雅人）

商家のうだつが小浜の歴史の古さを想わせる（撮影・近山雅人）

ベンガラ格子や蔵造りの民家、寂とした寺の門…小浜の街や通りは風情がある（撮影・近山雅人）

や合羽などの紙製品の防水にも使われ、需要はたいそう多かったそうである。

店に気をとられているうちに、三丁町とよばれた遊郭のあったあたりに来ていたらしく、ベンガラ格子の、凝った店構えの家を見るようになる。道幅はいっそう狭く折れ曲って続く。辻では小さな祠を目にすることも多く、祠の中に色とりどりに化粧されたお地蔵さんが座っている。小浜ではお地蔵さんのお守りは子供の役目で、盆になると子供たちはお地蔵さんを洗い、新しく色を塗ってさしあげると聞いた。

遊郭の賑《にぎわ》いは小浜港の賑と共にあった。三丁町の入口には人力車が十台ほども常駐し、百人近くの芸妓娼妓が艶を競ったのも今は遠い夢なのである。

三丁町とは柳町、猟師町、青井町を合わせた呼び方で、青井町の名は江戸時代の城下町図にも見える。その図によると町はこのあたりが西の隅になっていて、青井町という名の付近には乞食小屋、芝居小屋の文字があり、寺々が並んでいる。ということは、青井の一帯は人々の生活の場であるよりは日常を越えた場、うたかたの世界だったのかもしれない。

西隅の青井から観光船が戻った突堤まで続く海岸の道路は、海に向って家々が並ぶ。木造二階建ての古い家が多い中に、旅館やホテルや民宿が点在する。海の上から眺めた、低く長々と続く町並みがこの家々で、昔は鍛治屋、木挽、紺屋などの職人たちが多かったという。また小浜湾の大島や加斗からの船便はここに発着したというから、南北両川の河口を小浜の表玄関とすると、ここは

若狭街道は北川筋の道で、小浜と琵琶湖北岸を結んだ

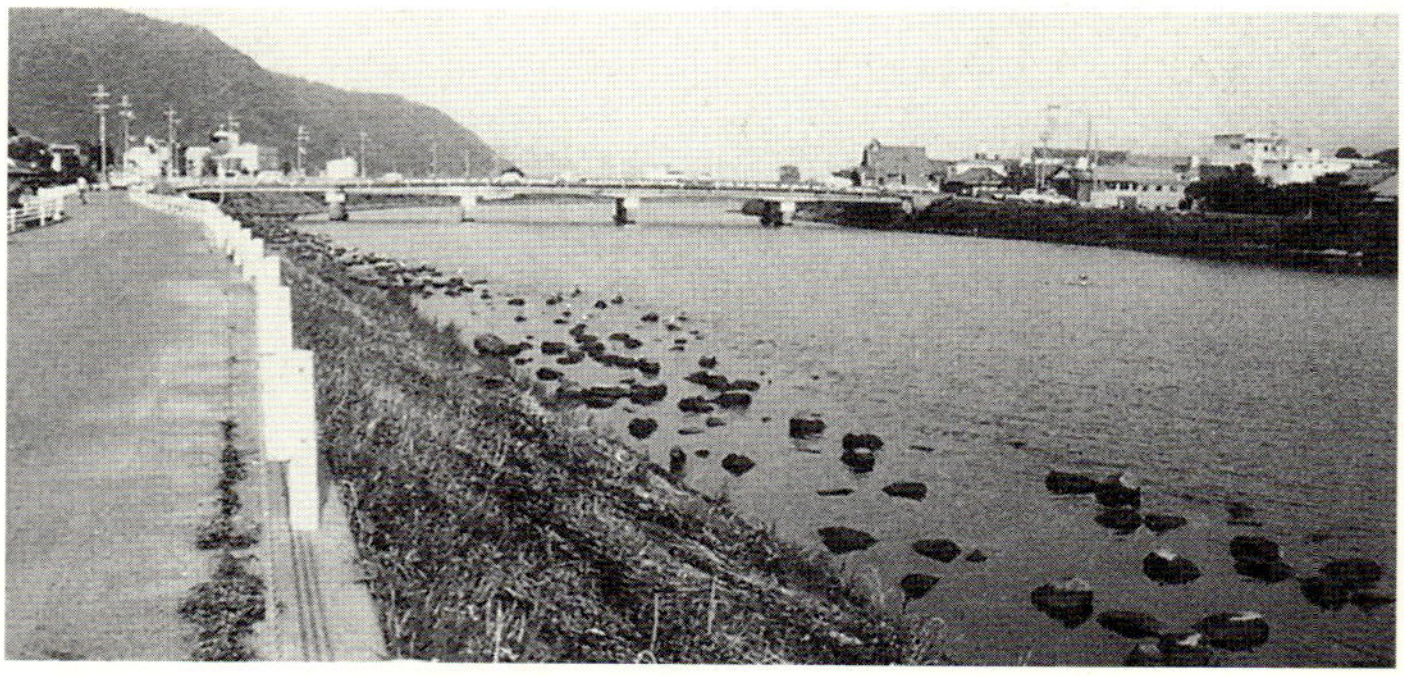

大正末まで、小浜と名田荘を結ぶ川舟が盛んだった南川

勝手口のような位置にあった所なのであろう。

私の泊っていた市営のロッジも青井町の海辺近くにあったが、このあたりから眺める湾の景色は、いつ見ていても飽きることがない。二つの半島が湾の両側からのび、その遙か彼方に島や岬が濃淡のシルエットとなって重なっている。海も雲も鉛色の時などには、それらは島影とも雲とも見えた。また夏には、日中の暑さが治まって海からの涼風が吹くころになると、赤子を抱いた母親や、オートバイを止めて海を眺めて動かずにいる男の人を見かけたりしたのも、この道であった。

道

東北、北陸地方の産物を船で若狭湾に集め、小浜、敦賀から京の都へ運んだ古代・中世の幹線ルート。そのルート上にあった小浜から京への道は、まず小浜城址の脇を流れる北川に沿って今津まで若狭街道（九里半越えと呼ばれた）を行き、今津からは琵琶湖を船で大津へ、大津から再び陸路で京へ入った。それが近世になって、蝦夷地や東北で積んだ荷を大阪へ直接に運ぶ西廻り航路が発達すると、海から陸、陸から湖へと荷物の積み換えをする従来の幹線は、次第に衰えていったのである。そしてむしろ、小浜と京の人々の生活に密着した、より速く往き来するための道、京と小浜を最短距離で結ぶ何本かの道が活気を帯びてゆく。

その第一が、若狭街道を保坂《ほうざか》で分かれて朽木《くつぎ》谷に入り、そのあとは比良山地と丹波高地の間を流れる安曇《あど》川沿いに南に進んで京へ至る道である。七十キロ余りのこの道は、「鯖街道《さばかいどう》」と呼ばれた。若狭湾では春は鰈《かれい》、夏からは鯖がさかんに捕れ、それを鰈は干鰈、鯖はひと塩や焼鯖にして運んだために呼ばれた名である。

「鯖の時期になりますとね、鯖を焼くにおいが北川の谷に沿って流れて行って、はるか上中《かみなか》までにおったもんでした」と木村さんは話される。

鯖街道と呼ばれた道は、南川の方にもある。これは川上から堀越峠へ出、そこからほぼ一直線に京を目ざす道で、川に沿った道を名田庄《なたしょう》の納田終《のたおい》まで行き、堀越峠を

上　小浜と琵琶湖の今津を結ぶ若狭路の集落、保坂（旧高島郡今津町）。保坂から朽木谷を経て京都を結ぶ朽木街道は鯖街道と通称された（昭和52年撮影・森本 孝）

左　右小浜、左今津と書かれた道標（旧遠敷郡上中町脇袋）

下　梅ノ木（旧高島郡葛川町）付近の安曇川沿いを走る鯖街道（昭和52年撮影・森本 孝）

越えてからは丹波高地を南に進み高尾口に到った。「京はとおても十八里といったもんですよ」と聞かされたのは、小浜と堀越峠の中ほどの和多田であった。

どちらの鯖街道も、早朝に小浜を発てばその日のうちに京へ着く。こうした道は若狭湾の各地から京へ、数多くあった。おそらくは古代からの道で、若狭の魚貝類を一時でも速く京へ運ぶために人々が拓いたものであろう。

魚介類だけでなく、多くの人々がこうした道を伝って京へ出た。京に仕事を求めようとする百姓の二男三男、年期奉公の若者、農閑期の出稼人が大変多かったのである。

これらの道は、若狭地方という一つの地方の中で眺めると、山間部と海辺を結ぶ道であった。小浜に入った北前船から陸揚げされた、サケ、マス、ニシン、昆布が山間部へと運ばれ、反対に山間の産物が小浜に集められた。山の産物としては、木材、木炭、薪、若狭瓦、和紙、油桐の実、麻、繭《まゆ》があったという。

繭は、現在の小浜駅のあたりに製糸工場があって、三百人からの女工が働いていたそうである。また麻は山間部だけでなく、平野部でも植えていた。

「戦前までは今の町中でさえ、麻を植えてたものです。麻は丈が高いでしょう。で、子供の頃は麻畑でよくかくれんぼをしましたよ。あのあたりも麻畑でして」と図書館の方が言われた。指差されたあたりには白亜の殿堂さながらの市庁舎が建っていて、現在の小浜の中心部となっている。

小浜に集められ、ここから船で運ばれて行ったものはほかにも数多くあった。前にも触れた若狭の主要産物、桐油、下駄、武士の内職に始まったという和傘、化学肥料の使用される以前は農業には欠かせなかった石灰《いしばい》、そして縄と莚。

縄綯《なわな》いと莚織《むしろお》りは農家の冬場の仕事であった。小浜とその周辺のワラだけでは不足で、他所から買い入れて作るほど、さかんだったという。莚は北海道の松前や江差に運ばれてニシン干しに使われ、縄は細い荷造り用から太さ十センチもある漁業用の縄まで様々で、全国に出荷されたと聞いた。

日本海で屈指の港であり、京と深く結びついていた小浜に翳りが見え始めたのは、明治も十年頃からであった。というのは、その頃、国は船の近代化を痛感し、まず明治八年、北海道における五百石以上の日本型帆船の新造禁止を決め、その後には五百石以上の日本型船舶の製造をすべて禁じた。川渡甚太夫のように、一人の男が金を工面して海に乗り出し、一獲千金の夢を見る時代は終って、大資本を持ったひとにぎりの資本家が洋式船で輸送する時代になったといえる。そして北前船もそれにたずさわっていた人々も港も、次第に活気を失っていった。

鉄道の敷設も小浜の地位を大きく変えた。京都から琵琶湖東岸を経て敦賀まで通じたのが大正二年。小浜がその敦賀に結ばれたのは、大正十一年のことであった。

小浜の町並みを船から眺めた折に感じた「人の後姿」を見るような心地は、時代と共に流れ去った小浜の繁栄の由かもしれない。

若狭和紙

南川沿いの村を下流から、口名田、中名田、名田庄《なたしょう》村というが、中名田から名田庄一体の南川、あるいはその支流の川沿いには、若狭和紙を漉く家が多かった。

今も専業で漉いておられる芝三郎太夫さんの話によると、明治の頃は三五〇戸、戦後で百戸ほどが、農業や山仕事の副業として漉いていたという。それが昭和二八年の十三号台風で大きく変わった。地域全体が一丸となって災害復興の土木工事に従事した四年間が過ぎてみると、紙漉《かみすき》の道具は仕様に耐えられなくなっていた。また、傘や合羽や札紙（染めの注文主の名などを記した小さな紙）等の需要の減少、加えて他所では明治の末からすでに始められていた効率のよい大判漉きへの取り組みがなされずに、若狭紙は古来の小判漉きのままであったことなどが重なり合って、紙を漉く家を激減させた。

昭和四十年代には、専業三戸に、兼業二二戸までに減り、現在は専業二、副業で漉く家六戸を残すだけである。

若狭の紙漉の歴史は古い。『延喜式《えんぎしき》』の四十四国の製紙国の中にその名が見え、くだって江戸時代初期には、名田庄厚紙が魚類とともに若狭の特産品にあげられていたという（『毛吹草《けふきぐさ》』）。

「私の父などには、京はとおても十八里という言葉が実感として生きていたようです」と話してくれたのは下田で和紙を染めている小堂清之さん。小堂さんの父親は紙屋で、京都の染織界を相手に札紙や、着物をたたんで包む文庫紙、工芸紙（模様を染めた紙）用の紙などを商っておられたそうである。けれど若狭の紙漉きが急に衰退していくなかで、若狭和紙が京都の工房で染められるのを目にしていたからであろう、それを自分の手で染めようと決心された。京都の工房から独立した職人に付いて染めを習い、昭和四十年からつい先頃まで紙を染めておられたという。

小堂さんはその二代目である。

小堂さんの仕事場は南川の支流、田村川沿いの下田。そこで、小堂さんが和紙を染める工程を拝見した。

工芸紙とか美術工芸紙と呼ばれている染和紙は、紙人形やちぎり絵などをする人が年々増えているために需要が多い。そこで各地の和紙産地が型染《かたぞめ》、絞染《しぼりぞ》め、板締《いたじめ》と様々の技法で染和紙を作っている。小堂さんが見せて下さったのはこのうちの「型染」であった。

型染は、模様を彫った型紙を紙にあてた上から糊《のり》を引く――糊が乾いたら刷毛《はけ》で色染め――水洗いして染料と糊を落とす、という順で進む。そして水洗いが済むと、糊のついていた部分（型紙に彫られていた模様）が白く、ほかの部分に染め色のついた紙が生まれるのである。

小堂さんは窓際の台の上で、型染の工程のうちで一番肝心な糊を引く作業をしながら、こんな話をされた。

糊は固いと紙につきにくく、柔らかいと模様がはっきりしない。適切な固さの糊を作ることと、均一に糊を引く技術が大切で、均一に引く技術のうちには腕の力も必要となる。そのため糊引きは、奥さんや手伝いに来ている数人の女性はせずに、すべて小堂さんがするという。

小堂さんは、塗り込めるような感じにヘラを動かしながら、群青色をした糊を型紙の上に引いてゆく。そして全面に引き終えると静かに型紙を上げる。……と、まっ白い紙の上に淡い群青色の模様が現れた。群青は、糊が模様どおり紙に着いているかどうかを見やすくするために糊に混ぜるのだが、青く細かな模様と紙の白の対比は実に美しかった。

糊を引き終えた紙は仕事場の中につるしてすっかり乾かした後、地色に染める。刷毛を顔料にひたしては、手早く紙の表面を塗りつぶして染め、再び乾かす。乾いたところで部分染め用の型紙を使って、今度は糊を引かずに直接顔料を地色の上に塗る。すると紙の白、地色、部分染めの色と、三色の色づかいの模様が染められる。

仕事場に張られた針金には、群青色の模様をつけた白い紙、赤や青の地色に染められた紙、地色のところどころに黄や黒の部分染めを施された紙――と、様々の染めの段階の紙が、わずかの間隔で、上下左右何列にもなって遠くまで続き、眺めていると色の世界へ心がさまよい出てゆく心地がする。

奥の水場では、小堂さんの奥さんが糊を落とすための水洗いをしておられた。染が完了した紙は数日かけてすっかり乾燥させてから、重ねたまま一時間ほどぬるま湯につけておく。そして重ねたまま流し台の上に移すと、水をかけながら刷毛とブラシで紙の表面をこするのである。模様を覆っていた糊と余分な顔料が流されるにつれて、赤・黄・白・黒の四色の花柄が、みるみる鮮明になってゆく。

水洗いの工程を見ながら、和紙の強さを改めて感じていた。

若狭の伝統的な紙は厚紙である。厚紙でも傘紙や札紙の紙を漉いていたというから、水や力に対して丈夫な紙だったわけで、型染にはそうした若狭和紙の特性が充分に生かされているのであった。

「すっかり乾かすのが難儀です。夏はいいけど冬はなかなか乾かないので、ヒーターで仕事場全体を暖めますよ」と小堂さん。そばから奥さんが、「十一月末から霰《あられ》。十二、一、二、三月と一年の四分の一は雪。この明りとりの窓もすっぽり雪の下になりますよ。外はまっ白。そんな時もここの中は、こんなです」と、染紙の列の並ぶ仕事場を見渡された。

「若狭和紙はもともとが厚手で水に強いのが特徴です。けど、先程の方法で染めるには、水洗いにも耐えねばなりませんから、それなりの漉き方がされるんですよ」と、小堂さんは、染和紙を漉いている近くの大江章さんの仕事場へ連れて行って下さった。

大江さんの家は紙漉きを初めてから八代になるという。黙々と紙を漉く大江さんの横で、奥さんが乾燥器に一枚一枚、紙を貼って乾かしている。

漉き重ねた紙は一晩そのままの状態で水をしたたるにまかせ、翌日少しずつ圧搾して水気をぬいた後にこうして乾す。大江さんのところでは薪で湯を沸かし、その湯で鉄板を温める乾燥器のため、仕事場の隅には薪が積まれている。薪の燃える匂いがかすかに漂っていた。

原料は高知産の楮《こうぞ》を主に、タイ楮、韓国や台湾で漉かれた機械漉きのパンチカードを釜で煮沸した再利用の楮繊維、カナダからのパルプ（板状で輸入）で、これらの繊維を漉く紙の用途に応じた割合で混ぜて使うという。

紙漉きを夫がすれば乾燥は妻が、妻が漉いているときは夫が乾燥器に紙を貼る。大江さんに限らず紙漉きは夫婦ですることが多い

水洗いのすんだ染和紙は木枠に下げて水を切った後、作業場の中に吊す。冷え冷えとした晩秋の仕事場に連なる色の列

幾何学模様のように見える紙の表面を刷毛でこすりながら洗うと、黄・白・赤・黒の四色の花柄が次第に姿を現わして来る

紙は、楮、ミツマタといった靭皮《じんぴ》繊維をなるべく長い状態にほぐし、繊維どうしからまり合うように漉かれたものほど強い。以前美濃（岐阜県）で、織物の型染に使う型紙用の薄い紙を漉いている職人さんから、強さだめ

しに思いきりひっぱってごらんなさいと、紙をしごいて渡されたことがあった。はじめは遠慮して手加減したものの、破れる気配がない。嬉しくなって全力で紙を引きながら、和紙の強さを知ったものであった。

繊維のからめ具合は、舟（水槽）の中の紙料液（清水に繊維と、植物から採った糊を入れて攪拌《かくはん》したもの）を木枠をつけた簀《す》ですくった後の、簀の動かし様で決まる。前後に簀を動かしただけでは繊維が縦方向に並んで、横からのひっぱりに弱い。そこで、左右へも簀を揺り動かして繊維をからませるのだという。

細い竹ヒゴを糸で編んだ簀で紙料液を汲んだ瞬間から、水が簀の竹ヒゴと竹ヒゴのわずかな透き間を通って舟の水面の上に降り続ける。簀の上を上下左右に走る液は縁の木枠にあたってピシャリと鳴る。そしてまた、簀で液を汲むゴクンという音……。水音だけのする仕事場で大江さんの漉きを拝見しながら、強い紙の漉きには清水（つめたくて有機物の少ない水）が不可欠だと話された、越前和紙の職人さんの言葉を思い出していた。

季節風

敦賀では小雨だった雨が小浜近くでは止んでいて、どんよりとした雲が垂れこめていた。下校する高校生数人の車内で交わす雑談をうつろに聞きながらゆられていると、いつか薄日が射し始めた。と、車窓に流れてゆく晩秋の風景がにわかに色を帯びる。海も山も田畑も、ワカサという明るい地名の音そのままに。

そして、広がっている田の中ほどから、虹が立った。田のその箇所から幽かに立ち上った虹は、大きく天にかかって山の向こうに落ちている。

虹に気づいた高校生たちは、すっかり男くさくなった顔を無邪気に輝かしていつまでも眺めていた。

小浜駅で下車。乗ったタクシーの運転手に今しがた見た虹の話をすると、若狭では虹がよくかかるという。三十分くらい消えずにいたり、二ついちどきにかかることもあるそうで、三方五湖には虹岳島《こがしま》温泉といって虹の名所もあるという。そして、「ここらでは、弁当忘れても笠忘れるなっていうくらい天気が変わりやすいですよ。晴れてくかなと思うとサーッと来て、またパッと上る。そんな風だから虹がかかりやすいんでしょう。空気がきれいなせいもあるかもしれませんがね」と話し、お客さんも傘を手離さないことですよ、と言われた。

タクシーで行った先は若狭塗りの箸を作る職人さんの仕事場だったが、二時間ほど話を伺ってそこから出ると外は土砂降りの雨。変わりやすい北陸の天気を味わったものだった。

また、こんなこともあった。駅前から日に二回出る観光バスに乗り、古寺と仏像を見物に出かけた折のことである。その朝は雲一つない絶好の天気で、今日こそは傘と縁の無い日に思える。けれど、ふと「弁当忘れても」という言葉が思い出されてバッグに傘を入れた。

はたしてコースの最初の寺、羽賀《はが》寺を後にした頃から雲が少し姿を見せ始めた。そして多田《ただ》寺の薬師如来を拝して、三番目の妙楽寺《みょうらく》の本堂に座っていた時、突然、周囲の杉木立を打つ雨の音を耳にした。

激しい雨であった。本堂を出るにも出られぬまま、私たちは縁に佇んでいたのだけれど、その一行十数人のうちで傘を持っていたのは私を含めて二人だけであった。雨が少し小降りになった時、寺の方とガイドさんが傘をかかえて迎えに来てくれた。傘に寺名が入ったそろいの傘だったところをみると、北陸の天気を知らない拝観者への心遣いから用意されている傘なのであろう。

「朝、ぴかっと陽が射した日は、決まってこんな空模様になりましてなぁ。特に十月ごろからは天気が変わり易くて、観光のお客さんには気の毒なことです。ほれ、芭蕉も詠んでますやろ、名月や　北国日和　さだめなき」と、寺の方は話されたものであった。

ちなみにこの日一日の天気は、昼近くに雨が上がったものの夕方から再び雨。気温も午前中の暖かさが嘘のようにぐんと低くなり、夜には風も強く海は荒れた。海辺の宿に泊っていた私は堤防にぶつかるドーンという波の音で、眠りの浅い夜を過したほどであった。

この夜に私が垣間見た風が、十月の末から四月のはじめまで吹き続けられる北または北西の季節風で、若狭ではタマカゼとかタバカゼと呼ぶという。

タマカゼの季節は雲が低くたれ込め、海も鉛色でいかにも淋しい。しかし淋しいからこそたまに雲の一部が切れて光の束がモノトーンの海に落ちる光景に出会ったりすると、胸に浸みるのである。これは旅人の感傷だけでもないようだ。夕あかりが湾と湾に突き出した半島を浮き立たせている光景を、乳母車を押す手を止めて眺めていた老人。路面に何か画いて遊んでいたチョークを持ったまま、雲のうずの間からのぞいた青空を見上げていた幼児。あの姿は、晩秋から春が訪れるまでの、いかにも若狭らしい人の姿なのではないだろうか。

冬の季節風タマカゼは対馬暖流から生れた多量の水蒸気を含みながら背梁山脈に吹きつけ、日本海側に多量の雪を降らせる。若狭の海辺には年間の積雪量が五〇センチ以下の線が走っていて、ソテツやタブ、ヤブツバキが繁るが、山間部の人々は一年の四分の一を雪と共に暮らす。積雪量も多い。けれど寒さはさほど厳しくなく、ここから働きに行った人はむしろ、京の底冷えや東京の身を切るようなカラッ風がこたえると話す。

人々の生活を覆う雪を運び、海を荒らすのがタマカゼなら、その吹いて来る北西の方向から人や物や文化を運んだのもまた、タマカゼであった。

たとえば八、九世紀に来国した四八回にのぼる渤海《ぼっかい》(八〜十世紀・中国東北地方渤海洲に起った国)使のほとんどは、九月から十二月に集中していたという。そして四八回の使節の上陸地を見ると、出羽が六、佐渡、能登、加賀、越前、若狭の北陸海岸が十六、丹後、但馬、

北国日和さだめなき。小浜市妙楽寺地蔵堂

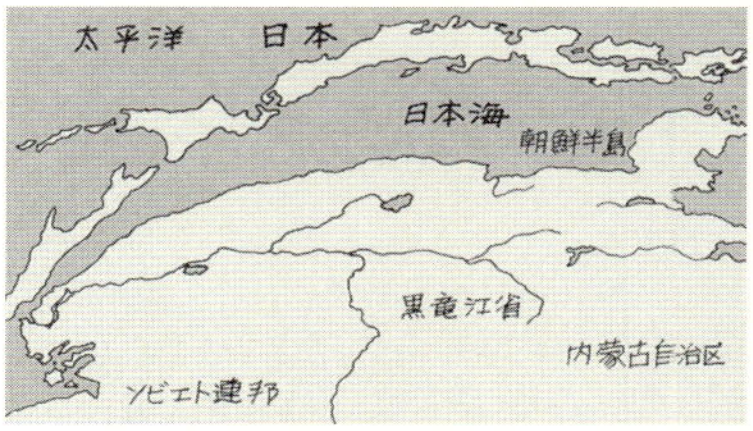

衛星が撮った角度で見ると、日本海はまるで内海のように見える

隠岐、出雲、石見、長門の山陰海岸が十、丹後と太宰府が各一、不明十四回となっている（『北陸の風土と歴史』山川出版社、浅香年木著）。こうしたことからみても、大陸と我が国の日本海沿岸を結んでいた太い海の道は、季節風と対馬海流という天恵のエネルギーに依るところが大きかったことが知れよう。

渤海から、高句麗から、新羅から、海の道を伝って日本海岸に着いた客人たちは、敦賀湾の松原客館か能登福良津《ふくらつ》の客院にまずは招き入れられ、やがて朝廷の準備がととのうとはじめて、京都の鴻臚館《こうろかん》に迎えられたのである。渤海、新羅が滅んだ後は宋や高麗の商人たちが北陸を訪れるようになり、なかでも京へ近い敦賀と小浜は外国へ開いた玄関口として賑わった。

玄関口、小浜のエピソードに南蛮船の入港がある。十五世紀初めに入港したその船には、象や孔雀、鸚鵡《おうむ》が積まれていて、それらは小浜街道を通って京へ運ばれたという（『守護代記』）。日本に初めて上陸した象がどんな方法で運ばれたのか、南蛮人の旅はどのようだったのか。それに接した人々の有様などに心をかりたてられるものの、阿納尻《あのじり》（小浜市）に象を繋いだ岩と呼ばれる岩が今もあるということのほかには、何も知ることが出来ない。ただ、若狭一の宮の付近にワニ街道、カボチャ街道と呼ばれる路の名が残っていて、これなどは国際港ともいえた往時を物語っている。

小浜や敦賀を「古代の国際港」と呼んだり、北陸は「日本の表玄関」であったという言い方がよくされる。とするならば、天皇による支配体制がととのう以前の若狭、あるいは日本海沿岸の有り様とはどんなものだったろうか、と旅のさなかに思った。すると以前新聞で目にした一枚の写真がふっと浮んだ。

それは米国の人工衛星が撮った、東が上、つまり見慣れている北が上の地図を左へ九十度回転させたアジア大陸の写真で、ソビエトの上空から眺めた中国と日本の姿とでもいおうか。そういう角度で遙か上空から眺められた、サハリン—北海道—本州—九州—朝鮮半島は、大陸のはずれにぶら下がったひとつづきの島々という感じが強い。そして、弧を描いて連なるそれらの島々とアジア大陸に囲まれた日本海は、まるで内海のように見えたのである。

大陸から眺める日本のイメージとは、今も、古代も、そしてもっと時を遡ってみても、衛星写真から受けたあの印象に近かったのではないだろうか。

大陸の東のはずれにぶら下がったひとつづきの島を目ざして、大陸での権力闘争に破れた無数の人々、あるいは新天地を求める名もなき人々の群れは、海へ乗り出したことであろう。日本海沿岸は、そうした人々の波が永々と寄せた渚にも似ている。

秋から冬はゴム長と傘を手ばなせない若狭。早瀬

常神《つねがみ》岬

生きた十一面観音を求める旅をして、若狭へ渡って来られたという実忠和尚《じっちゅうかしょう》。金銀財宝を積んで漂流して来た異国の王女。南蛮船。そして、若狭と近江地方に多いという「秦」の姓。若狭で耳にしたこれらの話に、たまたま渚に残った美しい貝殻のような感じを持ち始めた。蘇《そ》洞門《とも》を見物したのは、その頃であった。

船に乗り合わせた地元の方が、遙か遠くの半島の先を指して、「あれが常神岬」と教えてくれる。そして岬の先にはオガミ島という島があるとつけ加えられた。オガミ島は御神島と書くという。海の遠方から来られた神が常神岬に上る前に、一時とどまった所なのだろうか。渚へは、神様も寄られたのかもしれないと思いながら常神岬を眺めた。

岬と島の名に引かれてその地を訪れたのは、七月の中旬であった。

小浜線の三方《みかた》駅と常神を往復するバス便は一日に三本。山々の連なる半島をS字型にカーブしながら続く舗装道路の完通は昭和四十年のことで、それ以前はほぼ中ほどの海山《うみやま》までしかバスが通じていなかったという。運転手さんの話によると、海山から先の塩坂越《しゃくし》、遊子《ゆうし》、小川、神子《みこ》の村々の女たちは焼サバや焼アワビの串ざし、ワカメなどをかついで海山に集まり、六時頃に出る一番バスに乗って行商に出かけた。バスがなかった時分は、自分たちの村から三方まで歩いた。三方から海山までは水月湖と三方湖の湖畔の平坦な道だけれど、海山から各々の村までは海に面した崖の中腹をぬう道である。舗装されてもいなかったその道を、往きは魚類、帰りには米などをしょって女たちはひたすら歩いたのであった。

ハンドルが右に左に切られるたびに、車窓の海の光景が変る。かすかに丸味を帯びた水平線が見えて、ああ日本海と思うと、次には三方に山を負った小さな浦の漁村を目の下に見送る、といった具合であった。終点の常神へは一時間ほどで着いた。

常神半島は、なんぼでも魚が捕れた所だという。それが道路が完成した頃から、定置網にかかる魚の量が減り始め、かつての漁村は新鮮な魚を呼びものにした民宿の村となった。常神の戸数は四十戸ほど。人口は三百人弱。ほとんどの家が民宿を営み、あと一週間もすれば最も客の多い夏休みで村は二千人近くにふくれあがる。私が宿をとった民宿の場合は、五十代くらいの夫婦と息子夫婦、それに夏休みには三人の手伝いを頼んで民宿の仕事をしており、息子さんは定置網漁にも出ているという。

宿でひと休みしてか

定置網の漁船が港に戻るとカモメが餌を求めて集まってくる

ら、家がびっしりと並びその間を迷路のように続く路地を伝って海辺へ出た。釣り客用の小型船が数多く繋れ、その上をカモメとトンビが舞う。小雨まじりの人気のない港に、ヒューロと鳴く声が渡ってゆく。

「どこから?」と通りすがりに声をかけてくれた方があった。その方に行商の女たちの話を尋ねると、常神の女は行商には出ず、魚は早瀬から船が集めに来たという。そして昔の話ならいいばっちゃがいるから直に聞いてごらんと、一人の女性の前へ案内すると「東京から来たんだと。昔の話、してやってくれるか」と言い残して帰って行った。

「ほう、そうかね。どこへ泊っておいでかね。そこならすぐこの先ょ。わしがちゃんと送っていってやるから、心配せんでゆっくりしてゆかれるといい。わしゃ小西きよ。いまちょうど九十歳ょ」

きよさんの体は、やせていて小さい。背をむりなくのばして座っている姿は両手ですくい上げることが出来そうで、すくい上げても姿勢がくずれないまま座っていそうな感じである。

「ここは、いィい所《とこ》ょ」

私の心に、来る途中の道路や日に三本しか無いバス便のことが浮ぶ。

「何がいィいって、部落がいい。人の腹がいィいのょ」

きよさんは、自分の腹を指して言うのである。

きよさんが常神の漁師のところへ嫁に来たのは、十九歳の時であった。生家は、海山から数キロ三方よりの農村、伊良積《いらづみ》で下駄の台を作っていたという。三年間、三方の旅館に奉公し、年季があけても手離したがらないのをふり切るようにしてやめたようだ。三方はこのあたりの中心地。若い娘にしてみれば憧れの所でもあったろうにと思うけれど、きよさんは、客の顔をうかがいながらする仕事は好きになれなかったと話す。

「わしゃあ、海の方が好きだよ。海はいい。だからどんなに体が苦しくても、生きて来られたのょ。もんぺに肌着一枚で、腰ぎりぎりまで海につかってノリとり、ソウメン(モズクに似た海藻)とり、メェ(ワカメ)とり、何でもした。あの伊良積から来た娘は海の鵜じゃと人が言うとったょ。じいちゃんが漁から帰ると、オイ、ノリとり行こか、と言うに、オッシャ、いこ、と二人して舟ェ出して、岩ノリかきに行った。採って戻ったらまた一仕事ょ。ノリ洗うのに」

海の仕事のほかに、畑もしたそうである。集落のはずれに各家の持分の畑があって、家で食べる野菜はすべてそこで作った。

「ナァスつくる、キュウリつくる、お芋さんつくる。麦つくる、人参つくる。野菜は一銭も買わんかった。それから薪はほら、岬の上の山から、束ねて負って来たもん

御神島に祀られていた神を移したという常神神社

ょ。一本でも多くと。秋になると山でコロビ（油桐）の実を捨って、臼に入れて突いての。穀を離して実を俵に詰めて美浜に出した。畑した、海した、山した、苦労は舟にも車にも、積めんごとしたょ。でも神様のおかげで生かしてもろうて、今、九十歳。この間浜を歩いていたら村の者が、バッチャ今いくつかいな、言うから、ちゃっきり九十ょと言うたら、そりゃめでたい、背中さすらしてくれんかちゅうてさすって、ああこれでワシも九十歳まで長生きさせてもらえるって。けどつくづく思うけど、人間、苦労では死なんねえ。働いたょ。皮が骨から離れるほどに働いたけど。苦労で人は死なん」

　室にはテレビ、電気炊飯器がそろっていて、食事は民宿をしている別宅から嫁が運んで来てくれる。好きな時に好きなことをして、自分の守りだけしていればいい、有難いことだ。気ばって働き、他人のためになることをいとわずにして来たためであろうと、穏やかな顔をより穏やかにされながら語られる。

90歳になるという小西きよさん。常神の山桜の季節に再訪できたらと思う

「やぁ」と外の通りを歩く人が、きよさんに声をかけて行く。ユウビンさんだそうで、代々のユウビンさんがきよさん宅へ立ち寄ったものだという。

「ユウビンさんは別庄（伊良積よりさらに数キロ余り三方寄り）あたりの人で、毎日、弁当持って歩いて来たもんょ。途中の部落に寄り寄りして常神に来ると、来たぞってわしの家に声をかけて、常神を済ますとうちで弁当食べちょった。魚ひときれでも、これユウビンさんの分って取って置いたが、別所のあたりは農業だから喜んでもらえたもんょ。

　ユウビンさんは便利屋さんで、別庄《べっしょう》や神子《みこ》の仕立物をあずかって来る。寸法どおりに縫うとユウビンさんに持って行ってもろうた。針を持つのは好きでちょっとの間《ま》ぁでもあれば、嬉しくて針に糸をとおしたもんょ」

　そうした日々の間に七人の男の子と娘一人も生んでいる。医者は勿論、産婆すらいない常神半島ではどこの村でもそうであるように、女同士が助け合って子を生んでいた。もう出るか？　と様子を見に来てくれて、出るとヘソの緒を切ってもらう。きよさんも何人もの赤子のヘソの緒を切ったという。子を生むのは女の役。タブタブした心で生むと赤子は弱く生まれる。自分は心を落ちつかせ気を張って生んだので七人が七人とも元気な赤子で、今も皆元気だと相をくずす。そして産後一週間で、また、骨から皮がはがれるほどの日々が始まったのであった。きよさんにはバッチャがおらず「起きるもころぶも、何するもかにするも」自分の手一つでするよりほかなかったから、と明るい声で言うのであった。

　きよさんの所へは、翌日もバスが出る前の短い時間だが立ち寄った。別れ際に写真を撮らせてもらった。その写真を贈ることが、きよさんへの、ささやかな私の心と思えたからである。写真を撮ればお金がかかるだろうから止めときなさい、と言いながらもきよさんは、少し姿勢を正して、まっすぐにカメラを見てくれた。

「また、会いましょ。といってもワシは九十だから、いるかどうか判らんよ。でもまた会いましょ。泊った民宿へは手紙書くじゃろ？　あの家の前を通ったら、聞いてみよう。ワシの、東京のトモダチは、元気かって――。また、会いましょね」

遠敷《おにゅう》川に沿って

　小浜とその周辺では、三月の「お水送り」が済むと春が身近にあることを感じる。そして四月、三方地方のあちこちの村の神社で王の舞と呼ばれるゆかしい舞が舞われるようになると、一気に春めくという。

　お水送りの行事で知られる神宮寺へは、北川の支流、遠敷川の谷筋の道を二キロほど遡る。道の両岸には水田が続き、背後の山の際に点々と集落が望まれる。いくつかの集落を過ぎた頃、仁王門が現れた。門の両端に木造の金剛力士像を安置した八脚の門は雄壮でいながら簡素で、造られたのは鎌倉時代という。これは裏門にあたる北の門。七堂伽藍二十五坊の神宮寺のうちで今も残っているのは、この門と本堂のほかは数坊にすぎない。

　本堂が視界に現れた時、まずその存在感に圧倒される。間口八間、奥行九間という縦長の堂は桧皮葺《ひわだぶき》の入母屋造りで、周囲に廻縁を廻らせている。石の基壇の上に立ち、後に山を負った姿は羽根をふくらませてあたりを睥睨《へいげい》する鳥を想わせる姿であった。正面には注連縄《しめなわ》が張られていて、神仏混淆の寺であることを知った。

　本堂の前に苔むした前庭が広がっていて、その隅に阿伽《あか》井戸がある。二月十六日にこの井戸から汲んだ水を本堂内陣に供えて清め、三月二日に遠敷川の上流一・五キロほどの鵜《う》ノ瀬に注ぐ。これが「お水送り」で、水は十一日かかって地下を流れると十三日に、奈良東大寺の若狭井に湧き出るという。東大寺の「お水取り」は、湧き出した水を汲み、仏前に供える水（香水）にする行事である。

　お水送りとお水取りの行事の由来は、神宮寺で発行している『寺誌第一集』にこんなふうに書かれている。

「（東大寺大仏開眼供養のあった天平勝宝四年の）修二会《しゅにえ》の第一日目に日本国中の神々の神明帳を読み上げ、神々に守護と福祐を請われたので、全国の神々は次々に影向《ようごう》されて守護と福祐を授けられたが、若狭の遠《お》敷《にゅう》明神（彦姫神）は遅刻されて、行法も終りに近い十二日夜半に二月堂に影向されたのである。有難い行法に遅れたのは若狭の海で漁が忙しく、それに取紛れたためである。お詫びのしるしに十一面観音にお供えする阿伽水

お水送りの行事で知られる神宮寺

を送ろうと約束された」とある。そして約束した水を若狭からどのようにして送ったのかというと、

「（遠敷明神は）神通力を発揮されて二月堂の下まで水を導き、大地を穿って白と黒の二羽の鵜を飛び出させたので、その二つの穴から泉が湧き出した」のだという。

　奈良からみると若狭はほぼ真北、百キロにある。遠敷明神はそこから、地底を走らせ水をたぐりよせたのである。水を先導して来たかのように地から鳥が飛び出し、その穴から水があふれ出した。鳥は水にも漁にも関わりの深い鵜で、何故か白と黒の一対であった——。私はまるでアニメを見る心地で、その由来を読んだものであった。

　さて本堂の内陣で、平安初期の作と伝えられる本尊の薬師如来像に手を合せる。阿伽井戸から竹筒に汲まれた水は、正面の蔀戸《しとみど》を閉ざした暗いこの内陣の中で加持祈祷《かじきとう》を続けられ、お水送りの当夜に前庭で行われる護摩《ごま》供養を経て、鵜の瀬へ運ばれるのであった。

　鵜の瀬までの道を、歩いてみることにする。

　車も通らず、鳥の声が時折どこかで聞こえるだけの、音もない、動く物も見えない道で、歩くにつれて遠敷川の両岸に広がっていた田畑が狭まり、山の気配が強くなる。

　十分ほどで着いた鵜ノ瀬は川幅が狭く、水はあわ立って流れていた。それなのにそこだけ崖が流れをかかえているような淵があり、暗緑色の水面に白く日の光が射している。崖に注連縄が飾られているところからすると、阿伽水が注ぎ込まれるのはこの淵なのであろう。

　川沿いの道をもう少し上ると、白石神社が祀られている白石という集落がある。若狭地方を拓いた人々が祀った神、遠敷明神（若狭彦命）は、道服《どうふく》をまとい白い馬にまたがってその白石に降臨したのだという。白と黒の鵜に導かれて湧いた水の話、白石、白い馬。私たちが白い色に対して感じる清らかさは、こうした話を生んだ古代の人々の心へ通じているように想える。

　白に魅かれて、白石神社まで足をのばす。

　畑仕事をしている婦人を見かけたので白石神社はまだ先でしょうかと尋ねると、少し下の、木の繋っている所がそうだと言う。

神宮寺の阿伽井で汲まれた水は鵜の瀬に注がれ、奈良東大寺に送られる（撮影・近山雅人）

遠敷川沿いの集落には藁屋根の農家が点々と見られた（昭和52年撮影・森本 孝）

「秋なら紅葉がきれいなんですけど、今は何も見る所がなくて気の毒なことです」と、せめて小さな手みやげでもと探す様子で、

「そう、あの家が原さんの家です」と対岸の集落の中の、赤い屋根を指差された。

「昔、東大寺さんへ行きなさった――」

　原という姓を有名人の中に探していた私は、東大寺さんへ行ったという言葉に及んで初めて、原さんとは原三郎兵衛であり、昔とは八世紀の初めであることに思い至った。

　伝えられて来たところによると、昔、白石の長者に神童があって、神童は大和に出て名僧の弟子となり、長じては東大寺の初代別当良弁《ろうべん》僧正となられたという。どこかで読んだ覚束ない記憶の中の僧正、その生家をあれですと指差されているのだと気付いた一瞬、時の感覚を喪失した快感のようなものが走った。そして後日私はこんなことも知ったのである。

　良弁僧正が東大寺大仏建立に着手されたその頃に、一人のインド僧が若狭へ渡来して神願寺（神宮寺）に入られ、やがて奈良に入って良弁僧正の弟子となったということ。インド僧の和名を実忠《じっちゅう》といい、二月堂を創建し例の修二会を始めたのも、そして神名帳を読みあげて全国の著名な神々を集められたのも、この実忠和尚であった、と伝えられているということを。

　川を渡って婦人に教えられた道を白石神社へ入る。対岸から眺めたうっそうとした杜は、タモと椿であった。若狭ではタモと呼ぶことの多いタブノキは、クスノキ科の常緑高木で暖地に自生し、高さ十五メートルに達する。三かかえほどもある巨木がそここに枝を広げ、繁った葉が陽をさえぎるために境内は冷気をためていて、足元から寒さが広がって来る。うす暗い。そのうす暗さが、枝の間から射し込み苔むした地を照らす光の束をことさらに際立たせている。タモも椿も暗緑色の、つややかな葉で、無数の葉の上で白い光が反射する。椿もまた、巨木が多く、盛りは少し過ぎていたものの、葉の間にも苔の上にも点々と花の紅が灯っていた。

小さなお堂には、ご飯が供えられていた。それが椿の小枝の、つややかな葉の広がりの上に乗せられていたことが妙に心に残っている。

遠敷川沿いにはこの先、高野、下根来《しもねごり》、中ノ畑、上根来《かみねごり》と村が点在し、道はさらに木地峠を越えて、朽木谷に入る。そして遙かその先には、京都、奈良の都がある。こうして若狭と都を直線に近い形で結んでいた道は、古代の主要な道であったにちがいなく、神宮寺より川下に若狭一の宮、遠敷川と松永川が合流するあたりに国分寺がある。

神明社と椿

東大寺の初代別当の生家を指差された時に似た想いを、小浜ではもう一度している。それは小浜市立図書館の小畑昭八郎さんから、青井町にある神明神社の由来を伺っている折のことだった。

「昔、九州のある豪族の姫君が夢にお告げを受けましてね、伊勢参りに出かけた。そして神宮でお籠りをしたところ、舟で出発してたどり着いた所にお宮を建ててよ、という託宣があったそうです。姫がそのとおりに舟出して、着いたのが青井、あそこだったと、こう言い伝えられている訳です」

着いた時に舟を繋いだという岩が青井に残っており、舟留岩と呼ばれていること、そして今は畑だがずっと昔は神明神社の下あたりまで海だったことを続けられてから、少し真顔になって、

「日向《ひゅうが》に姫君と同じ夢をみた人があって、その人もいっしょに舟に乗った。社を建て、神明神社の神官になったその人の姓は菊池。菊池家は戦後まで代々神官を務めていたんですよ」と言われた。

古事に繋る場所や物を実際に目の前にしたからといって、古事がさほど現実味を帯びるものでもない。けれど繋りが、「人」であり、しかも話している相手の方の口から思いがけずそれを明かされた時は、一瞬、心の均衡を失う。たとえば、扉に描かれている風景画のつもりでいたのに、扉がクルリと回転して絵と同じ風景が現れてしまった……、そんな心地がするのである。

雄略天皇の御代（五世紀）に海の遠方から漂い寄って来た姫君に由来するという縁起のほかに、この社には心が魅かれるものがあった。椿である。

この頃は椿の時期で、そこここで椿の花を楽しんでいた。まずは矢代で、加茂神社の本殿の後にも観音堂の横にも美事な椿の大木が枝を広げているのに驚かされた。お宮に椿を植える習慣でもあるのだろうか。村の方に伺ねると、「椿は強いんで、どこでも育っちまうんですよ」といいつつ、二かかえもありそうなタモの木を指す。見ると、落雷に遭ったか地上七、八メートルで折れた幹の上に、椿が育ち、花を咲かせていた。

成長が早くて強い椿は、街路樹にも適するのだろう。市街地では椿の並木を目にした。そして白石明神の椿群の中に佇んでからというものは、人々がこの木に寄せていたであろう特別な想いを感じ始めていた。そんな折も

椿の小枝をたずさえ、諸国を遊行した八百姫を祀る八百姫神社

折、神明神社には珍しい白い椿の、しかも巨木があることを小畑さんから聞かされたのである。

神明社を案内して下さったのは、木村さんと小浜市史の編纂委員をしておいでの紫田伊佐衛門さんである。

社のある山を白椿山という。鎌倉時代には若狭の三方、大飯両郡に千余石の社領を持っていたといい、境内は広壮で、内宮、外宮、厳島祠、愛宕祠、熊野十二所権現祠、役行者祠堂のほかに多くの末社、舞台があった。しかし明治になると歴代の国主藩主から受けていた庇護をすべて失う。今では内外宮も合祀されており、昔をしのぶようすはない。

「子供のころはこのあたりまで遊びに来たものだけれど」と、木村さんは懐かしそうに小山の連なりのような境内を歩きながら言われる。木村少年が絵メンコや魚捕りをしていた頃といえば明治の末で、その頃は舞台なども残っていたそうである。

石段を登ると、杉木立を背に本堂があり、白椿はその横から少し山道を行った杉木立の中に、ひっそり咲いていた。玉椿と呼ばれる神明社の白椿はこの木で二代目、樹齢は六百年という。五枚の花びらを半ばに開いてうつむく姿はつつましく、それでいて気高い。社で頂いた『神明神社由緒』には、「若狭国青井川上に着き、舟を繋ぎ傍らの岩の上に攀登り、その上の山の体を見給うに、松杉高くそびえ白椿枝を交え、四神相応の霊地にして真に神明の御座所なりと感じられ、山に登り木を折り、草を結びて保古良《ほこら》の形を造り、神霊を祭り給いし」とある。白椿は神の御座所にふさわしい花なのであろう。

白椿に限らず、椿は霊力の宿る木であった。神事に用られる榊も同じく常緑樹で、葉は厚くて革のように固く、暗緑色で光沢がある。

常緑と光沢とに人々は、永遠の命や生の輝きを重ね見たのではあるまいか。

『古事記』に、仁徳天皇へ捧げられたこんな美しい歌がある。

つぎねふや　山代河《やましろがわ》を
河上り　我が上れば
河の辺に　生ひ立てる
烏草樹《さしぶ》を　烏草樹の木
其《し》が下に　生ひ立てる
葉広《はびろ》　五百箇真《ゆつま》椿
其が花の　照り坐《いま》し
其が葉の　広《ひろ》り坐すは
大君ろかも

烏草樹《さしぶ》を知らなかったので『広辞苑』を索いてみると、「常緑小高樹。葉は革質」とあった。

椿は、小枝の広がりの上にちょうど葉を重ねて置いたように葉をつける。その様が「其が葉の　広り坐し」なのであろう。そして、春に先がけて咲く真紅の花に寄せる心が、「其の花の　照り坐し」に宿っているように思われる。

　東大寺のお水取りの折に紅白の椿の造花が本尊に供花されるのはよく知られる。また宮本常一先生は、「伊豆神津島では一月一四日に、子供たちがツバキの花をとって、神の祠前に赤い花がうず高く積まれると、それが春の来ることを思わせたという」と書かれている（『いけばな芸術全集3』主婦の友社）。

　椿は、北海道以南の海岸線から山岳地帯まで広く分布している。これは土地を選ばず、実生《みしょう》でもさし木でも容易に育つためと、人の生活にたいそう有用な木であったためである。椿の集まっているのは風垣か神社と思うとそうではなく、かつては椿の実や枝を利用するために作られた林も多かったのである。

　宮本先生は同じ本の中で次のようにも書かれていた。
「その実を棹でたたきおとして石の上において、小石で叩いて割って黒い実をとる。多くは子供の仕事であった。油屋へ持ってゆけば買ってくれて小使もうけになったのである。油屋ではそれを臼で搗《つ》きくだき、さらに蒸し、油絞りの枠に入れて絞る。

　それが木の実油で、髪油にしても、食用にしても、灯用にしても最高級のものとされた」

　樹の利用については、油気のある木質のためにキネ、ツチ、食器、櫛、玩具などの日用品の材料に使用されるほか、椿材の仏具、仏像も作られた。また椿の枝の灰は、紫草や紅花を使った染めの発色剤として大変すぐれているという。

　椿の多い小浜のことである。その実を利用した記憶を持つ方もあるのでは、と何人かの方に尋ねてみたものの、わずかに、「伊豆大島の椿の実が不良だった年、ここのあたりの実を集めて送り出したことがあるとか……」という話と、椿の葉をくるくる巻いた笛で遊んだ子供の頃の思い出を、耳にしただけであった。油桐の有数の産地だっただけに、油に代表される椿の影が薄かったのかもしれない。

　白玉椿から少し下ると、八百姫《やおひめ》神社がある。八百姫にはこんな話が伝わっている。
その昔、若狭国の長者に美しい娘があった。娘は人魚の肉（沖縄などで長寿の薬として珍重されるジュゴンの肉と思われる）を食べたために八百歳の長寿を得、それからは少しも年をとらない。髪を剃り尼となって諸国を遊行した後、ここ神明神社に身を寄せていたという。人は八百比丘尼《はっぴゃくびくに》、八百姫、玉椿の尼とも呼んだ。

　その女性の小さな木像が祠に祀られている。そして拝見した八百姫は左手に、椿の小枝を持っておいでであった。

八百姫が入定したという洞窟があり、長寿を願う人々の信仰を集める

海望山の山道から小浜を眺める。南川と北川の造った沖積平野を埋める町並が、東北から迫る山並の間を廻り込んで行く様がうかがえる

宮本常一が撮った写真は語る

石川県輪島市舳倉島《へぐらじま》

定期船で舳倉へ渡る海女の家族。定期船が通う前は魚商人の船などに便乗して島渡りをおこなった。積荷の薪の上に人がカラスのようにちょこんと乗っかって島に渡っていたという。右の男の子は下駄履きだが、昭和30年代は日本中どこでも下駄が普通に履かれていた

海女が築いた島の風景

能登半島の日本海側の町、輪島市の輪島港から日に一便、舳倉島行きの船が出る。宮本常一がその船に乗り込んだのは昭和三六年八月一日のことである。

舳倉島は輪島港の北東沖合五〇キロに浮かぶ。周囲五キロほどの小島である。アワビやサザエ、ワカメやイギスなどの磯の魚介に恵まれた島で、藩政時代より輪島市海士町にすむ海女たちの夏の稼ぎ場となっていた。毎年八十八夜の頃になると、海士町の海女は家を閉め、一家をあげていっせいに島に渡ってきて稼ぎ、冬の前になると、また海士町に帰っていた。

宮本が訪ねた頃にもその風習は続けられていたが、定期船が通うようになり定住するものも増えて小中学校も建てられ、一〇〇戸程度が一年を通して住むようになっていたようである。

輪島港から舳倉へ向かう定期船に乗った宮本は、カモメのように船の舳先に腰かけ海を見つめる家族の姿をカメラに収めた。舳先で寄り添う海女の一家の仲睦まじげな姿に、宮本は、この家族の小さな幸せを見てとったのかもしれない。

島に着いた宮本は他の乗船客より先に船を降り、木造桟橋を歩いて上陸する人の群れを撮った。その多くは観光客で、宮本は、後年著した『日本の離島第2集』

（未来社）に、「舳倉島へは定期船が一日一回出ている。能登商船の桐丸が就航しているのであるが、営利会社の船が就航しているのは儲かっているからである。それほどこの島へわたる人が多い。いわゆる観光客である。私たちの乗ったときも観光客で満員だったが、朝七時半に輪島を出て十一時に島につき、午後三時半に島を出て七時に輪島に帰ってくる」と、その時の様子を記している。大勢の観光客を迎え入れている離島の実態は、離島振興を目的として制定施行された離島振興法の生みの親の一人として、記録に値する光景だったのだろう。

宮本は午後三時半までという短い滞在時間に島の燈台から島中を観察し、冬に海が荒れるために人家もない北海岸や、島の南東岸に沿って伸びる集落を見て歩いたが、そこには誰に気兼ねすることのない、海女たちだけの別天地のようにのびやかな島の風景がひろがっていた。

その宮本の撮った写真の中に、木造の屋根に石を置いた民家とその前に広がる石浜を撮影した一枚がある。宮本が歩いた時代、屋根のクレ板の上に石を置いて風から屋根を守るのは、日本海側では津軽半島までの島や沿岸村落ではどこでも行われており、それは又、日本海の沿岸風景に風情を添えるものであった。

船上から見た舳倉島。もっとも高い箇所の標高は13メートル。そこに昭和6年に燈台が建てられてから、島に定住する者がでてきはじめた

あたかも来訪神を迎えるように日に一便の定期船を出迎える子供たち。半裸だが誰に気がねすることもない別天地だった

木造桟橋を歩いて上陸する観光客。海女の島の物珍しさか昭和35年頃から観光客が増加した

石置き屋根の民家と丸石を敷き詰めた前庭。石浜と右手の船引場の間を通る道も石が敷かれている。この道は港から海岸に平行にはしり、燈台へと続いている

外台所に散らばる獲物を入れる籠や鍋釜。鍋や釜類は、海藻や貝類の加工などに用いる

共同井戸での洗濯。水は天水か井戸に頼るしかない。写真にみえる井戸も海のそばにあるので浅井戸で、潮水が混じっていることだろう

かずき（潜り）を終え浜に帰る舟の櫓を押す海女は、まだ中学生か、それとも卒業したばかりのようだ。小さな女の子は妹なのだろう。船内のアマオケにのぞく黒い物体はエゴ草かウニ、またはサザエではなかろうか

同じ写真の中で、立ち並ぶ民家の前の石浜が右手の船引場まで続き、その石浜を素足で歩く少女の姿も、宮本のカメラは捉えている。素足なのは貧しいからではなく、石浜では靴や下駄を履くより素足の方が歩きよいからである。石は波に削られ丸みのある石ばかしで、足を傷つける心配もない。そして、その石浜は天然のままではなく、ワカメやエゴ草、天草などを乾すために、また雨のときのヌカルミを避けるためもあって、舳倉の人びとが丸石を拾ってきて敷き、長年かけて築いた人工の浜なのだ。宮本はおりにふれ、「景色は壊すものではない、作るものである」と語っているが、この浜こそ、海女たちが築きあげた風景だったのである。

しかし、宮本はその石浜はさておき、未舗装の道についてふれ、「（舳倉島は）道がきわめて悪い。石ころの、道らしい道ではない。漁獲物の集荷にどれほど不便していることか。コンクリート張りの道を作らねばならない」（前掲書）と記した。そこには、住民の苦労をやわらげ、生活の向上を願う宮本の優しさや情熱が感じられる。

わずか四時間ばかりの滞在であったが、宮本は港の懐がせまいこと、飲料水の対策や、防潮林が必要なことなど、今後、漁業や観光などで島の生活向上のために必要な施策を見てとり舳倉島を去った。以来、ふたたび宮本がこの島を訪ねることはなかった。

（森本 孝）

写真提供・周防大島文化交流センター

著者あとがき

西山　妙

『あるくみるきく』の特集記事を私が担当したのは『十津川・熊野』〔昭和四二年十二月発行〕から『若狭』〔昭和六三年十月発行〕までの七回である。が実は『十津川』以前に『佐渡・小木岬』の号〔昭和四三年四月発行〕でも歩いている。『あるく』としてはまだ初期の昭和四二年夏のことで、文は、宮本常一先生の信頼厚いH氏。写真は若手のホープAさん。そこへ何故か先生は、研究所の事務局として入って間もない私を加えられたのだった。

小木岬は当時、道路らしい道路も無く、入江の集落へは岩場をひたすら歩く。荒涼とした風景の中に、マガキに囲まれた家々、荒磯で海中の貝類を採るタライ舟、岩礁を爆破し平にして築いたノリ畠――。厳しい島と四ツに組む生活があった。勿論、宿は無い。初日の夜は薬師堂で、私たちは村の人々が運んでくれたものを食べ、川の字になって眠った。

この岬の台地には畑が広がり、野菜の種を育てハッチン柿作りが盛んだった。夜更けまでその話をしてくれた古老は、風呂でよく謡曲をうなる。能が盛んな土地柄なのだ。若者は皆逞しく、話していると、この台地を豊かにするゾ、という気概が伝わって来る。まぶしかった。

研究所に戻るなり私は「歩かせてください」と、宮本先生に願い出た。佐渡で目にしたような現実があることをまったく知らずにきたことが、たまらなかった。

最初の機会が『十津川』。少し前に電気がひかれたという山深い郷だ。バスを降りると、白い小さな花が傾斜面を覆っている。畑仕事の婦人が、ソバの花、と教えてくれ、何処へと尋ねられた。後で笑い話になったのだが、家出娘かと思ったそうだ。

観光地でない土地を女が一人で歩いているのは珍しいためか、その後の旅でも話の糸口を土地の方からもらうことは少なくなかった。『若狭』も然り。何げなく言葉を交わした人に案内されて、独り暮しのバッチャの前に座ることになったのである。

バッチャは九〇歳。町からのバスの便は日に三本という、目の前には海がひろがるばかりの常神半島突端の漁村へ嫁してからの大変な生活を、淡々と明るく、背筋をまっすぐにして語る。「でも、ここはいい。何がいいって人の腹がいい」と自分の腹を指して微笑む。辛くてならない時には前掛の紐を解きながら、近くの神社へ走ったそうだ。翌日、記念に写真を撮らせてもらう。そしてタブの大木の繁る神社の高く長い石段を私はのぼった。

『若狭』がこの双書に収められることになり、ほぼ二十年ぶりに読み返した。知り合えた嬉しさと、別れしなにもらった「ワシの東京のトモダチ」というひと言を抱きながら、原稿を書いたことが甦った。

『あるく』を書くことで歩いた旅は、月刊誌の「取材」と言えるのかもしれない。しかし材料を採るという意識は、私に限らず、無かったと思う。仲間たちは自分の足で歩き、知らずにいたことに目をとめ、その土地に生きておれる方の話を聞かせてもらって旅をした。

「旅はいいもんじゃ」

宮本先生の言葉が思い出される。

著者・写真撮影者略歴（掲載順）

宮本常一（みやもと つねいち）
一九〇七年、山口県周防大島の農家に生まれる。大阪府立天王寺師範学校卒。一九三九年に上京、澁澤敬三の主宰するアチック・ミューゼアムに入る。戦前、戦後の日本の農山漁村を訪ね歩き、民衆の歴史や文化を膨大な記録、著書にまとめるだけでなく、地域の未来を拓くため住民たちと膝を交えて語りあい、その振興策を説いた。一九六五年、武蔵野美術大学教授に就任。一九六六年、後進の育成のため近畿日本ツーリスト株式会社・日本観光文化研究所を創立し、翌年より『あるくみるきく』を発刊。一九八一年、東京都府中市にて死去。著書『忘れられた日本人』『日本の離島』『宮本常一著作集』（未来社）など多数。

山崎禅雄（やまざき ぜんゆう）
一九四三年島根県桜江町生まれ。早稲田大学第一文学部史学科大学院博士課程修了。宮本常一没後、日本観光文化研究所『あるくみるきく』編集長。同研究所の閉鎖後、帰郷し日笠寺住職。桜江町「水の国」初代館長、江津市教育委員等を歴任。主な著書に『水の力―折々の表情』（淡交社）などがある。

近山雅人（ちかやま まさと）
一九五二年山梨県生まれ。東京工業大学像情報工学研究施設卒。写真家。著書に『新版 カメラマン手帳』（朝日新聞社）がある。

柳沢正弘（やなぎさわ まさひろ）
一九四三年生まれ。長野県出身。早稲田大学大学院文学研究科修了。元都立高校教諭。共著書に『日本に生きる』（国土社）などがある。

須藤 功（すとう いさを）
一九三八年秋田県横手市生まれ。川口市立県陽高校卒。民俗学写真家。一九六七年より日本観光文化研究所所員となり、全国各地を歩き庶民の暮らしや祭り、民俗芸能の研究、写真撮影に当たる。著書に『西浦のまつり』『山の標的―猪と山人の生活誌』（未来社）『花祭りのむら』（福音館書店）『写真ものがたり 昭和の暮らし』全一〇巻『大絵馬ものがたり』全五巻（農文協）など多数。

谷沢 明（たにざわ あきら）
一九五〇年静岡県生まれ。法政大学大学院修士課程修了。博士（工学）。日本観光文化研究所所員を経て、現在、愛知淑徳大学現代社会学部教授。著書に『瀬戸内の町並み―港町形成の研究』（未来社）、共著に『中山道上州路の庶民信仰と地域社会』（（財）地域社会研究所）などがある。

相沢韶男（あいざわ つぐお）
一九四三年、茨城県水戸市生まれ。武蔵野美術大学建築学科卒。宮本常一の教えを受け、日本観光文化研究所に入り、福島県南会津郡下郷町の大内宿の保存運動にかかわる。武蔵野美術大学教授（民俗学・文化人類学）。著書に『大内の暮らし』（ゆいでく有限会社）がある。

八木洋行（やぎ ようこう）
一九四八年静岡県生まれ。日本大学芸術学部中退。民俗学写真家。静岡県文化財団季刊誌『しずおかの文化』編集長。著書に『村ごとの舞』『東海道名物膝栗毛』（静岡新聞社）、『祭礼行事』（桜風社）などがある。

森本 孝（もりもと たかし）
一九四五年大分県生まれ。立命館大学法学部卒業後、日本観光文化研究所で伝統漁船・漁具の調査収集及び月刊誌『あるくみるきく』の執筆・編集に従事。平成元年から今日までＪＩＣＡの水産・漁村社会専門家として発展途上国の振興計画調査に従事した。この間、水産大学校教官、宮本常一の写真・蔵書を収蔵する周防大島文化交流センター参与等を歴任。著書・編著に『舟と港のある風景』（農文協）、『鶴見良行著作集⑪⑫・フィールドノートⅠ・Ⅱ』（みすず書房）、『宮本常一写真図録Ⅰ・Ⅱ』（みずのわ出版）などがある。

西山 妙（にしやま たえ）
一九四三年、東京都生まれ。早稲田大学第一文学部卒。一九六六年、日本観光文化研究所に初代事務局員として入る。『あるくみるきく』の創刊以降は、その編集、執筆に携わる。著書に『道は語る』（ほるぷ出版）、共著に『ハマの職人深訪瓦版』全二巻（横浜市）などがある。

監修者略歴

田村善次郎（たむら　ぜんじろう）
一九三四年、福岡県生まれ。一九五九年東京農業大学大学院農学研究科農業経済学専攻修士課程修了。一九八〇年武蔵野美術大学造形学部教授。武蔵野美術大学名誉教授。文化人類学・民俗学。大学院時代より宮本常一氏の薫陶を受け、国内、海外のさまざまな民俗調査に従事。『宮本常一著作集』（未来社）の編集に当たり、宮本常一没後、近畿日本ツーリスト・日本観光文化研究所副所長。著書に『ネパール周遊紀行』（武蔵野美術大学出版局）、『棚田の謎』（農文協）ほか。

宮本千晴（みやもと　ちはる）
一九三七年、宮本常一の長男として大阪府堺市鳳に生まれる。東京都立大学人文学部人文科学科卒。山岳部に在籍し、卒業後ネパールヒマラヤで探検の世界に目を開かれる。一九六六年より宮本常一主宰の近畿日本ツーリスト・日本観光文化研究所（観文研）の事務局長兼『あるくみるきく』編集長として、所員の育成・指導に専念。一九七九年江本嘉伸らと地平線会議設立。一九八二年末観文研を辞して、向後元彦が取り組んでいたマングローブ植林技術の開発と実施をもくろむ「（株）砂漠に緑を」に参加し手伝う。サウジアラビア・UAE・パキスタンなどをベースにマングローブについて学び、砂漠海岸での植林技術を開発する。一九九二年向後らとNGO「マングローブ植林行動計画」（ACTMANG）設立。一九九三年代より五年間JICA専門家としてサウジアラビアのマングローブ保護と修復に取り組む。その後はACTMANGのいくつかの国での活動のうち、主にベトナムの植林事業に従事、乾燥地のマングローブの調査と修復も続けている。現在も高齢登山を楽しむ。

あるくみるきく双書
宮本常一とあるいた昭和の日本 10 東海北陸 2

2010年10月30日第1刷発行

監修者　田村善次郎・宮本千晴
編　者　森本　孝

発行所　社団法人　農山漁村文化協会
郵便番号　107－8668　東京都港区赤坂7丁目6番1号
電話　03（3585）1141（営業）　03（3585）1147（編集）
FAX　03（3585）3668
振替　00120（3）144478
URL　http://www.ruralnet.or.jp/

ISBN978-4-540-10210-3
〈検印廃止〉
©田村善次郎・宮本千晴・森本孝2010
Printed in Japan
印刷・製本　（株）東京印書館
乱丁・落丁本はお取り替えいたします。
定価はカバーに表示
無断複写複製（コピー）を禁じます。

郷土の歴史・文化・資源を生かし内発的地域振興策を考える農文協の本
＜東海北陸＞

日本の食生活全集　全50巻　各巻2762円＋税　揃価138095円＋税

各都道府県の昭和初期の庶民の食生活を、地域ごとに聞き書き調査し、毎日の献立、晴れの日のご馳走、食材の多彩な調理法等、四季ごとにお年寄りに聞き書きし再現。

地域資源を生かし文化を培った食生活の原型がここにある。
●静岡の食事　●愛知の食事　●岐阜の食事　●富山の食事　●石川の食事　●福井の食事

江戸時代　人づくり風土　全50巻（全48冊）　揃価　214286円＋税

地方が中央から独立し、侵略や自然破壊をせずに、地域の風土や資源を生かして充実した地域社会を形成した江戸時代、その実態を都道府県別に、政治、教育、産業、学芸、福祉、民俗などの分野ごとに活躍した先人を、約50編の物語で描く。
●静岡　4286円＋税　●岐阜　4286円＋税　●愛知　4286円＋税
●富山　4286円＋税　●石川　4286円＋税　●福井　4286円＋税

三澤勝衛著作集　風土の発見と創造　全4巻　揃価28000円＋税

世界恐慌が吹き荒れ地方が疲弊し、戦争への足音が聞こえる昭和の初期、野外を凝視し郷土の風土を発見し、「風土産業」の旗を高く掲げた信州の地理学者、三澤勝衛。今こそ、学び地域再生に生かしたい。
1地域の個性と地域力の探求　6500円＋税　2地域からの教育創造　8000円＋税
3風土産業　6500円＋税　4暮らしと景観・三澤「風土学」私はこう読む　7000円＋税

写真ものがたり　昭和の暮らし　全10巻　各巻5000円＋税　揃価50000円＋税
須藤　功著

高度経済成長がどかどかと地方に押し寄せる前に、全国の地方写真家が撮った人々の暮らし写真を集大成。見失ってきたものはなにか、これからの暮らし方や地域再生を考える珠玉の映像記録。
①農村　②山村　③漁村と島　④都市と町　⑤川と湖沼　⑥子どもたち　⑦人生儀礼　⑧年中行事　⑨技と知恵　⑩くつろぎ

シリーズ　地域の再生　全21巻（刊行中）　各巻2600円＋税　揃価54600円＋税

地域の資源や文化を生かした内発的地域再生策を、21のテーマに分け、各地の先駆的実践に学んだ、全巻書き下ろしの提言・実践集。
[1]地元学からの出発　[2]共同体の基礎理論　3自治と自給と地域主権　4食料主権のグランドデザイン　5手づくり自治区の多様な展開　6自治の再生と地域間連携　[7]進化する集落営農　8地域をひらく多様な経営体　9地域農業再生と農地制度　10農協は地域になにができるか　11家族・兼業・女性の力　[12]場の教育　13遊び・祭り・祈りの力　14農村の福祉力　15雇用と地域を創る直売所　16水田活用 新時代　17里山・遊休農地をとらえなおす　18林業―林業を超える生業の創出　19海業―漁業を超える生業の創出　20有機農業の技術論　21むらをつくる百姓仕事
（[ ]巻は既刊）